公众参与数字治理均衡性研究

Gongzhong Canyu Shuzi Zhili
Junhengxing Yanjiu

周晓丽 著

中央民族大学出版社
China Minzu University Press

图书在版编目（CIP）数据

公众参与数字治理均衡性研究 / 周晓丽著. -- 北京：中央民族大学出版社，2025.4. -- ISBN 978-7-5660-2406-0

Ⅰ.D63-39

中国国家版本馆CIP数据核字第202423G4E4号

公众参与数字治理均衡性研究

著　　者	周晓丽
责任编辑	杨爱新
封面设计	舒刚卫
出版发行	中央民族大学出版社
	北京市海淀区中关村南大街27号　　邮编：100081
	电话：（010）68472815（发行部）　传真：（010）68933757（发行部）
	（010）68932218（总编室）　　　　（010）68932447（办公室）
经 销 者	全国各地新华书店
印 刷 厂	北京鑫宇图源印刷科技有限公司
开　　本	787×1092　1/16　印张：18
字　　数	258 千字
版　　次	2025 年 4 月第 1 版　2025 年 4 月第 1 次印刷
书　　号	ISBN 978-7-5660-2406-0
定　　价	98.00 元

版权所有　翻印必究

目 录

绪 论 ·· 1
一、研究背景 ··· 2
二、研究价值与意义 ·· 3
三、国内外相关文献综述 ·· 4
四、研究的主要内容和方法 ··· 12

第一章 公众参与数字治理均衡性的价值与理论依据 ············ 15
第一节 公众参与数字治理均衡性的内涵与价值 ················ 16
一、均衡性内涵的多维阐释 ··· 16
二、公共管理视角均衡性阐释 ·· 18
三、公众参与数字治理均衡性的内涵 ······································· 20
四、公众参与数字治理均衡性的价值 ······································· 23

第二节 公众参与数字治理的背景 ···································· 29
一、公众参与数字治理的背景 ·· 29
二、西方民主理论的反思 ·· 35
三、西方民主理论的救治 ·· 36

第三节 公众参与数字治理的理论基础 ····························· 40
一、马克思主义社会治理思想 ·· 40
二、习近平新时代中国特色社会主义思想关于社会治理的论述 ········ 46
三、公众参与的阶梯理论 ·· 51

· 1 ·

第二章　公众参与数字治理均衡性的构成与基础……58
第一节　公众参与数字治理均衡性的特征、领域与维度……58
一、均衡性的特征……59
二、数字治理均衡性涵盖的领域……60
三、公众参与数字治理均衡性的维度……62

第二节　公众参与数字治理均衡性的构成要素……65
一、公众参与数字治理与均衡性的契合性……65
二、公众参与数字治理均衡性的构成……66

第三节　数字赋能公众参与社会治理均衡性的基础与保障……69
一、场域拓展……69
二、理念重塑……71
三、信息交互……72
四、资源整合……73

第三章　我国公众参与数字治理均衡性情况……75
第一节　我国公众参与治理的发展历程……75
一、我国社会治理的发展历程……76
二、我国公众参与社会治理的变迁……77
三、我国公众参与数字治理的发展……78

第二节　社会治理方式和领域……81
一、数字治理的主要方式……81
二、数字社会治理的主要领域……84
三、当前数字化治理的难题……85

第三节　数字治理中公众参与均衡性现状……87
一、全国数字治理概况……87
二、全国数字治理的区域差异性……93

第四节　贵州省数字治理现状
——以"数字政务信息平台"为例……116

一、"数字政务信息平台"助力精细化治理…………………… 116
　　二、贵州省公众参与数字治理的变迁 …………………………… 119
　　小　　结 …………………………………………………………… 123
第五节　浙江省和西藏自治区公众参与数字治理情况 …………… 128
　　一、浙江省公众参与数字治理均衡性情况 ……………………… 129
　　二、西藏自治区公众参与数字治理均衡性情况 ………………… 144
　　三、浙江省与西藏自治区公众参与数字治理均衡性对比 ……… 163

第四章　公众参与数字治理均衡性分析 …………………………… 169
第一节　公众参与数字治理均衡性面临的挑战 …………………… 170
　　一、公众参与数字治理中的信息不对称挑战 …………………… 170
　　二、公众参与数字治理中的数字鸿沟问题 ……………………… 173
　　三、公众参与数字治理中的权力不对等问题 …………………… 178
　　四、公众参与数字治理中的数据隐私安全问题 ………………… 181
第二节　公众参与数字治理均衡性面临挑战的原因分析 ………… 186
　　一、政策举措对公众参与数字治理均衡性的影响 ……………… 186
　　二、技术因素对公众参与数字治理均衡性的影响 ……………… 188
　　三、经济因素对公众参与数字治理均衡性的影响 ……………… 189
　　四、社会因素对公众参与数字治理均衡性的影响 ……………… 191
　　五、文化因素对公众参与数字治理均衡性的影响 ……………… 192

第五章　国外公众参与数字化治理的经验借鉴 …………………… 195
第一节　丹麦公众参与数字化治理的实践案例 …………………… 195
　　一、丹麦公众参与数字化治理的基本情况 ……………………… 196
　　二、丹麦促进公众参与数字化治理的技术手段 ………………… 197
　　三、丹麦提升公众参与数字化治理均衡性的重要措施 ………… 201
　　四、丹麦公众参与数字化治理的经验 …………………………… 205

第二节　新加坡公众参与数字化治理的实践案例 …… 208
 一、新加坡公众参与数字化治理的基本情况 …… 208
 二、新加坡公众参与数字化治理的主要领域 …… 210
 三、新加坡提升公众参与数字化治理均衡性的举措 …… 212
 四、新加坡公众参与数字化治理的经验 …… 218

第三节　国外公众参与数字化治理的经验启示 …… 220
 一、以人为本的发展思想 …… 221
 二、不断优化中国特色法律体系建设 …… 222
 三、全面建设自主创新数字基础设施 …… 222
 四、持续推进中国全民数字包容策略 …… 223
 五、建设完善的数字型人才闭环机制 …… 224

第六章　公众参与数字治理均衡性发展路径 …… 225
第一节　公众层面 …… 225
 一、为公众提供多元化数字治理参与方式 …… 226
 二、鼓励公众参与决策制定 …… 227
 三、推动公众数字素养教育 …… 229

第二节　政府层面 …… 231
 一、制定数字治理政策和规范 …… 231
 二、推动数字技术普及，填平数字鸿沟 …… 232
 三、建设开放和包容的数字治理平台 …… 234

第三节　数据层面 …… 236
 一、保障数据来源具有可靠性 …… 236
 二、保证数据处理具有公正性 …… 238
 三、确保数据使用细节明晰 …… 239

第四节　制度层面 …… 241
 一、建立公正的参与机制 …… 241
 二、完善数字治理的监督机制 …… 243

三、健全数字治理的问责机制 …… 245
第五节　社会组织层面 …… 246
　一、社会组织进行舆论引导 …… 247
　二、社会组织进行信息传递 …… 248
　三、社会组织之间合作共享 …… 250

结　语 …… 253
　一、场域拓展体现公众参与机会均衡 …… 254
　二、资源整合体现公众参与资格均衡 …… 255
　三、理念重塑体现公众话语权均衡 …… 257
　四、信息交互体现公众信息获取均衡 …… 259

参考文献 …… 262
后　记 …… 277

绪 论

近年来，物联网、云计算、人工智能等数字化技术的不断普及，不仅对政治、经济、社会、文化、生活等各个领域产生了重要而深刻的影响，也标志着人类社会进入了数字化发展新样态。数字治理扮演着实现数字中国、网络强国、智慧社会等重大战略目标的支柱角色，从国家发展全局视角来看，2017年10月，党的十九大报告明确提出要推进数字中国建设；2020年，党的十九届五中全会进一步强调要"提升公共服务、社会治理等数字化智能化水平"；2022年党的二十大报告再一次提出要"加快建设网络强国、数字中国"；同年"十四五"规划再一次强调要"加快数字化发展，建设数字中国"；2023年，中共中央、国务院印发《数字中国建设整体布局规划》，对数字中国建设的整体框架、建设内容与保障机制做出系统谋划。于政府而言，利用互联网数字信息技术，开展数据的收集、整合、存储及关联分析有助于提升政府治理效能；吸纳公众参与社会治理能够促进社会多元主体彼此间共享治理资源，缓解社会转型中凸显的各种矛盾与冲突，共同搭建合作治理平台，提升社会治理能力，构建基层可持续社会治理新格局和新机制，从而最大限度地维护社会稳定与公众利益。于公众而言，数字化技术拓展了公众利益表达的空间，畅通了公众参与社会治理的渠道，提高了公众参与社会治理的意识，有益于公共价值的实现。综上所述，公众参与推进社会治理、构建适应时代发展的新型可持续发展机制，对于进一步转变政府职能、促进服务型政府建设、实现公共利益和公众福祉具有重要意义。

一、研究背景

目前，公众参与数字治理对于构建"政府主导、政企合作、社会参与、法治保障"的多元主体共建共治共享的社会治理新格局，构建自我组织、自我管理、自我发展的可持续发展机制具有积极意义，已成为促进社会经济发展，加快政府治理结构转型、调整的关键力量。

（一）数字治理已成为国家治理体系与治理能力现代化的应有之义

一方面，社会基本矛盾的转变、国内发展不平衡问题都对传统政府治理模式提出新的挑战。教育、医疗、养老等基本公共服务的供需矛盾日益凸显；相对贫困问题仍旧存在；生态环境仍待改善等等。如何科学开发运用新兴数字技术、优化公共资源配置、提高国家治理能力和治理水平现代化是政府亟待解决的重大任务。另一方面，随着数字信息技术的高速发展，现代公众对精细化、个性化的公共服务供给诉求日益高涨，要推动数字治理进程、提升政府治理效能，更好地发挥公共服务作用，创造更大的社会公共价值。2019年，党的十九届四中全会明确提出要"建立健全运用互联网、大数据、人工智能等技术手段制定行政管理制度规则"，加大力度推进数字政府建设。2020年，党的十九届五中全会指出，要"加强数字社会、数字政府建设，提升公共服务、社会治理等数字化智能化水平"。可见，我国政府正蹄疾步稳地推动政府治理与数字化相融合，将数字治理作为新时期实现国家治理体系与治理能力现代化建设的题中之义。

（二）公众参与有利于数字治理效能发挥

构建以公众参与为主体，充满活力与效率的基层社会治理体系是当前各级政府推进治理体系和治理能力现代化的重点工作。公众参与在数字治理效能提升中发挥了重要作用。一方面，公众广泛参与体现了中国特色社会主义制度的必然要求，数字技术手段更新迭代为公众广泛参与社会治理提供了信息、媒介和资源，也使得公众参与社会治理的意愿和能力增强。2019年10月，党的十九大报告提出"打造共建共治共享的社会治理格局"；党的十九届四中全会再次强调：要完善党委领导、政府负责、民主协商、社会协同、公众参与、法治保障、科技支撑的社会治理体系，建设人人有责、人人尽责、人人享有的"社会治理共同体"；"十四五"规划中也针对"构建基层社会治理新格局"做出明确部署，提出要完善基层社会治理体系，完善民主参与制度，建设人人有责、人人尽责、人人享有的社会治理共同体。另一方面，吸纳多元主体共同参与治理也是我国社会治理实践的经验总结。近年来，在自然灾害应急管理、生态环境治理、重大公共卫生事件防控、社会服务管理等方面，政府、社会组织、企业、公众等多元主体广泛参与，彼此共享治理资源，共同搭建合作治理平台，逐渐形成以政府主导，社会各界多元主体协同参与的新型治理格局，成为提高数字政府治理效率的重要力量。

（三）公众参与均衡性成为影响治理效能的重要因素

随着社会经济的发展，公众的需求愈加多样化，存在着较多的不确定性因素，这使得每个公众个体在参与机会、资源、能力等方面均有可能存在不均衡性，参与不均衡可能在一定程度上影响公众幸福感和获得感，并可能进一步影响社会稳定和谐发展；参与均衡则有利于维护群众最普遍的公共利益，凝聚参与共识，探索出既适用又有效的治理模式。公众参与政府治理实践的公平性因素包括公众参与机会均衡、参与资格均衡、参与话语权均衡以及信息获取的均衡等诸多方面，这些因素都影响着参与效能的发挥。因此，要探究数字化时代公众参与社会治理的效能，首先要对公众参与的均衡性问题进行分析。

二、研究价值与意义

（一）理论意义

一方面，研究公众参与数字治理均衡性，有利于完善我国公众参与的理论基础。信息化时代，数字技术手段已成为推进政府治理能力现代化的重要工具，要进一步利用好各类技术手段，充分利用社会多元主体力量，促进社会公众更广泛地参与数字政府治理，为提升政府治理效率、完善公共服务助力。因此，从公众主体出发，研究当前阶段我国社会多元主体参与数字治理实践的作用机制、探讨公众参与数字治理实践均衡性的理论内涵、挖掘影响公众参与数字治理均衡性的影响因素，进一步探究实现公众均衡参与数字治理的基本要素，有助于进一步完善我国公众参与的理论基础，彰显中国特色社会主义民主的本质特征。另一方面，研究公众参与数字治理的均衡性问题也能够在一定程度上丰富和发展治理理论，拓宽治理理论研究视野。目前国内外学者的研究多集中在公众参与的重要性、意义等方面，对公众民主参与中的均衡性、能否实现公众均衡参与、怎样实现均衡参与的研究较为匮乏，因而以我国数字治理实践为蓝本，考察公众均衡参与的实践要义、作用路径以及价值意义，有利于丰富治理理论内涵，有助于拓展治理理论研究视域。

（二）实践意义

基于当前我国数字政府治理实践面临的问题与挑战，在明确界定数字政府治理主体的前提下，对我国数字治理实践中公众参与的均衡性展开研究，有助于推进我国社会主义民主实践，构建更加和谐融洽的社会关系。一方面，提倡公众参与数字治理有助于发挥公众主体参与管理国家和社会事务的主观能动作用，保证社会治理中公众主体在场，并发出响亮的声音；另一方面，扩大公众有序的社会参与，有助于保障公众基本权利，实现人民主体地位，维护社会团结；此外，在数字治理实践中通过公众广泛而均衡的社会参与，能够保障公共决策的民主性和科学性，彰显我国政治制度的优越性。

三、国内外相关文献综述

（一）国内相关研究现状

1.公众参与社会治理研究

俞可平在《治理与善治》一书中提出治理的内涵为"运用社会威慑力以维持社会秩序，满足最大多数公民群体需要，最大限度增进公共利益"①。郁建兴（2019）指出，一般而言，社会治理与基层治理是基本重合的，社会治理也即基层社会治理②。2003年，孙柏英在《当代地方治理：面向 21 世纪的挑战》中，对治理理论在地方政府治理实践中的应用展开了研究，并对公众参与的网络构建、途径和责任等进行了分析③。公众参与是社会治理的基础，也是社会公共管理的基础④，学者们逐渐将治理理论与中国本土实践相结合，从我国实际的治理问题出发，探讨公众参与在社会治理中发挥的作用，具有很强的现实导向性。比如，从宏观层面而言，相关研究主要集中于公众参与的一般理论、公众参与的价值意义等方面。比如，学者魏星河（2007）对影响我国公众参与社会治理的诸多因素进行研究，提出要从优化公众主体条件、建立顺畅的表达机制、找准政府角色定位等方面着手促进公众有序参与，并提出评价公众政治参与的指标体系及测评的基本方法⑤。学者陈士玉（2010）从宏观上对当前我国公众参与社会治理的现状、模式、未来发展趋势等进行探讨，并以群体分化为背景，结合具体国情，从公众参与的理念出发，对现有的各种民主政治制度提出有针对性的改进路径⑥。学者徐顽强（2020）通过对公众参与社会治理实践的系统审视，提出要关注公众参与社会治理的价值体系、公权力边界、参与机制的建立等方面的问题，并从行为规范、参与维度、价值导向等几个方面提出推进公众更有效地参与社会治理的实践建议⑦。从微观层面而言，学界主要对影响公众参与社会治理的诸多因素展开研究。比如，姜杰等（2004）认为，政府治理模式是影响公众参与的重要因素，因

---

① 俞可平.治理与善治[M].北京：社会科学文献出版社，2000.
② 郁建兴.辨析国家治理、地方治理、基层治理与社会治理[N].光明日报，2019-08-30.
③ 孙柏英.当代地方治理：面向21世纪的挑战[M].北京：中国人民大学出版社，2003.
④ 漆国生.公共服务中的公众参与能力探析[J].中国行政管理，2010（03）：56-58.
⑤ 魏星河.当代中国公民有序政治参与研究[M].北京：人民出版社，2007.
⑥ 陈士玉.当代中国公民政治参与的模式及其发展趋势研究[M].吉林：吉林大学出版社，2010.
⑦ 徐顽强.社会治理共同体的系统审视与构建路径[J].求索，2020（1）：161-170.

此，各级政府要为公众提供适当的公共领域，调动公众参与的积极性[①]；学者孙璐（2006）认为，政府的工作绩效会影响到公众参与社会治理的积极性，政府部门应该提高自身处理事务的能力[②]；吕富媛（2012）认为，表达渠道的畅通非常重要，要为公众的表达提供舞台[③]。魏娜等（2010）认为，组织化程度越高，公众的意见、诉求表达的途径就越多、效率越高[④]。孟天广等（2011）以实证研究发现，参加志愿组织能够提高公众参与水平[⑤]。

2.公众参与数字治理研究

公众利用新兴数字化技术手段参与社会治理尤其重要。让公众真正主动参与到社会治理中有利于激活公众的积极性与创造性，充分激发社会活力（雷瑞平，2020）；公众参与数字时代社会治理还能够使治理由碎片走向整合（竺乾威，2008），利用数据信息的整合使政府能够预测突发事件，提前化解可能的冲突（董青岭，2018）；便于政府倾听民意，了解民生，化解潜在的社会矛盾，改进政府与公众的互动关系，提高政府的公信力（陶勇，2019），最终形成"1+1>2"的治理合力，最大限度地实现公共利益。同时，学者也通过对实践的评估发现数字化平台中普遍存在公众的有限参与问题。刘凤等（2020）认为数字技术运用后，公众在参与内生化、意识主体化方面还存在客观不足。沈费伟等（2020）通过对厦门"农事通"、上海宝山"社区通"等案例研究，提出"治理平台+制度规范"的实践形式，并且指出，当前公众参与社会治理存在理念、体系、机制仍

[①] 姜杰,周萍婉.论城市治理中的公众参与[J].政治学研究,2004（03）：101-106.

[②] 孙璐.利益、认同、制度安排——论城市居民社区参与的影响因素[J].云南社会科学,2006（05）：70-73.

[③] 吕富媛.城市公共服务战略协作机制应强调公众参与[J].中国行政管理,2012（12）：121.

[④] 魏娜,张小进.集体行动的可能与实现：公民有序参与的视角——基于北京、青岛城市公共政策制定的实证分析[J].教学与研究,2010（03）：12-18.

[⑤] 孟天广,马全军.社会资本与公民参与意识的关系研究——基于全国代表性样本的实证分析[J].中国行政管理,2011（03）：107-111.

待完善、公众参与程度尚待提升等问题。这也引发学界对影响公众参与数字治理因素的探讨。比如，学者金太军（2000）从内在动因和外部制约方面对公众参与数字治理的行为进行分析，认为主体行为的内在动因包括利益动因、权利和权力动因以及个体心理动因；外部动因主要来自社会身份带来的驱动力，应将内外部因素共同纳入公众参与动机研究①。学者吴昕春（2002）从"选择性激励""强制的民主接受""价值约束"和"最小后悔"策略几个方面分析了公众参与治理行动的动力②。周进萍（2014）提出公众作为行动者参与治理的动力构成：来源上包括内生和外生动力，演化过程表现为"理念—结构—制度"的相互构建③。

3. 公众参与治理均衡性研究

近年来，学界围绕社会不同主体参与治理的均衡性问题展开研究，形成了不同的讨论维度。综合而言，学界普遍认为，参与的均衡性主要包括三个方面，即机会均衡、程序均衡和实质均衡。首先，机会均衡即"公民在准入资格上是均等的，任何人都不能凭借着地位和权力而拥有多于或剥夺他人的参与机会"④。其次，程序均衡首先要求决策关涉者有均等的协商参与权，其次要求协商参与者有均等的利益表达权，以及其偏好和诉求有均等的被考量权⑤。最后，实质均衡主要指涉公众主体的资源均衡和能力均衡⑥。实践中，社会多元主体受各种因素影响导致其在社会治理中的参与程度存在差别，因而参与均衡性问题也成为学界研究热点。首先，关于参与均衡对参与动机影响的研究。李华胤（2016）以我国公众非制度化参

---

① 金太军，洪海军.论政治行为的动因及其制约因素[J].江苏社会科学，2000（02）：51-57.

② 吴昕春.公共选择与公民参与集体行动的动力[J].安徽大学学报，2002（05）：42-46.

③ 周进萍.社会治理中公众参与的意愿、能力与路径探析[J].中共南京市委党校学报，2014（05）：54-58.

④ 王学俭，李婷.协商民主视域下公民有序参与的难题及对策分析[J].中国政协理论研究，2016（02）：23-28.

⑤ 杜英歌，娄成武.协商民主对公民参与的多维审视与局限[J].南京社会科学，2011（1）：83-89.

⑥ 陈怀平.协商民主的实践理念探析[J].中国特色社会主义研究，2014（02）：54-58.

与行为为研究对象，提出不同类型的参与均衡感与公众参与动机显著负相关，均衡感越低，公众参与的动机越强[1]。王蕾（2018）提出，社会多元主体所体会到的群际均衡感与其参与动机和参与行为成反比[2]。其次是关于均衡性对参与行为影响机理的研究。张晓君、王郅强（2019）从社会行为理论的视角出发对公众参与的一般机制进行分析，通过"社会环境 — 感知 — 行为"的理论框架，指出公众是否参与是由政治效能感和对社会均衡的感知共同决定的[3]。郑建君（2019）通过实证研究发现，社会均衡感对公众的参与行为起调节作用，尤其是在对新兴媒体的偏好作用下，若社会均衡感中程序公平水平越高，正向调节的程度就越强[4]。

（二）国外相关研究现状

1. 公众参与公共治理的相关研究

对公众参与公共治理的研究，美国学者约翰·克莱顿·托马斯提出要从三个方面论述公众参与公共决策的重要性。他认为，首先，公众参与是表达自身利益、影响公共政策的重要力量，是现代公共生活不可或缺的有机组成部分，深刻地影响着公共管理者制定政策和管理公共事务的方式。其次，为了使公众参与和公共管理趋于平衡和有效结合，需要有一个引导公众参与的有效决策模型。其中，决策质量和政策的公众可接受性这两个维度的平衡是公众参与的动力源[5]。再次，公众参与的最终实现，需要审慎选择公众参与的途径或手段，这不仅关乎公众参与是否能获得实质效果，而且也是现代公共管理者新技能和新策略的重要体现。盖伊·彼得

---

[1] 李华胤.社会公平感、愤怒情绪与群体性事件的关系探讨[J].广西师范大学学报（哲学社会科学版），2016，52（04）：26-34.

[2] 王蕾.不公正感对网络集群行为的影响：群体愤怒、怨恨情绪的中介作用[D].山东师范大学，2018.

[3] 张晓君，王郅强.从感知到行为：公民参与群体性事件的机制研究 —— 基于社会行为理论视角的解释与实证检验[J].华南师范大学学报（社会科学版），2019（02）：106-116.

[4] 郑建君.政治知识、社会公平感与选举参与的关系 —— 基于媒体使用的高阶调节效应分析[J].政治学研究，2019（02）：73-87+127.

[5] [美]约翰·克莱顿·托马斯.公共决策中的公民参与：公共管理者的新技能和新策略[M].北京：中国人民大学出版社，2005：3.

斯在《美国的公共政策——承诺与执行》一书中提出一个重要观点：公众直接参与政府决策的愿望是影响公共政策的一个重要因素。公众在复杂技术性决策上的能力可能还比较欠缺，但是不容忽视的是他们依然在公共决策中扮演着重要的角色。公众的积极参与，可以有效优化政策制定的过程，使决策者充分考虑全局信息和社会期待，制定互惠共赢的公共政策。理查德·C.博克斯通过对美国社区制度变迁的多年观察总结，提出21世纪美国社区的治理模式应该有公众的参与：公众是积极能动的社区公共事务治理的直接参与者，而非仅仅是公共服务的消极消费者；政府代议者的作用在于积极与公众进行沟通交流，鼓励公众主动参与社会公共事务的治理；而公共管理职业者应该成为公众的顾问，他们的主要职责是促进、协调或者辅助公众参与公共事务管理。[1]社群主义使得人们对于公众资格有了全新的认识和理解，其认为，具有积极、能动公民资格的公众能够主动介入与自身利益密切相关的公共生活领域。多丽斯·A.格拉伯在《沟通的力量——公共组织信息管理》中，从沟通的角度提出政府应当重视公众表达利益、参与公共事务的权利，政府想要更好地服务公众，就必须尊重每一个公众，让公众参与到和自身利益相关的公共事务中去。政府想要从公众手中获得大量信息，就必须满足公众不断增长的各种需求。政府部门与公众进行沟通往来，不仅有利于政府官员获得必要的反馈信息，并对其所服务的公众保持适度的责任感和回应性；而且也有利于公众及时了解政府作为和运作状况，从而实现公共治理效率最大化。

2. 公众参与数字治理相关研究

西方学界对于数字政府治理中的公众参与研究大致可以分为"修饰性"提供信息（1998—2012）和"实质性"推动公众参与（2013至今）两个阶段[2]。在第一阶段，西方发达国家的公共部门主要是在网上发布政

---

[1] [美]理查德·C.博克斯.公民治理：引领21世纪的美国社区[M].北京：中国人民大学出版社，2005：145-146.

[2] 黄建伟，刘军.欧美数字治理的发展及其对中国的启示[J].中国行政管理，2019（06）：36-41.

务信息，公众民主参与的成效不彰。比如，奥巴马时期的美国政府借助ICT等技术手段以推动政务信息等数据开放，并期望能够借此在民主参与、官民互动等领域取得良好收效。Dawes（2010）对美国各州和地方性政府的电子政务进程进行总结性评估，结果表明，美国在改善政府运作、优化政务流程方面取得了显著进展，但在民主参与和行政体制改革方面发展迟缓[1]。同期，欧盟的情况同美国相似。Torres、Pina（2006）对欧盟一些人口较多城市的35个网站进行分析得出，公众能够通过电子邮件与公职人员就公共事务和公共服务供给展开交流，但在促进政民沟通方面没有突破性进展[2]。在第二阶段，伴随着公共管理运动的兴起，"合作共享、公众参与"的价值理念被政府工作者所接纳，数字技术的发展为代议制民主注入了新的活力，尤其是诸多社交网络的兴起使民众参与和政民互动取得了实质性进展[3]。Mossberger、Crawford（2013）对美国75个大城市进行调查后发现，政府正在积极鼓励公众对政府公共服务质量和效率作出反馈，并及时予以回应[4]。Siskos、Askounis（2014）对欧洲各国公众参与数字政府治理成效进行评估后发现，公众利用数字技术参与治理互动整体效果较好[5]。

3. 公众均衡参与相关研究

20世纪60年代兴起的"新公共行政"运动指出，广泛的公众参与是实现社会公平的重要途径，因此政府机关工作人员和当事人团体之间应采

---

[1] Dawes S S.The Evolution and Continuing Challenges of E-Governance[J].*Public Administration Review*，2010，68（06）：86–102.

[2] Torres L，Pina V，Acerete B.E-Governance Developments in European Union Cities：Reshaping Government's Relationship with Citizens[J].*Governance*，2006，19（20）：277–302.

[3] Macintosh A.The Emergence of Digital Governance[J].*Significance*，2010，5（04）：176–178.

[4] Mossberger K，Wu Y，Crawford J.Connecting Citizens and Local Governments Social Media and Interactivity in Major U.S.cities[J].*Government Information Quarterly*，2013，30（04）：351–358.

[5] Siskos E，Askounis D，Psarras J.Multicriteria Decision Support for Global E-Government Evaluation[J].*Omega*，2014，46（07）：51–63.

取积极主动的互动，广泛吸纳公众参与到行政过程中来。巴伯（Benjamin Barber）指出，西方的代议制民主从本质上说是一种以牺牲参与权和公众身份为代价的弱势民主，公共事务中本应进行协商的参与变成了一种由媒体完全操纵的选举。佩特曼（Carole Pateman）在《参与和民主理论》等著作中也呼唤"参与民主"的复兴，她提出真正的"人民的民主"应该是所有公民直接、充分、平等地参与公共事务，从政策议程设定到政策执行，从政府型权威结构到非政府型权威结构，都应有广泛的参与。它带有较明显的理想主义色彩。后来，毕塞特（Joseph M. Bessette）、曼宁（Benard Manning）、科恩（Joshua Cohen）、罗尔斯（John B. Rawls）、哈贝马斯（Habermas）等学者又提出了"协商民主"理论，强调在多元社会现实背景下，应倡导公众直接的政治参与，使不同的政治行为者包括各党派、各社会组织和广大公众在涉及公共事务的各项决策时，能够通过较为规范的平台和渠道，平等对话、讨论协商，在理性的基础上达成共识，做出合意的、合法的决定。世纪之交，奥斯特罗姆等又提出了著名的"治理"理论，强调公众、社会组织、经济组织应与政府一道，共同参与国家与社会治理，多中心合作共治，这把公众参与和政治公共性推向了新的高度。

（三）国内外研究评述

从国内外学术界既有研究文献的分析中可以看出，对于公众参与数字治理的相关研究已取得了诸多的研究成果，这些研究成果都为数字治理中公众参与均衡性问题的研究提供了理论支撑。从纵向看，研究具有历史性和长期性。学者们追溯了公众参与数字治理的历史渊源，发掘出传统的民主资源，确认公众参与数字治理的合法性地位。其次，从横向上看，研究在宏观层面取得了突破，并向微观领域渗透。学者们对参与的渊源、定义、特征、价值、实践模式、公众参与和市场经济、和谐社会、法治国家、国家和社会治理等的联系均做了大量的研究。

公众参与数字治理的研究在取得丰硕成果的同时，也存在着一些不足之处，一是对公众民主参与中的均衡性问题研究较为匮乏。国内外学者的研究较多集中在公众参与均衡性的重要性、意义等方面，而对于能否实现公众均衡参与、怎样实现公众均衡参与的研究较少。二是理论和实践联系不密切，对现实和社会生活中的参与均衡性问题没有做出解释。这就需要我们从研究路径的角度出发寻找突破口，探索符合我国国情的中国特色的公众参与理论和实践模式。本研究以此作为研究视角，试图探索数字化时代我国数字治理中公众均衡参与问题，以期推动我国公众参与理论和实践的深入发展。

四、研究的主要内容和方法

（一）主要内容

本书主要包括以下几个方面的内容，第一部分，在对数字治理相关问题进行综述的前提之下，详细阐释了公众参与数字治理均衡性的价值与理论依据。首先，我们认为公众参与数字治理均衡性对公众自身具有深刻的价值：主要体现在可以增进公众的社会治理参与程度；提升公众的社会责任感；提高公众的数字素养；保护公众权利和隐私。其次，我们认为公众参与数字治理均衡性对社会发展的各个方面具有多方面的价值：可以促进社会公平和包容性发展；消除社会数字鸿沟；化解社会公共服务分配不均；平衡城乡产业结构失衡；促进社会创新和可持续发展；加强社会自治和民主价值观以及提高社会的可持续性。再次，公众参与数字治理均衡性对政府自身具有多重价值：提高政府的合法性；提升政策质量；提高政府的效率；促进政府的透明度；促进政府治理的创新。另外，在对民主理论反思的基础上，除了阐释公众参与的相关理论之外，重点说明马克思主义社会治理思想和习近平新时代社会治理思想是公众参与数字治理的重要理论基础。

第二部分主要阐释公众参与数字治理均衡性的构成与基础。我们认为，数字治理均衡性的涵盖领域包括数字资源分配、数字技能和数字素养、政府数字化服务、社会管理参与工具。公众参与数字治理均衡性的维度可以从公正与平等、资源分配的均衡、政策影响的平衡、社会的包容与正义来衡量。公众参与数字治理均衡性主要体现在主体资格均衡性、参与机会均衡性、话语权均衡性、信息获取均衡性。数字赋能公众参与可从场域拓展、理念重塑、信息交互和资源整合四个方面进行。

第三部分，在分析我国公众参与社会治理的变迁、数字治理的发展的基础上，研究数字治理的主要方式、主要领域，重点阐释数字治理中公众参与均衡性现状。这一部分以案例的形式，通过收集数据分析我国地方政府数字治理中公众参与情况。以"数字政务信息平台"为例，对贵州省数字治理现状进行了详细的研究，同时分析了浙江省和西藏自治区公众参与数字治理的现状并进行了地区间比较。

第四部分主要分析公众参与数字治理均衡性存在的问题，认为公众参与数字治理中的信息不对称、数字鸿沟、权力不对等、数据隐私安全问题是较为突出的问题，政府行为、技术因素、经济因素、社会因素和文化因素对公众参与数字治理均衡性都会产生影响。

最后分析了丹麦和新加坡公众参与数字化治理的实践和经验，他们给予我们公众参与数字治理均衡性的启示在于，一是坚持以人民为中心的发展思想；二是要不断优化中国特色法律体系建设；三是要全面建设自主创新数字基础设施；四是要持续推进中国全民数字包容策略；五是要建设完善的数字型人才闭环机制。目前我国公众参与数字治理均衡性，要从公众层面、政府层面、数据层面、制度层面、社会组织层面多方努力，才能实现社会数字治理的现代化。

（二）研究方法

1. 规范研究方法

运用归纳和演绎、分析与综合、抽象与概括等方法，对公众参与数字治理均衡性的相关材料进行加工，分析公众参与均衡性与社会治理现代化之间的逻辑关联、内涵及构成，以揭示本研究课题所提出问题的本质；在其他部分的研究中也需要以定性研究方法作为基石。

2. 典型调查与案例分析法

对公众参与数字治理均衡性过程中面临的具体事项，按统计学原理进行分类，从中抽取典型的对象进行调查；在典型调查的基础上，对案例进行细致入微的解剖与分析，找出其中具有代表性的问题，进行深入研究，一起得出共性的理论，用来指导公众参与数字治理均衡性实践。

第一章　公众参与数字治理均衡性的价值与理论依据

在当今数字化的社会中，数字治理已经崭露头角，成为政府和社会治理领域至关重要的构成要素。这一趋势的推动力在于科技手段应用的迅速推进，政府机构越来越多地依赖信息数字技术手段，以提供公共服务、制定政府政策和决策，并与公众进行互动。然而，数字治理远远不止技术的应用，它还牵涉公众参与数字治理均衡性这一根本性议题。社会治理的均衡性被视为社会正义的重要表现，对保障当今数字化社会的公平至关重要，包括资源配置的公平性、参与机会的平等性、权力分散的机会和政策影响的平衡性等。因此，深入剖析数字治理均衡性内涵的多维度属性，有助于防止数字化社会中的不平等和分裂现象出现，平衡资源分配和政策影响，提高政府决策的合法性，维护社会平等和包容性民主。所以，深入探讨公众参与数字治理均衡性的内涵与价值，有利于揭示数字治理如何塑造社会生态系统，并为实现更公平、更民主的数字治理提供研究背景和理论基础。

第一节　公众参与数字治理均衡性的内涵与价值

均衡性始终是社会治理的热门话题。早在春秋战国时期的著作中就有所体现。均衡思想始终贯穿于中华优秀传统文化之中，主要体现在三个方面：一是"大同"思想。儒家学者对于均衡性的研究较为丰富广泛。孔子曰："不患寡而患不均"，指出一个社会的稳定和发展不仅取决于物质财富的丰富程度，更取决于资源分配的均衡程度，强调了均衡的重要性。《礼记》中言："大道之行也，天下为公。"儒家学者认为，在理想社会或人类社会的最高阶段，"天下"应当是人们所共有的，"大同"即是均衡性的重要体现。二是"民本"思想。唐太宗李世民曾言，"君者舟也，民者水也，水可载舟，亦可覆舟"。孟子也曾主张"民为贵，社稷次之，君为轻"。"民本"思想强调以平等、自由和尊重人权等价值观念为基础保障人民的利益和权利，这正是均衡性的核心所在。三是"义政"思想。所谓"义政"，即公平正义执政。墨家学派认为，执政者应该秉持"平等兼爱"的原则，建立一个和谐稳定的社会。中国传统文化中的均衡思想体现了深刻的阶级性和历史性特征，虽然存在一定的局限性，但仍发挥了积极作用。

一、均衡性内涵的多维阐释

在数字化的社会治理当中，均衡性的概念具有多维度特征。它不仅涉及数字资源的分配，还包括社会正义、政策影响、政府合法性和稳定等方面，而这些因素是构成民主原则的关键要素。并且，数字治理是一个不断演化的领域，随着技术的进步、社会的变化和政策环境的改变，数字治理需要面对的要求和挑战也在不断变化。因此，需要深入研究公众参与数字治理均衡性的内涵，以适应不断变化的数字化环境，确保公众参与的均衡性得以维护,也有助于我们更全面地理解均衡性的内涵,从而能够更好地应对数字治理中存在的问题。

首先,均衡性是一个相对的概念,它指的是一种平衡、公平或合理的状态,其中不同的因素或元素之间的关系是稳定和协调的,比如说在物理学当中,磁铁正极和负极产生了平衡,同极磁场的排斥力和异极磁场的吸引力产生了平衡,凡是稳定的物质结构都包含作用力的平衡性。又比如在经济学领域中价格与供需的关系,在其他条件不变的情况下,供给随价格的升高而递增,随价格的下降而递减;需求随价格的升高而递减,随价格的降低而递增,从而使市场保持供需平衡和正常的买卖交易关系。所以,均衡性可以在多个领域应用,包括社会科学、自然科学、经济学、生态学等等。具体来说,均衡性可以有以下不同的含义和应用:

1. 社会均衡性

在社会科学领域,社会均衡性通常指的是社会中各个群体或社会阶层之间的资源、权力、机会等分配是公平、平等或合理的状态。这包括经济上的均衡、教育上的均衡、机会均衡等等。

2. 生态均衡性

在生态学中,生态均衡性表示在一定时间内,生态系统中的生物和环境之间、生物各个种群之间,通过能量流动、物质循环和信息传递,达到高度适应、协调和统一的状态。也就是说当生态系统处于平衡状态时,系统内各组成成分之间保持一定的比例,形成一种稳定和和谐的关系,生态系统能够维持自身的健康和稳定。这包括食物链、生态圈中各种生物的种群和数量等。

3. 经济均衡性

在经济学中,经济均衡性指的是市场中供需之间的平衡状态,即价格和数量的平衡以及资源的有效配置。供给和需求在市场中相互交汇,价格和数量在一定水平上达到平衡。这被称为市场均衡点,是市场上实际价格和数量的决定因素。经济的均衡性总的来说与市场的稳定和效率有关。

4.心理均衡性

在心理学中，心理均衡性指的是一个人的思维、情感和行为之间的一种稳定状态，其中较少或没有冲突或不一致。心理均衡性在广告、销售和传播中有广泛应用，它有助于理解人们的态度和行为变化。人们通常倾向于接受与他们现有信念和态度一致的信息，而拒绝与之不一致的信息，以维持心理平衡。

5.社会治理均衡性

在社会治理领域，均衡性可以指社会各方力量、利益和观点之间的平衡，以确保不会出现过度集中的权力或影响，保证政府的权力不会被滥用或垄断，以维护公平、公正和民主决策，这有助于维护社会体系的稳定和公平。但是，社会治理均衡性的实现是一项复杂的任务，它需要适应不同国家和文化的具体情况。

总之，均衡性是一个通用的概念，可以根据不同的情境和领域来具体解释和应用。它通常强调各个因素之间的协调和平衡，以确保系统或社会的稳定和正常运行。在本研究中，均衡性主要是指在普遍的政府数字治理背景下，社会均衡性的变化以及现状。

二、公共管理视角均衡性阐释

随着社会的不断发展与人们维权意识的逐渐增强，均衡性成为全社会普遍关注的重要话题，并在公共管理领域引起了广泛关注与讨论。学者们大多从政治学、经济学、社会学等不同的角度与逻辑入手，对均衡性进行阐释，综合目前的研究成果，尽管学界对于"均衡性"的理解呈现出广泛而多样化的特征，但究其本质，均离不开所有社会成员之间权利和义务的均衡分配。从根本上来说，均衡性是社会关系的一种特有属性，是对某种社会关系进行规范和评价的基本尺度，作为社会成员的基本要求和最高价值取向，均衡性的意义在于保障应得，其原则在于调节社会成员的社会经济关系或财产分配关系。

因此，在公共管理领域内，均衡性可以反映和评价人们之间合理的社会利益关系，是指在一定的社会中人们之间利益和权利的合理分配与平衡，而非利益和财富的均等。均衡性不仅意味着在特定条件下每个人平等地享有宪法和法律规定的各项权利，平等地履行法定的义务，遵循相同的理念、原则和制度，也意味着人们对人与人之间经济利益关系合理性的认同。均衡性强调社会资源和公共权利按照相同的原则进行分配，强调每个人的合法权益均能够得到保障，不偏袒任何一方。[①] 具体而言，均衡性的内涵主要包括四个方面：

第一，权利均衡。权利均衡是均衡性的首要要求和基础内涵，它承认所有人都享有宪法和法律规定的生存、发展等基本权利，同时也要求社会的制度安排和非制度安排保障每个人生存发展的权利享有是均衡的，公众享有的劳动权、话语权、受教育权、知情权等不受性别、职业、家庭以及财产状况等因素的限制和影响。

第二，机会均衡。机会均衡是实现权利均衡的前提，是指在权利均衡的基础上，公众都有机会通过自己的劳动参与社会竞争，都有机会享受社会发展成果。机会均衡意味着要满足不同人的不同层次需要，是一种立体状网络式的均衡，一方面要求社会为公众提供充足的、多元化的参与机会，另一方面要求社会制度安排保证公众获得的参与机会是均衡的。

第三，规则均衡。规则均衡是实现机会均衡、权利均衡的必要保障。规则均衡是指所有社会主体的行为遵循着统一的规范和准则，这种行为规范和行为准则应是对所有人统一适用的规则和标准，能够真实地反映现实社会生活需求以及经济和社会发展趋势，体现人民群众的愿望和要求，符合社会发展的规律，保障绝大多数社会成员的利益，不得因人而异，避免弱势群体受到不公正的待遇。简言之，规则均衡是在权利均衡和机会均衡的基础上使每个人都尽可能按照统一的行为规范约束自己，在同样的规则条件下展开竞争，是构建和谐有序社会的必要保障。

---

① 洋龙.平等与公平、正义、公正之比较[J].文史哲，2004（04）：145-151.

第四，分配均衡。分配均衡是均衡性的根本内涵和重要层次。分配均衡是指不论个人素质、工作能力、知识水平、性别等因素的差异，每个劳动者都有获得正当利益和社会保障的权利。它的主要参考因素是劳动、技术、资本等在劳动过程中的贡献大小。分配均衡不仅包括收入或财富的合理化分配，也包括社会公共资源的均衡分配，是评判一个社会均衡性是否实现以及均衡性实现程度的主要依据。

三、公众参与数字治理均衡性的内涵

公众参与是国家治理的重要形式，也是国家治理现代化的结果。[①] 广泛、有序的公众参与是国家治理效能提升的必要保证。研究公众参与数字治理的均衡性问题，除了要对均衡性的内涵做出界定，还应明确公众参与的内涵。

（一）公众参与的内涵

"公众参与"概念起源于西方，最早可追溯到古希腊雅典的直接民主制度。近代以来，国内外学者对公众参与相关研究不断深入与拓展，不同学者对公众参与内涵有多种阐释。帕特南认为，公众参与不仅包括政治参与，还包括社会参与，强调人们彼此尊重、相互信任、合作互惠，拥有同等的参与权利和责任，积极参与公共事务。[②] 俞可平认为，公众参与的内涵比政治参与更加广泛，包括人们影响自身生活及公共政策的所有活动，强调理想的公众参与应是有组织的参与，而不是松散、凌乱的参与。[③] 而有的学者则认为，公众参与是一种制度性参与行为，是指公众采取直接或间接的方式参与到政府决策以及公共治理当中。总的来说，关于公众参与

---

① 徐琳，谷世飞.公民参与视角下的中国国家治理能力现代化[J].新疆师范大学学报（哲学社会科学版），2014，35（04）：36-42+2.

② Putnam R D, Leonardi D R.Making Democracy Work: Civic Traditions in Modern Italy[J]. *Contemporary Sociology*, 1994, 26（3）: 306-308.

③ 俞可平.中国公民社会研究的若干问题[J].中共中央党校学报，2007（06）：14-22.

的内涵，学界一般有广义和狭义两种定义。广义的公众参与，是比政治参与的内涵和外延更为广泛的概念，指公众影响公共政策和自身社会生活的一切活动，包括公众的政治参与和社会参与、制度性参与和非制度性参与；狭义的公众参与，不包括非制度性参与，仅指公众参与政府决策制定和公共治理的制度性参与。[1]

尽管不同学者对于公众参与的理解有所差异，但不同的"公众参与"概念包含共性要素：一是参与主体。公众参与的主体是所有社会公众，既包括公众个体，也包括由公众组成的各种非政府组织。二是参与范围。公众参与的范围包括涉及公共利益和公众自身合法权益的政治生活和社会治理领域，在该领域内，公共利益和公共理性共同存在。三是参与渠道。公众参与的渠道是指公众影响政府行为、公共政策以及公共生活的方式。四是参与动机与出发点，公众参与的动机和出发点在于公共价值的实现和公共利益的最大化。五是参与场域。公众参与的场域是指公众行使参与权利的公共空间，小到社区、街道、乡镇或是某个非政府组织，大到整个社会，都是常见的公众参与场域。六是参与规则。公众参与的规则是指约束公众参与行为以及参与权行使的规章制度和法律规定，其目的是保证公众参与的合法有序，包括对公众参与资格、行为准则的规定等等。七是参与权利。公众参与的权利是指宪法和法律规定的公众参与公共事务所应具有的权利，包括选举权、知情权、话语权等等。

综上所述，公众参与是指公众为了实现公共利益最大化和维护自身合法权益，在一定的场域内，按照相关法律和制度的规定，通过多样化的参与渠道行使参与权利，合法、有序参与到政治生活和社会治理领域中，进而影响政府行为、公共政策以及公共生活的行为和实践。

不同于传统治理模式下的公众参与，研究公众参与数字治理的均衡性，首先要结合数字赋能公众参与的特性界定公众参与数字治理的内涵，再结合均衡性所蕴含的权利均衡、机会均衡、规则均衡、分配均衡四方面

---

[1] 郭小聪，代凯.近十年国内公民参与研究述评[J].学术研究，2013（06）：29-35.

内容，分析公众参与数字治理与均衡性的契合性，进而研究公众参与数字治理均衡性的具体内容。

（二）公众参与数字治理的内涵

大数据、互联网、云计算等数字化技术的快速普及与应用推动人类社会进入数字化时代。在数字化时代，传统上政府掌握信息和资源的绝对优势不复存在，社会形态演进对传统政府治理形态的有效性和适应性提出了挑战。随着我国民主政治的不断发展，公众参与意识增强，以公众参与为中心的数字治理应运而生。

与传统治理模式下的公众参与相比，公众参与数字治理在参与主体、参与范围、参与动机与出发点、参与规则与参与权利上存在共性特征，同时也存在着一定的特殊性：一是以数字化为手段。数字治理是数字化时代下产生的新型治理模式，是数字技术与治理理论相结合的产物。政府利用互联网、物联网、数字化等技术创新公众参与渠道与参与场域，能够全面了解公众诉求、认识公共问题，有效提升政府服务的效率和质量，降低了治理过程中可能产生的协调整合成本。二是以公众参与为核心。数字化技术的发展满足了数字治理发展的技术需要，但数字治理的本质是公众更加便捷有效地互动参与治理，若以数字技术的发展与应用为核心却忽视公众参与有效性的实现，则会产生"重技术轻治理"的倾向。三是以信息共享为保障。在数字化时代，信息成为政府治理的重要工具，推动信息资源共享是数字化治理转型的基础与关键，也是实现信息高效利用与增值赋能的必然要求，信息采集、存储、传输、显示成为公众参与治理过程的必要环节。

结合公众参与的内涵以及数字化时代下公众参与的特性，所谓公众参与数字治理，即按照相关法律和制度的规定，具有参与资格的公众为了实现公共利益最大化和维护自身合法权益，在数字化场域内通过多元数字化参与渠道获得参与机会，通过信息开放共享获取所需信息，进而行使话语权、知情权等参与权利，合法、有序地参与到政治生活和社会治理领域中，影响政府行为、公共政策以及公共生活的行为和实践。

而公众参与数字治理均衡性，是指为了实现公共利益最大化和维护公众合法权益，在同等基础上按照法律制度的规定，提供多元数字参与渠道，使具有参与资格的公众在数字化场域内都有机会参与到治理过程中，使公众在法律规定下都能行使话语权，并通过信息开放共享保证治理过程中信息资源分配的均衡性，强调公众在参与过程中风险共享、责任共担，所有群体包括弱势群体均能有效传达自身的利益诉求，进而提升政府行为、公共政策以及公共事务的管理效率和水平。

四、公众参与数字治理均衡性的价值

2023年，国务院印发了《数字中国建设整体布局规划》以及《2023中国数字政府建设与发展白皮书》，在官方引领下，数字技术已经逐渐嵌入整个社会治理体系，但是社会治理的数字化并不仅是数字技术的简单应用，而是涉及各层级、结构原则性的系统化变革。数字治理均衡性作为重要原则，贯穿了整个现代民主政治的全过程。公众参与数字治理的均衡性，对公众个体、整体社会发展和政府治理都具有重要的价值。

（一）公众参与数字治理均衡性对公众自身具有深刻的价值

在数字时代，公众参与数字治理均衡性不仅有助于确保公平和社会正义，还为个体公众提供了重要的机会、权力和资源，还能加强民主，保护权利和隐私，提高政府政策的有效性。这对公众来说，意味着更公正、包容和开放的社会，有助于提升社会整体治理水平。

一是增进公众的社会治理参与程度。公众参与数字治理均衡性提高了社会治理参与的便捷性，通过数字化政府工具，公众可以更轻松地参与治理决策，而不必亲自前往政府机构或会议场所，因此数字技术降低了社会治理参与的门槛，使更多人能够积极参与社会事务。另外，它扩大了社会治理参与的范围，使人们能够跨区域、在不同领域，参与各级政府的政策制定和决策制定，促使政府更全面地考虑不同社会群体的需求和意见，确保政策更具包容性。因为数字平台的普及性，有更多的公众能够有平等的机会参与社会治理过程，这促使公众能够更深入地了解政策制定程序，并主动参与其中，成为政策制定者和决策参与者，推动社会治理的广泛参与和合法性。

二是提升公众的责任感。公众参与数字治理均衡性强化了公众参与的角色，鼓励他们积极参与政府决策和社会事务，通过数字工具，公众可以提出建议、参与政策辩论、监督政府行动，激发了他们对社会事务的更大兴趣。并且，公众参与数字治理均衡性促进政府与公众的互动，要求政府更频繁地与公众互动，听取他们的声音，这种互动有助于使公众感到他们的意见和建议得到尊重和回应。此外，它鼓励公众寻求社会知识的教育和培训，以更好地理解社会问题，这有助于提高公众的责任感，因为他们认识到自己需要积极参与并为社会的改进做出贡献，从而加强了他们在社会治理中的责任感。

三是提高了公众的数字素养。公众参与数字治理均衡性鼓励公众更多地了解数字技术和数字化政府工具的应用，包括数字政府工具、在线协作平台、数据分析工具等。公众逐渐熟悉这些工具，掌握其基本操作和功能，这为他们更好地参与数字治理提供了基础。并且，数字素养不仅是技术层面的问题，还涉及社会治理参与和社会互动的能力。公众需要了解如何在数字平台上参与政策讨论，提交建议和意见，以及如何与政府和其他公众建立建设性的对话。数字治理均衡性通过培养这些能力，使公众更加自信和能动地参与数字时代的社会活动。总之，公众参与数字治理均衡性有助于提高社会的数字素养，使更多人能够参与数字时代的社会和经济活动，不仅提高了公众对数字技术的理解，还增加了他们参与数字治理的能力。

四是保护公众权利和隐私。公平的数字治理有助于保护公众的权利和隐私。这意味着政府在数字数据收集和处理方面采取透明和符合法制要求的方法，确保公众的数据受到妥善保护，而不被滥用，增强了对公众权利的保护。通过数字工具，公众能够更轻松地访问政府信息和了解自己的权利，同时通过数字平台监督政府的行为，确保政府不滥用权力，维护公众权利。此外，公众参与数字治理均衡性有助于加强个人隐私权的保护。数字治理平台通常需要个人信息的提供，因此，确保这些信息的隐私安全至关重要。公众的参与可以促使政府采取更多的措施来保护个人数据，包括对数据加密、访问控制和合规性检查。

（二）公众参与数字治理均衡性对社会发展的各个方面具有多维价值

公众参与强调政府与公众之间的互动和协作，以确保数字技术的应用不仅是技术层面的问题，还涵盖社会、政治和经济层面的关切。

一是促进社会公平和包容性发展。公众参与数字治理均衡性是确保社会公平和包容性发展的关键。在数字时代，信息和数字技术的应用已经成为参与社会和经济活动的必要条件。然而，不同社会群体之间的数字鸿沟和信息不平等问题依然存在。公众参与数字治理均衡性强调，不论公众的社会地位、经济状况、文化背景或其他特征如何，每个人都应该有平等的机会参与数字治理。通过消除数字鸿沟和信息不平等，数字治理有助于确保社会的公平性和包容性，使每个人都能够分享数字社会的成果和机会。

二是消除社会数字鸿沟。社会数字鸿沟指的是在数字技术的应用和数字治理中，不同社会群体之间的数字参与和数字能力的差距。这种鸿沟可能基于社会经济地位、教育水平、区域位置等多种因素，导致一些人无法充分享受数字治理带来的好处。但公众参与数字治理均衡性通过提供平等的数字教育机会、改善数字治理工具的可访问性、开展数字包容性倡议、提供支持和资源、促进数字信息的平等分发以及开展社会调查和数据分析等方式，有助于消除社会数字鸿沟，确保每个公众都能平等地参与数字治理。

三是化解社会公共服务分配不均。公共服务的不均衡分配是由国家政策转移、区域经济发展程度不同以及行政边界形成的区域关系壁垒等因素造成的，主要有城乡、区域公共服务分配不均。政府将数字技术嵌入自身职能，通过数字接口将公共事务接入云端办理，以数据为载体的数字技术能够将公共服务的形式数据化，整合和共享各类数据，打破公共服务信息不对称和数据流动障碍，从而改变传统的公共服务资源生产、提供和分配方式，实现了公共服务的线上化，这为解决公共服务分配不均的矛盾提供了可行路径，赋能公共服务实现均等化。

四是平衡城乡产业结构失衡。城乡产业结构失衡是指城市和农村之间产业发展水平、产业结构和经济规模的不平衡状态。公众参与数字治理可以打破城乡之间的信息差，通过互联网、移动通信等技术手段，数字技术提供了实时、全面的信息获取渠道，使农村居民和企业能够获取市场需求、技术创新、产品设计等方面的信息，从而更好地调整产业结构、提升竞争力。在这一过程中，还推动了利用信息技术、传感器、物联网等手段的数字农业的发展，从而实现农业生产的精细化、智能化管理，促进了农村经济的升级。

五是促进社会创新和可持续发展。公众参与数字治理均衡性是社会创新和可持续发展的推动力。在数字时代，社会面临着日益复杂的问题和挑战，需要新的思维方式和解决方案。公众的广泛参与使社会能够汇聚各种观点和经验，为问题的解决提供了更多的思路和创意，不仅增强了社会创新的能力，还促进了社会可持续发展。数字时代的数字治理平台为公众的参与进程提供了便捷的工具和环境，带来了新的思考方式和视角，推动政府各部门的协作和合作，提高问题解决的效率，加速社会创新的进程，为社会的创新和可持续发展铺平了道路。

六是加强社会自治和民主价值观。公众参与数字治理均衡性在强调民主原则和社会自治方面具有深远意义。民主原则是现代社会政治的重要基石，强调政府的合法性来自公众的参与和决策。数字治理均衡性通过数字化平台为公众提供更广泛的社会治理参与机会，推动了民主价值观的传播和实践。有助于培养公众参与社会事务的习惯，推动社会民主意识的发展，并且，公众参与数字治理使公众能够更直接地影响政府决策，构建更加民主的社会。

七是提高社会的可持续性。可持续性是现代社会面临的一个重要挑战，涉及资源管理、环境保护和社会发展。第一，公众参与数字治理均衡性有助于政府更好地了解社会问题和需求，提高政策的实效性。第二，公众参与数字治理均衡性有助于资源的合理分配和利用。数字时代的政府需要面对有限的资源和多样的需求，公众可以提出建议，监督资源的分配，使资源分配更具民主性和透明度。第三，社会面临各种问题，包括环境问题、社会不平等、经济困难等，公众参与数字治理有助于社会更好地应对挑战，促进社会的可持续发展。

总之，公众参与数字治理均衡性对社会发展具有多方面的价值。它促进社会的公平和包容性发展，促进社会创新和可持续发展，提高社会的数字素养，加强自治和民主价值观，以及提高社会的可持续性。这一原则有助于构建更加繁荣、公正和可持续的社会，为社会的未来发展提供了重要的方向和动力。

（三）公众参与数字治理均衡性对政府自身具有多重价值

公众参与不仅有助于提高政府的合法性和决策质量，还能够促进政府的效率、透明度和创新。这一理念强调政府与公众之间的互动和协作，有助于建立更加开放、响应性和民主的政府体系，包括提高政府的合法性、提升政策质量、提高政府的效率、促进政府的透明度和创新等方面。

一是提高政府的合法性。公众参与数字治理均衡性有助于提高政府的合法性。在民主政体中，政府的合法性建立在公众的信任和支持之上。政府需要证明其权威来源于公众的意愿，而公众参与数字治理均衡性强调政府与公众之间的互动和合作，使公众更直接地参与政策制定和决策过程。通过公平和平等的参与机会，政府能够表现出其愿意倾听和尊重公众的声音，而不仅仅是一方面的决策制定者。这有助于建立政府的合法性，增强公众对政府的信任。当公众感到他们的声音被听取并有机会影响政策时，他们将更积极地支持政府的政策和决策，这有助于社会和谐稳定。

二是提升政策质量。公众参与数字治理均衡性还有助于提升政策质量。政策制定是一个复杂的过程，需要综合各方意见和利益。政府在制定政策时，如果只依赖于内部专家或官员的意见，可能会忽视一些重要的问题和利益，导致政策质量下降。通过公平和开放的政策制定过程，政府能够吸引广泛的意见和建议。公众参与的多元性意味着政府可以从不同社会群体的角度获得反馈，从而更好地了解政策可能产生的影响。这有助于政策的多元化和改进，提高政策的质量，从而更好地满足社会的需求。

三是提高政府的效率。公众参与数字治理均衡性还有助于增强政府的效率。政府在制定政策和管理社会事务时，常常需要面对复杂的问题和众多的需求。公众参与可以帮助政府更好地了解公众的需求和关切，从而更有效地解决问题。通过数字平台和技术工具，政府可以更便捷地与公众互动和沟通，收集意见和建议，通过大数据分析和整合，迅速了解社会问题。这有利于减少冗长的决策流程，提高政府的反应速度，从而更好地满足公众的期望。

四是促进政府的透明度。公众参与数字治理均衡性有助于促进政府的透明度。政府的透明度是建立信任和合法性的关键因素之一。公平和开放的政策制定过程以及政府的决策公开性都有助于提高政府的透明度。政府通过数字平台可以向公众提供政策信息、政策制定过程和政府活动的详细信息。这使公众能够更好地了解政府的运作和政策制定过程，更全面地评估政府的行为。此外，促进行政过程的公开透明有利于防止腐败和不当行为，提高政府的道德标准，增强政府的合法性。

五是促进政府治理的创新。公众参与数字治理均衡性还有助于促进政府治理的创新。公众参与不仅是政府获取反馈的途径，也是政府改进和创新的动力。公众可以提供新的思路、解决方案和创意，有助于政府更好地满足社会需求。政府可以通过数字平台和在线协作工具鼓励公众提供创新性的解决方案。这种开放性的创新过程不仅能够改进政府的服务，还能够推动政府的现代化和发展。政府的创新有助于提高政府的效率，提供更好的公共服务，同时也增加政府的合法性和信任。

总而言之，公众参与数字治理均衡性有助于提高政府的合法性、提升政策质量、提高政府的效率、促进政府的透明度和创新。这一理念推动政府与公众之间更密切的互动和合作，有助于建立更加开放、响应性和民主的政府，从而更好地满足社会的需求，实现社会的繁荣和公正。数字治理均衡性不仅是一种社会原则，也是一种有力的推动政府现代化和改革的工具。

第二节 公众参与数字治理的背景

在早期，数字治理主要集中表现在政府提供在线服务和信息的便捷性方面，这一阶段主要关注政府的数字化转型和电子政府项目的推动。随着时间的推移，数字治理逐渐演化为更加复杂和综合的概念。公众参与数字治理的需求不断增加，社交媒体和在线平台的崛起为公众提供了更多参与政府决策和政策制定的机会。政府开始意识到，数字治理不仅仅是技术问题，还涉及社会参与、民主原则和政策制定过程的重要变革。

近年来，数字治理的发展进一步加速，政府越来越重视数字平等、数字安全和数字权利等问题。公众参与数字治理的均衡性成为焦点，确保每个人都能平等地参与政府事务，防止数字鸿沟的进一步加剧。公共管理相关理论，包括民主理论、公共选择理论、新公共服务理论、协同治理理论以及马克思主义理论等，这些理论框架在数字社会的适应性发展也为公众数字治理提供了理论依据和指导。

一、公众参与数字治理的背景

在当今数字化浪潮中，公众参与数字治理日益成为社会演进的核心动力，而这一动力的形成是由众多因素推动的，主要有被数字技术全面渗透的数字化社会的崛起、应对治理情况不断变化的政府现代化需求、满足公众参与的透明和开放政府、改变信息传播和社交互动的新兴媒体的兴起以及需要解决由数字技术带来的风险和挑战。

（一）数字化社会的崛起

数字化社会的兴起及其对政府、公众社会及社会治理互动的深远影响标志着现代社会的重大演变。随着信息技术和互联网的快速发展，我们逐渐迈入了数字化时代，数字技术通过降低活动的成本、拓展要素流动的深度、提高效率和包容性发展的水平，已经深刻影响了从个人生活到商业、政府和社会活动等各个层面。2021年《中国互联网络发展状况统计报告》统计数据显示，中国互联网网民总人数已经达到10.11亿人，网络普及率约为71.6%，庞大的用户规模入网，为我国的数字技术发展提供了充足的用户基础，促进了数字基础设施建设、提升了大数据收集分析的精确性，形成了一个繁荣、生机勃勃的数字社会。

首先，数字技术的快速发展促进社会各个层面运作的数字化。从个人生活到商业、政府和社会机构，数字技术已经深刻影响了我们的日常生活。在个人生活中，智能手机、社交媒体和在线服务已经成为我们日常生活的重要组成部分。这不仅改变了我们获取信息和与他人互动的方式，还为公众参与政府决策提供了新的渠道。数字技术的快速发展也催生了新的商业模式，从在线零售到数字媒体，这些领域的创新已经改变了商业环境。

其次，数字化趋势在很大程度上塑造了公众的期望。公众现在期待政府能够适应数字化社会的要求，提供更便捷、透明和互动的公共服务。他们希望政府能够利用数字技术改进政府运作，提供更好的在线服务，增强政府的透明度，并更广泛地与公众互动。这些期望是数字化社会中公众对政府的新要求，也是公众参与数字治理的动力。

同时，政府也意识到数字技术可以提高政府的效率、透明度和服务水平。政府部门开始积极采用数字技术，将信息和通信技术整合到政府运作中。数字政府的兴起意味着政府更加倾向于以开放和透明的原则，鼓励公众更广泛地参与政府事务。数字政府的发展为公众提供了更多与政府互动的机会，从在线政府服务到政府社交媒体账户的互动，都有助于激发公众参与政府决策的积极性。

在数字化社会中，社交媒体和在线平台的普及使公众更容易表达他们的意见、参与社会治理辩论以及与政府互动。这些数字化工具提供了公众参与政府事务的新途径，从在线申诉到与政府社交媒体账户互动，公众可

以更直接地影响政府决策。这一数字化趋势也加强了政府与公众之间的互动，使得政府部门能更积极地回应公众的需求和意见

（二）政府治理现代化需求

在当今时代，政府面临着一系列复杂而严峻的挑战，在全球范围内，各国政府都需要面对复杂的社会和经济问题，加上近年来盛行的国际贸易单边保护主义，如贫富不均、气候变化、贫困、全球健康危机、教育等问题越来越难解决。这就要求政府制定和执行创新政策，进行现代化改革，提高政府的行政效率和质量，并利用各种手段吸纳公众参与，以应对不断变化的治理需求。

随着数字技术的快速发展，治理数字化成为政府数字化的主要趋势。比如美国政府推出了名为"数字政府战略"（Digital Government Strategy）的计划，英国政府推出了"数字化政府2020"（Government Digital Service 2020）等等。在数字技术的加持下，治理现代化使政府更有能力收集、处理和分享信息，这提高了政府的运作效率，缩短了服务交付的时间，同时也增加了政府与公众互动的途径。此外，政府现代化推动政府更好地满足公众需求，使政府更具反应性和民主性。政府更加倾向于采纳公众的意见、考虑公众需求，并就重大政策问题进行广泛的咨询。这有助于政府更好地回应公众的需求，提高政府决策的质量。

我国也深刻认识加强数字政府建设的重大意义，党的十八大以来，以习近平同志为核心的党中央高度重视信息化、数字化。习近平总书记指出，从社会发展史看，人类先后经历了农业革命和工业革命，现在正在经历信息革命，并提出要以信息化推进国家治理体系和治理能力现代化。党的十九大提出建设网络强国、数字中国、智慧社会。党的十九届四中、五中全会分别提出推进和加强数字政府建设，促进国民经济和社会发展。"十四五"规划和2035年远景目标将数字政府建设单列为一章，擘画了数字政府建设的蓝图。

因此，作为公众参与数字治理的背景，政府现代化旨在建立更高效、透明、互动和民主的政府，同时也为公众提供更多的机会参与政府决策和

社会事务。政府现代化和数字治理的共同发展构建了现代社会中政府与公众互动的新范式,为公众参与社会事务提供了更多的机会和渠道。这一趋势在数字化社会中变得尤为重要,因为它不仅满足了公众对更好政府治理的迫切需求,还强化了民主原则和公众参与政府决策的重要性。

(三)透明度和开放政府之必然

透明度和开放政府原则在现代政府的发展中扮演着至关重要的角色。政府越来越倾向于将其运作过程、决策制定、资源分配和政策实施公之于众,以满足公众对信息的需求,同时提高政府的透明度,落实问责制。透明度原则是指政府部门公开信息、决策和行动,使公众易于获取和理解这些信息,有助于建立公众信任,减少腐败风险,帮助公众了解政府如何管理公共资源、实施政策以及制定决策的过程,让公众能够更好地了解政府行为、监督政府活动、提出疑问,并对政府的决策制定过程和实施提供反馈。开放政府原则强调政府与公众之间的互动,以便让公众更广泛地参与政府事务。主要包括政府的信息公开,鼓励公众参与政府决策的制定和实施,与公众、企业和其他组织协同解决社会治理问题等等,从而更好地应对复杂的社会挑战。数字技术的普及为政府切实履行透明和开放原则搭建了良好的信息平台,能够更广泛地向公众传递政府信息、决策和行动。

政府使用数字技术,可以更加便捷地向公众公开政府信息。例如,政府可以使用网站和在线平台发布政府信息、政策文档、政府数据等。这些信息应该易于访问,同时提供搜索和筛选工具,以帮助公众更容易地找到所需信息。政府还可以建立数据门户,集中提供政府数据,使研究人员和公众能够利用这些数据。线上数据具有留痕的能力,这使政府的办事程序更加透明和可追溯,为公众提供了更多的信息来监督政府活动和参与政策讨论,增强了公众对政府的信任,强化了政府的合法性。此外,政府机构还可以借助社交媒体、在线论坛等平台与公众建立更密切的联系。政府的社交媒体账户可以发布政府信息、政策解释,同时也可以与公众互动,回应问题和提供反馈。社交媒体提供了一个更轻松的渠道,公众可以在那里与政府互动、提出问题和表达意见,能够帮助政府更好地进行决策、完善工作。同时，数字技术也可以帮助政府鼓励公众参与政府事务。例如，政府可以通过在线投票、电子政务等途径，让公众更加广泛地参与到政府决策的制定和实施中来，进一步提升公众对政府事务的参与度和满意度。

总之，政府通过数字技术的应用，实现透明和开放政府的原则，可以更好地满足公众需求，提高政府的合法性，同时也促进了政府与公众之间的对话和互动。这一趋势在数字化社会中变得尤为重要，因为它不仅满足了公众对更好政府治理的迫切需求，还强化了民主原则和公众参与政府决策的可行性。

（四）新兴社交媒体的兴起

信息时代的到来伴随着的是社交媒体的兴起，它们以其高度互动性和即时性，彻底改变了信息传播和社交互动的方式。社交媒体平台如公众号、微博、微信、抖音等成了公众分享信息、表达意见和互动的重要渠道，对公众参与数字治理产生了深刻影响。

首先，社交媒体平台允许政府和政策决策者发布政策和重要信息，将其传播给广大公众。它提供了一个迅速传递信息的渠道，使公众能够更快地了解政府政策和决策。此外，社交媒体还促进了政府与公众之间的双向沟通，公众可以在社交媒体上向政府提问、提出建议或提供反馈。比如在我国法律界，近十年来有205件次法律草案在网上征求意见。我国基本已经形成了多渠道、多平台，较为完善的政策网上意见征集系统。这为政策制定吸纳公众意见提供了良好的渠道。其次，社交媒体在舆论形成中发挥着关键作用。公众可以在社交媒体上分享他们的意见、看法和评论，这对政府政策和决策产生了影响。政府和政策决策者需要密切关注社交媒体上的舆论，以了解公众对政策的看法。这有助于政府更好地调整政策以满足公众需求。最后，社交媒体也成了监督政府活动的工具。公众和媒体可以使用社交媒体追踪政府行为，监督政府活动的合法性和透明度。公务人员如有不当行为和腐败问题便可能在社交媒体上被曝光，引发公众关注，从而推动政府改革和问责。尤其是在我国反腐倡廉的道路上，新媒体作为民众反映和举报的关键途径，发挥了极大的作用。

然而，社交媒体的兴起也带来了一些挑战。谣言和虚假信息在社交媒体上传播迅速，可能导致信息的不准确性和混淆。此外，隐私问题和数据安全也成了一个重要议题，需要政府和社交媒体公司共同解决。对社交媒体内容的监管和审查也是一个重要的挑战，涉及言论自由和信息控制的平衡。

目前来看，社交媒体仍然是促进公众参与数字治理均衡性的有力工具。政府和政策决策者可以通过社交媒体更广泛地与公众互动，了解公众需求，同时公众也能更容易地参与政府事务，表达自己的看法和建议。社交媒体的崛起标志着数字时代的到来，它已经成为公众参与数字治理的不可或缺的一部分，将继续塑造政府与公众互动的方式。

（五）数字风险和挑战

随着信息技术的不断发展，网络安全成了一个备受关注的议题。数字治理的背景不仅包括机遇和潜力，还伴随着一系列数字风险和挑战，这些挑战对政府和公众的权益都构成了威胁。

首先，网络安全的不稳定性可能导致政府的关键基础设施遭到破坏，包括能源供应、金融系统和通信网络。这种破坏可能会引发严重的社会和经济后果，威胁国家的安全和稳定。其中，网络攻击的增加，包括恶意软件、网络入侵和数据泄露，可能导致政府和私人部门的敏感信息暴露，危害国家安全、经济竞争力和公众隐私。其次，数字治理环境中的信息隐私和个人数据保护问题也日益突显。政府和私营部门需要处理大量敏感信息，包括公众的个人身份信息、医疗记录和金融数据。泄露或滥用这些信息可能会对公众信任和个人自由构成威胁，因此需要有强有力的数据保护法规和隐私措施。其中，网络犯罪、网络间谍活动和网络恐怖主义等问题也是数字治理背景下的重要挑战。这些威胁可能跨越国际界限，因此国际协作和信息共享成为至关重要的因素，以有效应对这些威胁。最后，数字治理还涉及信息技术的普及问题，其中数字鸿沟是目前政府和社会面对的严峻挑战之一。不同社会群体和地区之间的数字鸿沟可能导致一部分人口无法获得数字服务和信息，从而阻碍他们分享数字时代的红利。因此，政府需要采取措施，确保数字治理的普及性，以减少社会不平等。

总之，随着数字治理的兴起，网络安全和数字风险管理变得至关重要。政府需要制定全面的政策和法规来应对这些挑战，以确保数字化社会的稳定性、公平性和安全性，同时维护公众的权益和隐私，完善社会治理能力。

二、西方民主理论的反思

自20世纪60年代，公民参与作为一种新型的民主形式开始受到广泛的关注。它是在代议制民主的实践中孕育和产生的，其理论背景主要包括以下几个方面：

（一）代议制民主的危机

有学者在谈到"代议制"问题时认为："代议制最主要的原因在于现代社会的规模及其复杂性，但是，不论好坏，代议制民主都是'我们的政府形式'。"① 从第二次世界大战结束到20世纪50年代，由于西方政府在帮助恢复国民经济、修复公众战争创伤、改善人民生活方面做出的一系列努力，社会公众普遍认为政府是以谋求公众福祉为己任的，对政府产生了较高的信任感和认同感。但是随着时间的推移，由于政府的改革未能有效地满足社会公众的愿望和要求，他们对政府和公共部门的不满加剧，对权威的服从度降低，导致对政府行为愈加冷漠，使数百年来盛行西方的代议制民主面临前所未有的危机。正如密尔所言，代议制民主的两种危险主要表现在：一是民众的行为容易受到非理性因素的影响，对代议制民主造成威胁；二是由同一阶级的人构成多数实行阶级立法隐含的危险。② "在一个民主国家里，一个人如果不能在文化倾向上同大部分人保持一致，他可能会陷入被边缘化、无视化的境地；或者是受到那些持有共同观点或品味

---

① [加]弗兰克·坎宁安.民主理论导论[M].谈火生，年玥，王民靖译.长春：吉林出版集团有限责任公司，2010：119.

② [英]密尔.代议制政府[M].王瑄译.北京：商务印书馆，1982：101.

的大多数人不公正的对待，托克维尔为此感到担忧。"① 这就是不可回避的多数人暴政的问题。"有些人确实认为自由民主理论及其保护少数权利的实际方法是不恰当的。"② 同时学者质疑比较多的还有："选举产生的代表，或称为政客，究竟是能够代表选民愿望和诉求的代理人（delegate），还是表示为按照自己的判断行事的受托者（trustee）?"③

（二）代议制民主的缺陷

因此，代议制民主并不像其鼓吹者所言，体现了多数人的意志、权利和自由。在这种框架下，必须寻求并实现意志上的平衡，即多数人意志和少数人意志，但这种平衡是很难实现的。另外，随着现代信息社会的发展，社会公众教育程度、政治参与能力的提升，公民直接参与政府决策和社会治理活动的要求日益强烈，代议制中代表的性质、代表的范围、代表的目标、代表的特殊群体问题都需要进一步明确。有学者甚至认为："无论是无视弱势群体的政府论坛和程序，还是传统的利益集团之间的冲突，都不足以产生出一种平等的代议制民主。"④

简而言之，正是代议制民主的危机促使公民参与活动兴起。为了赢得日益衰落的公众信任，政治家们越来越多地认识到公民参与对增强、巩固治理合法性的重要性。

三、西方民主理论的救治

从20世纪50年代开始，以哈贝马斯、福柯（Michel Foucault）和德

---

① [加]弗兰克·坎宁安.民主理论导论[M].谈火生，年玥，王民靖译.长春：吉林出版集团有限责任公司，2010：69.

② [加]弗兰克·坎宁安.民主理论导论[M].谈火生，年玥，王民靖译.长春：吉林出版集团有限责任公司，2010：70.

③ [加]弗兰克·坎宁安.民主理论导论[M].谈火生，年玥，王民靖译.长春：吉林出版集团有限责任公司，2010：121.

④ [加]弗兰克·坎宁安.民主理论导论[M].谈火生，年玥，王民靖译.长春：吉林出版集团有限责任公司，2010：133.

鲁兹（Gilks Deleuze）等人为代表的学者对西方社会的制度和文化进行探索和批判。反思主要包含两个方面：一方面是代议制民主可能招致更可怕的危险，甚至比专制更令人感到害怕，这就是所谓的"民主的虚位"。"可以说，在民主获得显著地位的同时，就有人会滥用民主来蛊惑人心。我们必须在民主和这种危险之间保持适当的平衡。"[①] 二是他们对"权利"问题的重新思考。古典马克思主义认为，权利是资产阶级发明用来自我保护的"神"。然而，权利概念在20世纪产生的积极影响迫使西方学者反思如何重新定义权利。他们以古典自由主义而不是马克思主义为出发点，试图发现新的政治概念和制度来补充权利概念的不足，"增加人民的力量"和"公共领域"理论的提出，都是这种反思的重要部分。也有学者全面反思和批判了美国所谓的民主制度，他们认为美国归根结底实行的也非大众统治，而是带有明显的精英统治色彩。"民主国家的生活与极权社会并没有很大的差别，国家权力仍然掌握在一小部分人手中，他们决定国家事务和统治。"[②] 具体来说，对于西方民主的反思和批判，一方面是民主程序的批判：自20世纪80年代开始，政治科学借助于数学、经济学、统计学的方法进行政治分析，得出的普遍结论就是对民主程序的批判，即民主程序存在随意性、不稳定性、议程操纵等弊端。另一方面是对民主价值的反思。为了达到民主可能会经历混乱和无序。正如亨廷顿所言："教育水平的提高会导致人们产生更高层次的需求，如果这些期望没有办法被满足，则会刺激个人或组织通过参与政治活动的方式来表达诉求。但在缺少完整而有效的法治规范前提下，这种投身于政治活动的增加将带来更多的暴乱和骚动。"[③]

代议制民主的局限性越发凸显，这就要求我们转而寻找新的民主形

---

① [加]弗兰克·坎宁安.民主理论导论[M].谈火生，年玥，王民靖译.长春：吉林出版集团有限责任公司，2010：85.

② [美]托马斯·戴伊、哈蒙·齐格勒.民主的嘲讽[M].孙占平译.北京：世界知识出版社，1991：1.

③ [美]塞缪尔·亨廷顿.变革社会中的政治秩序[M].孙占平译.北京：生活·读书·新知三联书店，1999：145.

式，在这样的探索中，协商民主和参与民主应运而生。从民主的实现来看，拥有平等权利的各个主体如何达成共识，形成"公意"，势必需要社会公众共同参与治理。这就是代议制民主在代表性不足的情况下必须反思的问题：如何在民主中体现参与，来真正实现民主的本意，即"民主即人民的统治"①。在某种意义上，协商民主和参与民主的出现，就是基于对西方民主理念的反思和批判而提出的救治西方的民主，以便于使"民主变得更民主"。

任何民主政治都具有一定的参与性，但在参与的广度和深度方面存在着差异和不同②，因此民主理论的焦点就在于关注"参与"的理念。具体参与的实质内容主要体现在以下几个方面③：一是公民直接参与与自己密切相关的工作和所在生活社区关键制度的管理；二是借助于民主参与机制，增强社会公众的公共精神和公民意识，加快社会主义民主化制度建设的步伐；三是把握好民主参与的两种形式，实现直接民主和间接民主的有效结合。要实现以上参与，必须创造有效的前提条件：一是必须消除或改善社会组织的匮乏状况；二是在公领域和私领域，尽可能地限制官僚权力，尤其是责任感薄弱者；三是重新检视妇女的地位和角色，真正实现男女参与权利平等。④以公众参与为主的协商民主的实现，必须至少具备三个条件："其一是包容性，参与到政治社会中的每一个主体都拥有平等的权利和地位；其二是理性，在决策过程中，不同主体之间通过不断的协商和谈判生成的理性将起到决定性作用，而在无法达成一致同意的情况下，则在于采用何种方式解决分歧；其三是合法性，每个参与者都能够知晓决定达成的原因和具体程序，即使他们可能并不是心服口服地接受被争论的观点。"⑤

---

① [美]乔·萨托利.民主新论[M].冯克利，阎克文译.北京：东方出版社，1993：22.
② [美]卡尔·科恩.论民主[M].聂崇信等译.北京：商务印书馆，1988：12-13.
③ 于海青.当代西方参与民主研究[M].北京：中国社会科学出版社，2009：105-108.
④ 于海青.当代西方参与民主研究[M].北京：中国社会科学出版社，2009：109-110.
⑤ [南非]毛里西奥·帕瑟琳·登特里维斯主编.作为公共协商的民主：新视角[M].王英津等译，北京：中央编译出版社，2006：140.

为了更好地提升社会治理效果，公众参与成为走向善治的重要一环，其对于社会治理的意义和价值，不仅仅在于能够加快社会主义民主化的建设，更重要的是公众参与社会治理能够创设一种民主政治形式，这是更符合中国语境的、更贴合中国实际的。"民众的有序参与被看作是一种协商性的政治资源……这代表着公众的政治生活持续受到民主化建设的影响，在我国表现为以政治协商这一基本政治制度为代表的独具特色的价值、程序、机制和具体规则，从而建构起具有中国特色的社会主义民主政治体系。"[①] 在具体操作过程中，公众有序参与社会治理，一方面需要借助于政府的合理安排，另一方面是在于社会治理过程中利益相关者的共同需求与政府的大力推动。

在数字时代，民主理论也得到了新的应用。数字民主理论强调数字技术如何扩大公众的社会治理参与范围，并提供了在线投票、电子政务、社交媒体等工具。这一理论强调数字技术如何促进政府的透明度和公众的参与。数字化社会的崛起使公众越来越期待政府也能适应数字化社会的要求，提供更便捷、透明和互动性强的公共服务。

总之，民主理论的发展历程涵盖了古代、现代和数字时代，强调政府权威的来源在于公众授权，公众有权参与政府事务的决策过程和实施。这一理论在不同历史时期和文化背景下不断演化，为建设开放、民主和有效的政府提供了指导。无论是古代雅典的直接民主、美国的宪政民主，还是数字时代的数字民主，民主理论都强调政府应该为公众利益服务，并在决策制定中让公众积极参与。

---

① 林尚立.协商民主：中国的创造与实践[M].重庆：重庆出版社，2014：2.

第三节　公众参与数字治理的理论基础

理论是行动的先导。只有在正确理论的指导下，社会治理工作才能有序地开展。马克思主义有关社会治理的思想及以习近平新时代中国特色社会主义思想为指导的社会治理已成为新时代中国社会治理创新的根本遵循和实践纲领。

一、马克思主义社会治理思想

马克思主义社会治理思想的核心奠基者是马克思、恩格斯和列宁，该理论以唯物史观作为坚实的理论根基，聚焦于人类社会活动以及社会治理的本质与规律，探寻实现人类解放和自由全面发展的科学路径。马克思主义学者在社会治理领域展开的思索，集中围绕"谁来治理社会、治理什么和怎样治理社会"等关键问题，其社会治理思想展现出多方面的显著特征：在思想方法上秉持辩证思维；于思想内容方面具有前瞻视野；沿着发展逻辑彰显历史维度；在理论形态上保持开放姿态；以革命精神塑造理论风格；运用批判性思维方式；基于阶级属性构建理论体系；秉持全人类的价值取向。深入研习与剖析马克思主义社会治理理念，对于我们精准把握其思想精髓与价值内涵意义重大，能够为推动我国社会治理创新以及实现社会治理现代化提供坚实的理论支撑与有益的实践启示。

（一）马克思主义学者有关社会治理的缘起

习近平总书记指出，"在人类思想史上，就科学性、真理性、影响力、传播面而言，没有一种思想理论能达到马克思主义的高度，也没有一种学说能像马克思主义那样对世界产生了如此巨大的影响"①。虽然说,马克思主义研究领域的专家学者未曾直接界定或系统阐释"社会治理"这一概念范畴,然而,在其经典著作的深层逻辑中,蕴含着对社会治理问题的深刻洞见与核心价值取向。马克思、恩格斯共同创立的关于国家本质的理论框架,深刻揭示了无产阶级国家在履行社会管理职能方面的本质要求,这些理论洞见至今仍对当代社会治理实践具有不可估量的指导价值,为优化现实治理活动提供坚实的理论根基与实践指引。在《哥达纲领批判》中,马克思明确要求构建生产安全的社会化监管体系,并提出以"责任法"来系统推进公共卫生基础设施建设。他认为,社会总产品的使用应用于生产资料的损耗补偿和扩大再生产,设立专项风险储备金用于化解重大突发事件,以及为满足"学校、保健设施"的需要,"还要为丧失劳动能力的人提供保障"②,这说明马克思高度关注公共危机处理、教育和社会保障,高度关注民生。

马克思主义对未来社会的治理范式还做出了科学预见。《资本论》深刻揭示,人的自由全面发展将构成未来社会的基本原则③。《共产党宣言》系统论证:资产阶级旧社会固有的阶级对立,终将被"自由人联合体"的新型社会形态所取代。④列宁的"渐进发展理论"⑤创造性地解决了社会主义民主政治等诸多问题,极具指导意义。在《坚持艰苦奋斗,密切联系群众》中,毛泽东同志强调了党群关系融合、党的作风建设⑥,这标志着群众路线在执政实践中的制度化开端。毛泽东同志还认为,社会救济非常重

---

① 习近平在中共中央政治局第四十三次集体学习时强调 深刻认识马克思主义时代意义和现实意义 继续推进马克思主义中国化时代化大众化[J].党建,2017(10):1.

② 中共中央马克思恩格斯列宁斯大林著作编译局.马克思恩格斯选集(第3卷)[M].北京:人民出版社,2012:361-362.

③ 马克思.资本论(第1卷)[M].北京:人民出版社,1975:649.

④ 中共中央马克思恩格斯列宁斯大林著作编译局.马克思恩格斯选集(第1卷)[M].北京:人民出版社,2012:422.

⑤ 俞良早.经典作家增强国家经济管理能力的理论及其当代发展[J].中南民族大学学报(人文社会科学版),2013(1):106-111.

⑥ 中共中央文献研究室.毛泽东文集(第7卷)[M].北京:人民出版社,1996:284-287.

要，尤其是对失业者进行兜底保障①，彰显其社会保障思想的前瞻性。邓小平同志的治理思想体现在多方面：党的领导核心地位，民主和法治，国民经济发展，改革、发展和稳定三者之间的关系，精神文明建设，社会公平等等。江泽民同志将党的建设置于重要位置，认为要加强廉政建设，坚持依法治国②，德治与法治相结合，还要"以人民群众为本"，构建人与自然和谐共生的社会环境。胡锦涛同志提出的"科学发展观"体现了以人为本的社会治理工作方向，"保障和改善民生"则表明其"以人为本"的社会治理理念精髓。

（二）马克思恩格斯社会治理思想的特性

马克思主义的经典著作中蕴含的社会治理思想和理念为我们的社会治理工作提供了重要的借鉴和参考。首先，马克思着重指出了无产阶级政党成立的不可或缺性，以及该政党需长期稳固地发挥其领导作用。他明确阐述："无产阶级在反对有产阶级联合力量的斗争中，只有把自身组织成为与有产阶级建立的一切与旧政党不同的、相对立的政党，才能作为一个阶级来行动……无产阶级这样组织成为政党是必要的。"③基于此，作为中国无产阶级的先锋队，中国共产党在国家社会治理架构中必须坚定不移地保持其领导核心地位。其次，马克思提出，构建无产阶级政权的根本目的在于为人民服务，并借助民主政治的途径达成社会治理目标。同时，他亦认为，创建新的社会制度并配套制定相应政策是确保社会治理目标得以实现以及社会顺畅运行的关键前提。再者，马克思还从无产阶级的视角出发，对未来社会的发展走向做出了科学的预见。他坚信，唯有共产主义社会方能赋予每个人真正的自由；唯有共产主义社会，方能达成社会公正平等、人民按需分配、社会组织自我管理的理想状态。最后，马克思在唯物史观的基础上进一步阐明了生产方式的发展是推动整个社会生活变革的决

---

① 中共中央文献研究室.毛泽东文集（第6卷）[M].北京：人民出版社，1999：71.
② 江泽民.江泽民文选（第1卷）[M].北京：人民出版社，2006：362-364.
③ 中共中央马克思恩格斯列宁斯大林著作编译局.《马克思恩格斯选集》（第3卷）[M].北京：人民出版社，2012：173-174.

定性力量。他强调,社会治理需要国家、社会、人民三方的共同参与,而人民群众的需求与期望则代表了社会发展的前进方向。因此,党和国家必须坚定不移地站在广大人民群众的立场上,以人民的需求为根本出发点,方能实现高效、有序的社会治理。马克思主义理论中的社会治理理念,无疑为习近平新时代中国特色社会主义思想中关于社会治理的论述提供了丰富的思想滋养与重要的理论支撑。

从社会治理视角对马克思主义理论进行分析可知,从国家与社会关系的动态演进脉络出发,深入解析多元社会治理主体的功能定位,尤其强调作为阶级利益代言人的国家治理主体角色,并前瞻性探讨未来社会治理模式,是马克思主义社会治理思想的核心议题。

马克思恩格斯在政治哲学视域下建构了系统性的治理理论范式,揭示了治理现象的产生基础,即国家与市民社会的二元分化及其辩证互动关系,指认了资本主义固有的历史局限性。这种治理理论呈现出独特的双重分析框架:在横向上统合国家机器治理与社会自治的协同机制,在纵向上聚焦权力配置与权利保障的动态平衡规律。就其本质而言,马克思主义治理观开创了以公共利益为本位的治理新范式,为当代治理现代化转型提供了关键性的理论参照系——特别是在实现"善治"的实践探索中,展现出持久的解释力和指导价值。

马克思恩格斯治理思想包括三个方面的规定性,分别是治理过程的规定性、治理目的的规定性和治理价值的规定性。①具体来说:

首先,治理过程的规定性。一方面,马克思主义治理理论在目标维度上呈现出鲜明的系统整体性特征与公共价值取向,其理论建构显著区别于私人部门治理的微观操作逻辑。缺乏有效的公共治理体系支撑,私人领域的各类活动将难以有序推进,公共治理为私人治理得以实施铺垫了关键性社会环境生态。另一方面,马克思主义经典作家基于历史唯物主义方法论,对治理体系的结构层次做出了辩证划分。这种层级划分随着国家——

---

① 翟桂萍.马克思恩格斯的治理思想研究[J].西华师范大学学报(哲学社会科学版),2021(7):1-7.

社会关系的动态演进呈现出阶段性特征。其治理理论体系既涵盖作为国家统治权具体体现的治理维度，也包含针对资本主义社会特性所设计的以经济权利与个人权利保障为核心的治理框架，更前瞻性地构建了以公民权利保障为基石的未来社会治理模式。因此，马克思与恩格斯的治理思想本质上是基于国家与社会互动关系，对权力配置与权利实现机制的深度解析与科学把握。从理论本质层面观之，治理本质上属于社会行为过程的范畴。

其次，治理目的的规定性。现代治理研究领域与"公共领域"这一核心议题存在着紧密且深度的关联。在公共领域研究的历史进程中，马克思主义与阿伦特在公共领域理论建构上形成了鲜明对照：阿伦特从存在论出发，将人的复数性作为公共性的根基，构建了一个以自身为目的、排斥工具理性的纯粹政治领域；而马克思和恩格斯则立足于历史唯物主义，提出了更具包容性的辩证公共性理论。他们既强调共同体在满足物质需求方面的基础性作用，又着眼于个人自由与普遍价值的有机统一，从而形成了关于良好社会秩序建构的系统主张。这一过程中，国家功能的最终指向并非是促进"国家"自身的不断膨胀与发展，而是致力于推动"社会"的成长与进步。尽管国家在实现这一目标的过程中不可避免地会经历持续的进化演变，并且也确实存在着逐渐强化为一种从社会中独立成长起来的力量，但这些都不能从根本上否定国家最终回归社会的历史发展趋势。

最后，治理价值的规定性。以往的治理经验常常有将国家与社会视为对立关系的认知倾向，未能充分认识到国家与社会实则是一个有机整体，二者相互依存、共生共荣。基于这种片面认知，治理实践往往陷入市场失灵与政府失灵相互替代的困境。事实上，政府、市场与社会并非相互排斥，而是能够相互补充、协同共进的。唯有当"三驾马车"在各自专属领域内有效运作时，方能避免对国家与社会、政府与市场进行非此即彼的二元对立解读。马克思与恩格斯深刻阐明，在阶级社会中，作为政权组织形式的国家首先要发挥维护阶级支配秩序的核心功能。但需要特别指出的是，国家机构产生的社会根源性及其受制于社会发展的客观规律，构成了现代治理体系形成的基础性条件。从本质上看，对国家强制统治属性的凸显，实际上是以社会共同体作为基本参照框架，其终极价值在于实现社会整体的存续与发展。正是基于这种辩证关系，国家机构的能力边界与社会共同体的发展潜能之间形成了深刻的辩证统一。马克思与恩格斯的治理思想在强调国家与社会双向互动、相互趋近的过程中，更揭示了国家作为从社会中产生并逐渐异化的力量，终将回归社会的终极价值取向。这一价值取向意味着社会将演化为一个具有完整意义的共同体，从而为治理的真正实现奠定坚实基础。

从马克思主义理论视角审视治理问题，并非旨在解构既有的治理理论体系，而是以其揭示的人类社会发展规律为分析框架，系统考察治理实践的历史前提、运行机制、目标导向和价值基础。马克思主义治理观植根于国家与社会二元分化的历史进程，其核心要义在于：在特定社会形态中，多元治理主体通过权力配置与权益保障的辩证运动，最终实现社会秩序的再生产与公共价值的创造性转化。这一理论建构既揭示了政治权力与社会权利的互动规律，又展现了不同治理主体从对抗走向协同的历史可能性。正如习近平总书记在党的二十大报告中指出："马克思主义是我们立党立国、兴党兴国的根本指导思想。"[①]

在公众参与数字治理的过程中，马克思主义理论对于其现状以及存在的问题同样有方法论指导价值。首先，马克思主义理论强调社会阶级关系和社会不平等，倡导通过革命建立共产主义国家来解决问题。虽然实现这一目标需要极大丰富的生产力，在目前的社会条件下还难以达到，但数字时代为政府治理提供了新的机会，帮助政府更有效地解决社会不平等问题。通过数字平台，政府可以更全面地了解不同社会群体的需求，以便采取有针对性的政策来解决贫富差距、教育不平等、医疗资源不足等问题。此外，数字治理还可以增加公众参与政府决策的机会，使社会各阶层的声音都能够被充分听取，从而减少社会不平等。其次，马克思主义理论强调社会的革命和变革。在数字时代，信息瞬息万变，尤其是在政府的治理方

---

① 习近平.高举中国特色社会主义伟大旗帜 为全面建设社会主义现代化国家而团结奋斗——中国共产党第二十次全国代表大会报告[R].2022-10-16.

面，政府改革一旦落后于时代变化，就容易出现政府政策不符合社会需要的尴尬情形。所以数字时代的政府治理更需要不断改进和更新，以适应社会的变化。公众参与数字治理可以促进政府的改革和创新，使政府更适应社会需求。数字技术也可以帮助政府更有效地实施政策，提高政府的管理效能。最后，马克思主义理论关注社会的发展方向和公有制的重要性。数字治理有助于提升公共服务水平和促进公共资源的合理分配，增强公共财产的作用。公众参与数字治理也有助于确保公共资源的合理使用，维护社会的公有制。

总而言之，马克思主义作为经典的政治、社会、经济理论并不是一成不变的，在数字时代，它同样能够作为一种方法论应用于当代问题，以更好地解决社会不平等、政府合法性和社会变革等问题。

二、习近平新时代中国特色社会主义思想关于社会治理的论述

社会治理不仅是社会建设的重要任务，也是国家治理的重要内容。党的十八大以来，习近平总书记根据我国社会主要矛盾的变化，推进国家治理体系和治理能力现代化建设，提出加强和创新社会治理，打造共建共治共享的社会治理格局，丰富了马克思主义国家学说，开辟了马克思主义中国化时代的新境界，为新时代推进社会治理提供了理论指导和实践遵循。

理论是行动的先导，实践是检验真理的唯一标准。只有在科学的理论指导下，才能制定出正确的路线、方针、政策，才能充分调动全党全国人民参与社会主义现代化建设和社会治理的积极性和主动性。习近平新时代中国特色社会主义思想在推进马克思主义理论发展进程中做出了具有原创性的重大贡献。该思想在马克思主义哲学、政治经济学及科学社会主义等核心领域系统性地提出了一系列具有开创性、引领性的理论创新和实践方略。习近平新时代中国特色社会主义思想根植于鲜活的实践土壤，又反哺于实践征程，它是对新时代中国特色社会主义实践探索的全方位凝炼升华

与理论总结。习近平总书记有关社会治理的思想对我国社会治理实践及本课题的研究都具有重要的指导价值。

一是明确我国社会治理的路径与目标。一个国家选择什么样的社会治理路径，是由这个国家的基本国情以及这个国家的人民群众决定的。党的十八大以来，在以习近平同志为核心的党中央的坚强领导下，我国社会治理体系不断完善，社会安全稳定形势持续向好，社会公众的安全感与幸福度均实现了显著提升。特别是在全球抗击新冠疫情斗争中，"中国之治"与"西方之乱"在人民群众的心里形成了鲜明的对比。中国的治理实践也充分证明，中国特色社会主义治理之路，是我国社会治理成就和经验的集中体现，是符合中国社会发展实际、保障人民根本福祉的正确道路。我们要主动适应"中国之治"的新要求，助推打造"社会治理2.0"，建设现代化的社会治理共同体，让中国特色社会主义社会治理之路越走越宽广。

二是把握我国社会治理的原则与取向。一个好的社会，既要充满活力，又要和谐有序。习近平总书记指出："社会治理是一门科学，管得太死，一潭死水不行；管得太松，波涛汹涌也不行。"[①]这就要求在社会治理过程中运用辩证思维，正确处理各种矛盾关系。要以共建共享为基本原则，在体制、机制、制度、政策上系统谋划，疏堵结合、惩防并举、标本兼治。当今世界正经历百年未有之大变局，各类风险的跨界性、关联性、穿透性、放大性显著增强，如果处理不当，容易形成系统性风险。我们要准确把握国内外环境深刻变化带来的新挑战，适应时代要求，遵循治理规律，树立"治未病"理念，运用正确方法论，坚持疏导在早、化解在小、防患于未然的原则，"为之于未有，治之于未乱"，这能更好推动解决我国社会治理中出现的各种困境和难题，保障社会治理工作更加有序地开展。加强和创新我国的社会治理，必须毫不动摇地坚持和加强党对国家的集中统一领导，真正树立以人民为中心的发展思想。也就是说，我国创新社会治理必须着眼于维护最广大人民的根本利益，善于将社会治理所取得

---

① 习近平.习近平关于社会主义社会建设论述摘编[M].北京：中央文献出版社，2017：125.

的显著成效切实转化为人民群众对社会治理工作的高度认可与切实满意、实实在在的获得体验以及深切持久的幸福感受，从而为我国全方位推进社会主义现代化建设的伟大征程、实现中华民族伟大复兴的中国梦凝聚起更为磅礴的强大力量。习近平总书记的科学论断，包含了对中国几千年社会治理规律的认识，揭示了新时代社会治理的运行特点，指明了新时代社会治理的方法手段，是社会治理理论与实践的科学统一，开辟了马克思主义国家学说的新境界。

三是优化社会治理的方法和着力点。社会创造能量充分释放、竞争活力充分涌流，离不开高水平治理。应当创新运用现代化治理理念，秉持系统化思维和精准化原则，通过专业化手段与精细化标准相结合的方式，全面提升社会治理水平。重点构建多维度协同治理机制，强化系统性风险防控体系，实现从被动应对到主动预防的治理模式转型，最终达成社会治理前瞻性预判、精准化施策与高效化运行的目标。同时，也要树立法治思维、发挥德治作用以使社会生活更加规范。当前，由于我国正处于改革的攻坚期和深水区，社会不稳定因素增加，社会治理所面临的环境更加复杂，所以，我们要进一步创新社会治理理念、体制、机制、方法及手段。我们要不断坚持问题导向，助力加快补短板、强弱项，紧紧盯住影响治理效能、群众反映强烈的突出问题议政建言，充分调动各方面积极性，最大限度增强社会发展活力，更好地保障社会安定团结、人民安居乐业。

基层群众作为民生问题的关切点，虽然各种矛盾和问题相对较为复杂，但社会治理最坚实的力量支撑也在基层。所以，我国社会治理的重心必须落到乡村和社区，只有乡村振兴和繁荣，社区的服务及治理能力和水平不断增强，社会治理的根基才会更加坚实。习近平总书记提出要"深入群众、深入基层，采取更多惠民生、暖民心举措"[1]，为此，相关部门要有序调整和解决管理体制和机制中存在的问题，推动治理重心逐步下移，把一些经常性的具体服务和工作放到基层去落实，同时也使基层具有相应的

---

[1] 习近平.高举中国特色社会主义伟大旗帜 为全面建设社会主义现代化国家而团结奋斗——中国共产党第二十次全国代表大会报告[R].2022-10-16.

人、财、物的支配权，保证权、责、利的对称下沉。只有有序地把为公众服务的人、财、物、资源合理地交给与社会公众打交道最多的基层组织去管理，才能提高基层组织在社会公众中的影响力和号召力。目前，我国基层社会治理工作中确实存在一些薄弱环节，需要通过进一步的改革解决。要瞄准城乡基层治理顽症"开药方"，打通党与群众连接的"最后一公里"，帮助党和政府健全自治、法治、德治相结合的城乡基层治理体系，尽可能为社会公众提供精准有效的社会服务，让基层群众在社会治理中具有获得感。例如，针对大城市基层治理的一些棘手问题，北京市构建了"街乡吹哨、部门报到"工作机制，为化解超大城市基层治理难题贡献了新方案，充分证明社会治理重在基层的做法是科学可行的。我们要不断深入学习领会习近平总书记有关社会治理的科学方法的论述，勇于尝试、创新，优化社会治理效能，为实现中华民族伟大复兴的中国梦而奋斗。

四是健全社会治理的长效机制。社会治理的成效，取决于治理机制的健全完善和可靠运行。习近平总书记指出，要"建设人人有责、人人尽责、人人享有的社会治理共同体"[①]。要把"枫桥经验"坚持好、发展好，加强预防和化解社会矛盾机制的建设，正确处理人民内部矛盾。要健全公共安全体系，加快社会治安防控体系建设，加强社会心理服务体系建设，加强社区治理体系建设，发挥社会组织效能，构建政府主导、社会协同与公众自治有机结合的治理新格局。在持续的改革创新过程中，我国已逐步建立起系统完备、运行有效的现代社会治理制度框架，也为今后我国社会治理制度机制进一步完善奠定了坚实基础。具体要按照党中央的部署和要求，注重发挥专门协商机构和民主协商制度的平台优势，积极助推社会治理中协商民主机制的健全和完善，为我国社会治理现代化的顺利实现提供坚实的制度和机制保障。

五是强化社会治理的信息技术支撑。网络信息技术日新月异，深刻影响和改变着我国的社会经济发展、利益格局、安全形势，是我国社会治理

---

① 习近平.中共中央关于党的百年奋斗重大成就和历史经验的决议.2021年11月11日中国共产党第十九届中央委员会第六次全体会议通过。

过程中必须面对和解决的重要课题。因此，在数字化转型背景下，必须着力培育管理主体的网络化治理能力，系统把握并创新运用信息技术的结构性特征——包括去中心化的组织形态、即时反馈的互动机制以及高效传导的传播路径。通过这种赋能转型，可以有效促进公共决策的智能化升级、社会管理的靶向化运作以及民生服务的便捷化交付，进而构建适应数字时代的现代化治理新范式。借助大数据、云计算等数字化手段，我们能够更为敏锐地感知社会发展态势，确保治理沟通渠道的畅通无阻，从而为决策的有效执行提供有力支撑。以杭州市为例，该市充分依托大数据、云计算等前沿技术，积极实施"数字治堵""数字治城"等一系列创新举措，有力推动了市域社会治理模式的革新与发展，使得城市面貌焕然一新，更加宜居宜业。互联网时代的社会治理，机遇前所未有，挑战也前所未有。我们要深刻认识互联网在国家管理和社会治理中的作用，不断精进，认识和把握网络运行的过程、规律，更好地保障网络安全，并运用大数据技术、信息化手段，为更好助力社会治理实践，不断添动力、增活力、聚合力。

六是加强党对社会治理的领导。办好中国的事情，关键在党。习近平总书记指出："确保党中央权威和集中统一领导，确保党发挥总揽全局、协调各方的领导核心作用。"[1] 所以，我国的各级党政机关要高度重视社会治理工作，不断对社会治理过程进行统筹谋划和组织，切实肩负起社会发展、保障社会平安的责任。在推进基层社会治理与建设进程中，应将强化基层党组织建设、持续稳固党的执政根基确立为一项不可动摇的原则，并以此为指引，深入拓展区域化党建工作的新格局。中国共产党的领导作为中国特色社会主义最本质的特征，是中国特色社会主义制度的最大优势，也是中国特色社会主义社会治理最根本的保证。我们必须坚定不移地坚持党的全面领导，确保党的领导贯穿于社会治理的每一个环节与层面。

总的来说，进入新时代以来，面对经济社会的新形势、新任务，习近

---

[1] 习近平.高举中国特色社会主义伟大旗帜为全面建设社会主义现代化国家而团结奋斗——中国共产党第二十次全国代表大会报告[R].2022-10-16.

平总书记立足党和国家发展全局，在深入总结我国社会管理历史经验和现实问题的基础上，结合新时期中国基本国情，形成了结构完备的社会治理理论体系，涵盖了领导核心——基本理念——整体格局——方式方法四大方面。习近平总书记的重要论述，对于正确认识和把握中长期经济社会发展重大问题具有鲜明的政治导向，为社会治理理论研究、规划编制、体制创新、力量部署、资源保障提供了实践遵循。习近平总书记关于社会治理的重要论述内涵十分丰富，学习和运用习近平总书记关于社会治理的重要论述是一个长期过程，对于做好民族地区社会治理工作具有深远的价值和意义。在现实社会治理中，我们要深刻理解和掌握习近平总书记关于社会治理的重要论述并与实践相结合，让理论之花结实践之果，让我国的社会治理工作更加有序顺畅地进行。

三、公众参与的阶梯理论

1961年雪莉·阿恩斯坦构建了公众参与八种层次的阶梯理论，具体层次如表1-1所示：

表1-1 公众参与的八种层次

公众参与阶梯理论模型	参与层次		参与内容
1. 操纵（Manipulation）	假参与	低档次的参与	操纵是指组织为实现自己的利益和目标而对公众参与加以控制和摆布的过程。训导是指组织者借用公众参与的形式来实现公众对自己的支持，被称为"假参与"或"无参与"。
2. 训导（治疗）（Therapy）			
3. 告知（Informing）	表面参与	表面层次的参与	告知是组织者公布和传递信息使得参与者了解一些情况。咨询是指组织者向参与者提供更加丰富、有效的信息并接纳不同声音。但在信息单向流动的情况下，公众的利益诉求并不能在决策中被提及和考虑。
4. 咨询（Consultation）			

续表

公众参与阶梯理论模型	参与层次	参与内容
5. 展示（Placation）	高层次表面参与	高层次表面参与	展示是向公众展示被设定好的参与方案并归纳参与意见。虽然有一定的影响存在，但还是相对比较表面化。
6. 合作（Partnership）	深度参与	合作性参与	合作关系是参与公众可以直接与各组织及传统权力保持者进行对话、沟通和协调，至于授权和公众控制是指在一些特殊项目中，公众可以具有支配决策机构的目的，可以获得大多数决策者的地位和完整的管理权限。
7. 授权（Delegated Power）			

改编自：蔡定剑.公众参与：欧洲的制度和经验[M].北京：法律出版社，2009：13.

雪莉·阿恩斯坦确定了不同类型的参与和非参与，并最终将参与定义为权力的再分配，使得在传统权力不对等关系下被社会和经济决策排斥和忽视的社会公众有机会参与到管理过程之中。"操纵"和"训导"属于低档次的参与，也被界定为由于各种人为因素干预导致的假参与，位于阶梯低层的横档表示权力持有者把参与曲解为其操纵公共关系的工具；"告知"和"咨询"中最常用的方法是居民会议、意见调查和公共听证，某些情况下公众的意见和声音确实可以得到表达与倾听，但是缺少保证意见和观点能够真正被吸取的手段与途径，因此这种参与被认定为表面层次的参与。假参与和表面层次的参与形式往往强调的是信息的单向流动，从"展示"开始一直沿着阶梯向上，公众对于决策的影响程度逐渐加深，参与深度逐渐加强。通过图1的描述我们可知，公众参与的程度受到方法选择的影响而呈现出层层递进的趋势，深入的参与往往以较为表面的参与方式为基础。公众参与的阶梯理论依据方法的不同向公众介绍了应该如何参与，如何评判参与是否是真实的、是否是良性的。

受到雪莉·阿恩斯坦理论的启发，英国的安德鲁·亚克兰先生创新性地改编了更具操作简便性的参与层次理论，如图1-1和表1-2所示：

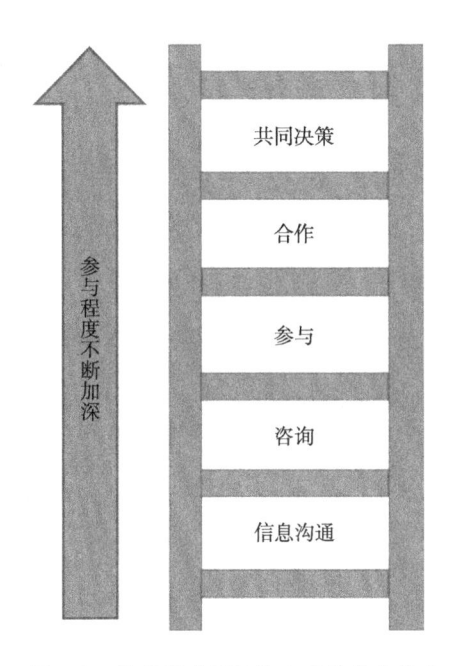

图 1-1　被英国对话设计公司总裁安德鲁·亚克兰改编的阶梯理论

转引自：蔡定剑.公众参与：欧洲的制度和经验[M].北京：法律出版社，2009：14.

表 1-2　社会参与的阶梯

参与类型	含义	三个视角的解释
研究/数据收集	公众参与最常用的方法	发起者：收集有关态度、观点、偏好的信息 公众：促成一个公众观点的集体描述 第三方：使政策或建议建立在公众观点的基础上
信息供给	参与开始于信息发布，但如果没有后续的积极行动则会立即终结	发起者：增进公众对政策或建议的认识 公众：了解政策或建议以发挥影响 第三方：提高公众的意识和理解，授权他们进一步参与

续表

参与类型	含义	三个视角的解释
咨询	向公众收集针对某些具体问题的反馈信息	发起者：在具体政策或建议上获得反馈 公众：提供反馈以影响政策或建议 第三方：通过那些可能会受到决策影响的公众关注、审查并推动政策更加完善
参与	在形成政策、建议或者决策的过程中的积极参与	发起者：培养公众积极参与的公共意识，促进公众参与向纵深方向发展 公众：尽可能对决策施加影响 第三方：提高决策的质量、包容性和可持续性
合作/协议	公众与发起者建立积极的伙伴关系	发起者：与有条件使用和分享资源的人协商并共同决策 公众：获得资源和权威 第三方：为实现整体利益而协同
委派/指定权威	权力被指定转移到公众手中，并承担做决定的一切责任和后果	发起者：能使公众履行责任 公众：承担责任和执掌权威 第三方：鼓励有条件行使和负责的人拥有更多的权威

资料来源：安德鲁·弗洛伊·阿克兰.设计有效的公众参与[M].苏楠译//载蔡定剑.公众参与：欧洲的制度和经验.北京：法律出版社，2009：299.

在安德鲁改编的阶梯理论中，他把公众参与分为信息沟通、咨询、参与、合作和共同决策五个阶梯。最底部的参与层级是信息沟通（information），包括信息的提供和信息的收集，尚且并不能被定义为公共参与。第二个层级是咨询（consultation）。咨询是对某一项特殊政策的意见和反馈收集，公众拥有被倾听权而不具有决定权，因此，咨询并不代表着改变，被咨询者的意见无法影响决定或最终的结果。第三个阶梯是参与（involvement）。参与指的是公众被纳入制定决策过程的权利，处在不同阶层以及持有不同利益价值观的公众为了保障自身的利益和各方面诉求能够被纳入制定决策过程而主动或被动地参与到社会治理活动中去,并试图对最终的结果产生一定的影响。第四个阶梯是协作(collaboration)。协作是在公众积极参与的基础上愿意分享资源和信息,在协商中形成共识并作出一致的决定。最后一个层级是授权决策(devolved decision-making)。授权决策作为参与的最高层次,是一种权力持有者将自己手中的权力合法授予、转向其他参与主体的合作方式。在决策过程中信息和资源可以相互流通和共享,使得原本由决策者主导的制定政策过程纳入公众的参与,实现两方主体共同决定的参与形式。

德斯蒙德·康纳以公众参与方式上的逻辑顺序为基础,以问题为导向,提出一个七层阶梯理论(如图1-2所示)。依次是"教育、信息反馈、咨询、共同规划、调解、诉讼和解决/预防"。在应用方面,参与阶梯意味着如果第一层次的参与方式无法顺利解决社会问题,那么就将进入到下一个阶段,按照问题是否得以解决为标准依层递进。

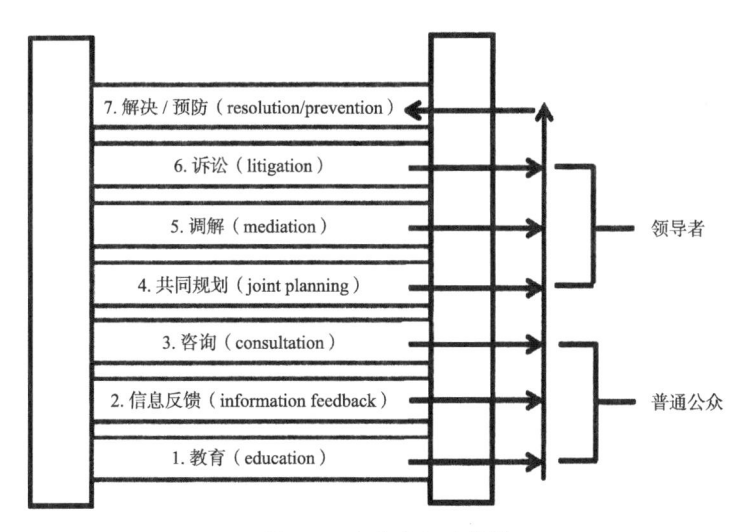

图 1-2 公众参与的阶梯

改编自:Connor Desmond M. A New Ladder of Citizen Participation[J]. *National Civic Review*, 1988, 77(3): 249-257.

托马斯的有效决策模型解释了公众参与的时间、采取的方式以及程度等问题，他指出："评价公民参与是否适宜必须关注政策完成后对于政策质量的评价（quality）和被接受的需求（acceptability）之间是否达成平衡状态。一部分公共政策必须满足专业化标准、立法命令、预算限制等政策质量要求；而其他一些公共政策旨在满足大多数公众的需求，他们是否能够接受和遵守成为最直接的决策目标。"①

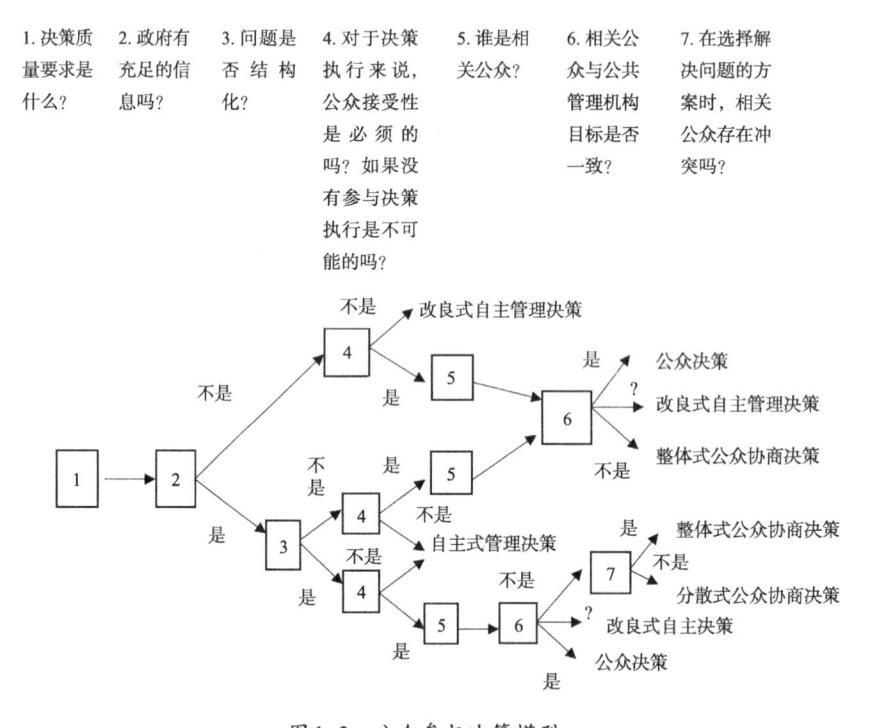

1. 决策质量要求是什么？ 2. 政府有充足的信息吗？ 3. 问题是否结构化？ 4. 对于决策执行来说，公众接受性是必须的吗？如果没有参与决策执行是不可能的吗？ 5. 谁是相关公众？ 6. 相关公众与公共管理机构目标是否一致？ 7. 在选择解决问题的方案时，相关公众存在冲突吗？

图1-3　公众参与决策模型

资料来源：[美]约翰·克莱顿·托马斯.公共决策中的公民参与：公共管理者的新技能与新策略[M].孙柏瑛等译.北京：中国人民大学出版社，2004：66.

在如图1-3所示决策模型中，公众参与是否适宜受到政策质量和政策

---

① [美]约翰·克莱顿·托马斯.公共决策中的公民参与：公共管理者的新技能与新策略[M].孙柏瑛等译.北京：中国人民大学出版社，2004：20.

可接受性之间相互制衡的影响，两个变量之间的平衡决定了社会参与程度。当对政策质量抱有高期望时，社会参与在其中发挥的作用也就越小；而当更注重政策的可接受性时，社会参与便成为必需，公众分享权力和责任的需求更为强烈。在同时要求政策质量和政策可接受性时，意味着要在民主和科学之间寻求平衡，这时就需要综合考虑是否应该引入公众参与以及公众参与的程度。

以上四种参与阶梯理论从不同角度出发，呈现出不同的理论内容，但都通过各种形式反映出公众参与的影响力强弱，体现了参与程度的递进。阿恩斯坦的参与阶梯理论在范围上由浅及深，此外，衡量这一梯度的方法之一是通过流于其上的权力分配和随之而生的影响，完整地展示出公众参与的层次。康纳以解决问题为出发点，在参与阶梯理论中强调无法解决问题时，试图通过调解和诉讼而并非扩大公众影响力解决问题。托马斯的决策模型具有极大的可操作性，通过引入变量的方法界定公众参与是否适宜，五种决策类型体现了不同的参与程度，依次递进为："自主式管理决策 — 改良的自主管理决策 — 分散式的公众协商 — 整体式的公众协商 — 公众决策"。

正是在反思西方民主理论，特别是代议制民主理论问题的基础上，以公众参与为主的协商民主走入到社会治理的视野。公众参与阶梯理论对公民参与的阶段进行了具体的划分，为不同参与水平的社会公众提供了参与依据和具体的思路。

第二章　公众参与数字治理均衡性的构成与基础

党的十九届五中全会明确提出，国家治理效能得到新提升是今后五年经济社会发展要努力实现的主要目标之一，再一次强调要基本实现国家治理体系和治理能力现代化，使公众参与治理的权利得到充分保障。公众参与均衡性是我国协商民主的基本要求，是推进社会主义民主政治建设，实现人民当家作主的必要条件。大数据智能化技术的发展和更迭改变了传统的社会生态，数字平台逐渐成为公众参与治理活动的长效平台和重要场域。数字化公共服务需求提升，均衡性成为公众参与数字治理新的追求。实现公众参与数字治理均衡性，是数字化时代下国家治理效能提升的关键举措。

第一节　公众参与数字治理均衡性的特征、领域与维度

通过对数字治理均衡性的多维解释，阐释其特征，才会在社会治理中更好地实现公众参与数字治理的均衡性结果。

一、均衡性的特征

均衡性的表现形式在不同的历史阶段呈现出不同的特征，从不同的角度进行分析也能产生不同的理解与认识，因此，均衡性是一种在动态发展中不断演进与完善的概念。均衡性在实践中主要表现为以下三方面特征：

（一）发展性

在人类社会这一普遍的社会形态中，均衡性是一定历史时期社会关系基本特征的反映。人类社会关系的复杂性及不同的社会历史条件决定了均衡性的内涵既丰富又复杂。作为一种价值取向，均衡性是与人类社会发展的一定历史阶段相适应的，属于一定的历史范畴，不存在永恒不变的均衡观念与衡量尺度，一方面，均衡性是衡量社会发展程度和社会发展状况的指标，与整个社会的经济发展密不可分，均衡性必然受到所处时代下社会制度与生产力发展水平的制约。另一方面，在不同的历史阶段下，均衡性因社会形态的不同而呈现出不同的存在和表现形式，即使是在同一历史时期，人类的社会实践及社会关系也是不断发展变化的，均衡性的理念、标准同样会随之改变。作为一种人类不懈追求的社会理想，社会历史形态的每一次演进都会推动均衡性的内涵进一步发展与升华。因此，对于均衡性的研究和讨论都必须置于一定的历史条件和历史情境之中。

（二）相对性

所谓均衡性，不是绝对均等的平均主义，并不意味着每个人社会财富和利益的均等，而是一种相对平衡。到目前为止，在人类社会发展的历史进程中，人们所经历的各个发展阶段，包括社会主义社会发展阶段，都不可能实现利益和财富的均等分配和享有。社会成员间的个人享赋差异、地理位置差异、家庭条件差异、社会地位差异等现实差别始终是客观存在的，这也就意味着，在全社会实现绝对和完全的均等是不切实际的，均衡性本身就承认且包含着某些一定的、合理的差别存在，这是均衡性的显著特征，也决定了我们追求的均衡性总是一种相对的平衡状态，而不是绝对的均等，即均衡性是当今社会最符合大多数人民群众利益诉求的价值尺度，与利益主体的个人感受相关，具有一定的主观性。换言之，如果能够通过制度、政策等努力缩小社会成员间的差异，并使这种差异为绝大多数人所能容忍和接受，那么就可以认为达到了一定的均衡性。因此，将均衡性等同于绝对的无差别与均等的想法和做法不仅是对均衡性内涵的错误解读，也是不切实际的。

（三）包容性

所谓均衡性，一般而言是指在一定的规则或条件下，某一件事或者是某一种物质能够保持在一个平衡的状态。但在不同的学科领域内，均衡性的具体内涵具有一定的差异。在物理学领域中，均衡性是指物体存在的一种状态，是指一个物体同时受到方向不同但合力为零的几个外力作用时，该物体处于静止或匀速运动的状态；在社会学中，均衡性指社会和谐稳定发展的一种社会状态，指社会各个方面发展相对平衡，每个人的权益都能得到充分保障，社会资源得到合理分配，社会体系内部以及社会体系与外部环境关系的协调稳定状态。在经济学中，均衡性则是指供给与需求保持平衡，经济事物中有关变量在一定条件的相互作用下达到一种相对稳定的状态即为均衡，简单来说就是供给和需求作为两种相反力量或为一致或互相制衡达到的均衡状态。在法学中，均衡性是指人们所享有的权利与其应当履行的义务处于一种平衡状态，人们享有宪法和法律规定的权利，同时也需要履行宪法和法律规定的义务，不允许任何人享有权利而不履行义务，也不可能有只尽义务而不享有权利的情况出现。因此，分析与理解均衡性的概念应具有一定的包容性眼光，必须认识到，均衡性的概念内涵并不是唯一的。

二、数字治理均衡性涵盖的领域

在数字化社会，建立在前期信息化基础之上的数字化具有强大的渗透力，社会生活的各个方面都被打上了数字化的烙印，社会治理同样如此。因此，数字治理均衡性这一概念涵盖了社会治理的各个领域，总的来说，主要包括数字资源分配、数字技能和数字素养、政府数字化服务、参与工具等方面。

（一）数字资源分配

均衡性涉及数字资源（如信息基础设施、互联网的接入、数字内容、数据等）的分配。均衡性的数字资源分配意味着确保不同地区的人们以及同一地区不同能力的人都能够获得高质量、及时的信息内容，这对于农村地区和偏远地带的居民以及数字素养较低的人群尤为重要。所以，数字化下的社会治理必须确保农村地区和城市地区、高数字素养和低数字素养的人群都能平等地获得数字信息资源，以减少数字鸿沟。

（二）数字技能和数字素养

数字技能和数字素养在实现数字资源分配均衡性方面发挥着关键作用，它们是公众参与数字化社会的基本前提。数字技能指的是能够运用数字技术工具、软件和应用程序来完成任务和解决问题的技能。数字素养则更广泛，包括了对数字信息的理解、对数字隐私和安全的关注，以及对数字文化和伦理的认识。这两者相辅相成，为公众在数字时代的参与提供了基础。数字治理均衡性还要求政府和社会共同合作，提供数字技能和数字素养的培训和教育，因此数字教育的可及性和质量至关重要，需确保所有人都能够被覆盖，减少被数字鸿沟边缘化的人群。

（三）政府数字化服务

政府数字化服务的成功取决于用户导向的设计、无障碍性和包容性，以及确保广泛覆盖范围，这些因素将有助于满足多元化的公众需求，提高政府的服务质量和可及性。政府提供的数字化服务必须易于使用、无障碍，以便于提高政府效率、透明度和公共参与，并确保覆盖范围广泛，以满足不同公众群体的需求。这也是现代政府数字治理的核心原则之一。

（四）参与工具

政府应提供多样化的数字治理参与工具，以满足不同公众群体的需求。这包括在线公众投票，允许选民远程参与选举和决策；数字化讨论平台，鼓励公众对政策和议题进行开放的讨论和反馈。参与工具是实现数字治理均衡性的关键，它们需要在保障安全和隐私的前提下，鼓励多样化、包容和民主的数字治理参与，以提高政府的决策质量和公众满意度。

虽然数字治理均衡性关注资源分配、数字素养、社会参与和政策制定等方面的均衡性，但它的实现需要特别强调公众参与的角度，确保每个人都能平等地参与数字时代的社会治理。

三、公众参与数字治理均衡性的维度

"公众参与数字治理均衡性"指的是在数字治理过程中，政府作为政策制定的主体角色，必须通过制度和程序设计，确保各个社会群体、公众或利益相关者都能够平等、公平地参与政府和决策机构的决策制定、政策制定和公共事务管理，而不受到不平等或歧视的影响。这一概念涉及多个维度：

（一）公正与平等

均衡性强调，不论公众的社会地位、经济状况、文化背景或其他特征如何，每个人都应该有平等的机会参与数字治理。平等的参与机会无疑是公众参与数字治理均衡性最重要的维度之一。然而，当前的数字社会治理现状呈现出一种令人担忧的格局，因为区域差异、城乡差异、教育差异等因素，导致民众无法平等获得参与治理的机会。首先，区域差异在数字治理的平等参与机会中发挥着重要作用。相对较为发达的地区通常拥有更多数字基础设施和资源，例如高速互联网接入，而偏远地区的公众则可能面临互联网基础设施覆盖不足的问题。这造成了在数字治理参与方面的不平等，因为拥有更好数字基础设施的地区的居民更容易访问在线治理平台和政府信息资源，从而造成数字鸿沟和数独现象。其次，教育差异也对公众的数字治理参与机会产生了深远影响。拥有较高水平教育的公众往往更容易理解数字工具的使用方法，具有更高的数字素养。相比之下，受教育程度较低的人可能会受到排斥，参与的渠道有限，难以充分参与数字治理过程，包括参与选举、提供政策建议、参加公开听证会或政府的决策制定过程等。

这一情况不仅违反了民主的核心原则，还可能导致政策的不公平和社会的不稳定。公众参与数字治理均衡性则要求采取积极措施，包括提供数字资源的平等分配、加强数字素养和教育，以及鼓励多样化的参与形式，确保每个公众都能平等参与数字治理，维护社会的公平和稳定。

（二）资源分配的均衡

均衡性追求的核心是确保在数字治理过程中，各类资源，包括信息、技术、教育等，不分贵贱地平等分配，以便每个公众都能够平等地获取和充分利用这些资源，而不受到经济或数字鸿沟的限制。在数字社会治理中，信息资源被视为一种非常宝贵的资源，因为它为公众提供了政策信息、社会参与的机会和决策支持。然而，资源分配不均会导致某些群体能够更容易获取这些资源，而其他群体却在资源获取方面受到限制。这一不平等现象不仅反映在信息获取方面，还包括数字技术、互联网接入和数据资源的不平等分配。这一问题的复杂性表现在资源分配的多样性上。首先，信息资源的公平分配要求政府和相关机构确保政策信息对所有公众都是开放和透明的，而不是局限于特定利益群体。其次，数字技术的平等分配涉及公众能够获得和使用最新的数字工具，这对于数字时代的参与至关重要。此外，教育资源的平等分配也是关键因素，因为具备数字素养和信息素养的公众更有能力参与数字治理。

因此，确保资源分配的公平性是数字治理均衡性的核心目标之一。政府和利益相关者需要采取积极措施以消除资源分配不均的现象，确保每个公众都能够平等地访问和利用信息、技术和教育资源，促进数字治理的公平、平等和可持续发展。这不仅有助于社会正义的实现，还有助于社会稳定与和谐。

（三）政策影响的平衡

政策影响的平衡性在数字治理均衡性的框架中占据着至关重要的地位。这一维度强调，在数字治理政策和决策的制定过程中，必须充分考虑各个社会群体的多样性需求和意见，以确保政策的制定过程不偏袒任何特定群体，而忽视其他群体的合法权益。政策影响的平衡性反映在多方面。首先，政策制定过程应该是透明和开放的，允许不同社会群体参与，并提供机会表达他们的需求和意见。这要求政府和政策制定机构积极主动地与公众互动，建立有效的反馈渠道，以收集广泛的意见和建议。其次，政策制定者必须具备广阔的社会视野，以确保政策的公平性。这包括了解不同社会群体的需求、问题和关切点，而不是倾向于特定利益集团的观点。政策制定者需要具有对社会多样性的尊重和认可，确保政策能够在多样性需求下平衡不同群体的利益。最后，政策影响的平衡性还要求政府和政策制定机构积极回应社会反馈和监督。如果某项政策导致不平等或损害了某些群体的权益，政府应该愿意进行修正和改进，以确保政策的公平和平衡。这种持续的政策反馈循环有助于政府维护公共信任，增强政策的合法性。

在公众参与数字治理均衡性的追求中，政策影响的平衡性不仅有助于实现社会公平和社会公正，还有利于维护政府的合法性和社会的稳定。

（四）社会的包容与正义

均衡性是社会包容和正义的一个重要组成部分，它有助于防止社会不平等的加剧，促进社会的包容性和稳定性。通过确保各个群体都能参与数字治理，社会可以更好地应对挑战，有助于预防社会不平等的不断加剧，促进平等和公平。社会包容和正义是公众参与数字治理均衡性的重要价值取向之一。它强调了每个公众应该在数字时代享有平等的机会和权利，而不受到其社会地位、文化背景或其他身份特征的限制。社会正义要求政府和政策制定者采取措施，以纠正已经存在的不平等，并预防新的不平等问题的产生。这包括通过数字资源分配、政策制定和数字公共服务的改进来提高社会的公平性。包容性是社会正义的一个重要组成部分，它关系到确保社会的每个成员都有平等的机会和权利。

在公众参与社会治理的过程中，在数字技术覆盖面广、渗透力强、即时性高等特点的加持下，数字治理的均衡性促进了政策的包容性，因为它强调了不同社会群体的参与和发声，数字化的治理能够确保每个人都有权利参与社会决策、访问政府服务和利用数字资源，从而社会能够更好地整合多样性和不同意见，从而实现包容性。

总之，公众参与数字治理的内涵具有多维度的特征，其内涵首先是创造平等的参与机会，保证社会的公正与平等。各阶层公众无论其性别或社会经济地位均能平等参与数字治理过程。其次是注意资源分配的平衡，信息、技术、教育等资源的合理分配能够打破数字鸿沟，保证公众在参与数字治理中的机会平等和平等受益。再次是重视政策影响的平衡，确保数字治理政策的制定、实施和评估过程中各种社会群体都有平等的机会和权力参与，政策的影响对所有公众都是公正和均衡的。最后则是关注社会的包容性和正义，以确保各社会群体平等参与、分享数字化发展的利益，追求一个包容、平等、无歧视的数字社会。值得注意的是，公众参与数字治理的内涵是随着数字技术的不断演进而不断变化的，需要我们能够及时地洞察和理解这一领域的变化，以便采取相应的措施来适应和引导数字治理的发展。

第二节　公众参与数字治理均衡性的构成要素

公众参与数字治理的内涵具有四个关键要素，即参与资格、参与机会、参与权利、信息共享。这本身与均衡性的内涵具有一致性，也成为公众参与社会治理的重要基础和条件，成为公众参与社会治理均衡性的重要方面。

一、公众参与数字治理与均衡性的契合性

公众参与数字治理的四个关键要素在以下几方面与均衡性的四方面内涵存在契合性：

其一，参与资格体现规则均衡。参与资格是公众参与数字治理所应遵

循的最基础、最核心的规则，是在同等基础上法律和制度赋予公众参与数字治理的"入场券"，是否具有参与资格直接决定了公众能否参与数字治理过程。

其二，参与机会体现机会均衡。数字治理下，所有具备参与资格的公众均可拥有同等的参与机会通过数字化参与渠道参与治理过程，获取治理成果，不受时间与地理位置的限制，是机会均衡的重要体现。

其三，话语权体现权利均衡。话语权是法律赋予公众的一项基本权利，是指公众享有的平等表达其利益、意见和思想的权利，公众利益诉求与意见的表达不仅是公众参与数字治理的核心，也是政府了解民意、制定政策的基础与关键。

其四，信息共享体现分配均衡。分配均衡不仅意味着收入或财富分配的合理性和均衡性，也包括社会公共资源的分配均衡。信息共享是公众参与数字治理的重要保障，同时也是公共资源分配均衡的重要组成部分，更是公众收入或财富分配均衡以及其他公共资源分配均衡的基础，只有在信息公开透明的前提下，才能实现分配均衡。

二、公众参与数字治理均衡性的构成

结合公众参与数字治理与均衡性内涵的契合性，公众参与数字治理均衡性的具体内涵应包括四个方面：主体资格均衡性、参与机会均衡性、话语权均衡性、信息获取均衡性。见表2-1。

表2-1 公众参与数字治理均衡性的构成要素

构成要素	均衡维度	主要内容
主体资格均衡性	规则均衡	法律主体资格；公众参与身份
参与机会均衡性	机会均衡	多元参与渠道；开放性参与场域
话语权均衡性	权利均衡	消解等级权威和话语霸权；强化普通公众自由表达权利

续表

构成要素	均衡维度	主要内容
信息获取均衡性	分配均衡	打破信息垄断；信息源的自由平等访问权

（一）主体资格均衡性

主体资格均衡是公众参与数字治理均衡性的基础前提，也是规则均衡的重要体现。所谓主体资格均衡，是指每个人平等地享有宪法和法律规定的各项基本权利、平等地履行法定义务的资格，遵循相同的原则和制度，均能够自主有序、最大限度地参与到公共事务的治理过程中，对于各项公共事务的决策提出自己的意见，保障个人合法权益和公共利益最大化的实现。[①] 一方面，公众参与主体资格均衡表现为法律主体资格的平等。法律主体资格的平等是指在享有宪法和法律规定的权利时，每一个公民都具有平等的主体资格，不能区别对待。如《宪法》第三十四条规定："中华人民共和国年满十八周岁的公民，不分民族、种族、性别、职业、家庭出身、宗教信仰、教育程度、财产状况、居住期限，都有选举权和被选举权；但是依照法律被剥夺政治权利的人除外。"任何一个国家都难以完全消除贫富的差距，人可以有贫富之别，但无贵贱之分，每一个人在社会中都是平等的，其权利享有不应受到民族、种族、职业、年龄、性别、阶级地位、经济水平、教育水平、身体素质等因素的限制。另一方面，公众参与资格均衡体现为公众参与身份的均衡。在数字化治理模式下，出于保护公众隐私权的考虑，数字化的参与过程中并未设定身份甄别功能，即所有人在参与过程中均以代码和角色符号的形式存在，不论是政府官员还是普通百姓，其参与身份都是平等的。

（二）参与机会均衡性

参与机会均衡是公众参与数字治理均衡性的重要载体，也是机会均衡的体现。所谓公众参与机会的均衡性，是指在参与治理过程中，公众在准入机会上是均衡的，每个人都有同等的机会参与到治理过程中来，都拥有

---

① 吕姗姗.地方治理中公民参与的问题与对策[J].现代商贸工业，2020，41（25）：27-29.

同等的机会自由发表个人意见看法、表达自身的利益诉求，且任何人都不能凭借着自己的身份地位和权力而拥有多于他人的参与机会，当然也不能剥夺他人的参与机会。协商民主是我国经过长期探索，建立起来的符合中国国情的中国特色社会主义民主政治制度。从理论上而言，协商民主制度下公众的参与机会应当是均衡的。但在现实生活中受到多重因素的影响，公众参与机会均衡性的实现往往受到诸多限制，公众参与渠道与参与场域是其中的关键要素。就参与渠道而言，公众参与机会均衡性意味着要为人们提供充足、多元、平等的数字化参与渠道，使所有人均能够根据自身需求选择最为合适、便捷的参与方式。就公众参与场域而言，公众参与机会均衡性要求在数字化参与场域内的所有人，其参与机会不受距离、时间等因素的影响，所有人的参与机会均平等受到保障。

（三）话语权均衡性

话语权均衡是公众参与数字治理均衡性的核心要求，也是权利均衡的重要体现。在传统社会金字塔式的权利结构中，等级权威者位于塔尖，而普通公众则位于塔底，只有等级权威者才能掌控话语权，纵向的沟通交流方式造成了二者之间话语权的不平等。在数字化治理模式下，信息不再单独为组织系统自我服务，信息交流与沟通逐渐呈现出多层次、自由化、交互性的发展趋势，公众广泛而平等地参与社会生活成为衡量一个国家制度文明发展水平的标尺，公众话语权与等级权威结构逐渐脱节，参与治理不再受等级权威的限制。因此，公众参与治理的话语权均衡意味着消解传统社会下的权威控制和话语霸权，不再强化等级权威者的地位和权利，而是将话语权交给普通公众，赋予公众自由平等参与治理和自我决策的权利，推动意见落实，加速舆论融合，从而拓展公众的参与行为，使社会公众能够出声、敢于发声，避免公众在参与治理过程中出现"群体失声"现象。

（四）信息获取均衡性

信息获取均衡性是公众参与数字治理的必要保障，是分配均衡的重要体现，来源于知情权这一宪法规定的公民基本权利。数字化治理模式下，信息成为重要的战略资源，在国家治理效能提升的过程中发挥着越来越重要的作用，公众平等地获取和利用公共信息资源迅速成为数字治理模式下公众参与治理均衡性的核心议题。信息社会下的公众信息获取兼具自由化和社会化的特征，不仅意味着国家不得利用权力对公众信息获取妄加干涉，更强调国家应积极采取措施保障公众的信息获取与民主权利。因此，公众参与治理的信息获取均衡，是指在法律允许的范围内，公众不论贫富之别、不论等级差异、不论贵贱之分，均可访问相同的信息源，均能够自由、平等地获取所需要的信息，发表自己的利益诉求与见解，使政府官员和公众获取信息的范围、数量以及时间无差化，打破传统等级权威结构下政府官员垄断信息、决策权、管理权的优势。

第三节 数字赋能公众参与社会治理均衡性的基础与保障

网络化、创新性、交互性、整合性是新一轮科技革命的突出特征，也是新一代数字技术的核心与聚焦点。网络化为数字化服务的发展与供给提供载体，创新性是引导数字技术发展的价值导向，交互性是数字技术能够真正实现沟通和互动的基础与关键，整合性则是信息应用层次与水平的重要体现。数字治理效能的提升离不开场域、理念、信息、资源四个关键要素，结合数字技术所具有的网络化、创新性、交互性、整合性四种特质，数字赋能公众参与可从场域拓展、理念重塑、信息交互和资源整合四个方面进行分析。

一、场域拓展

场域是各主体参与治理以及治理过程中各要素相互联结与发挥作用的

载体。布迪厄对于场域的定义较为经典，他将场域视为一种社会网络关系，存在于特定的社会结构中，具有不同的形式与类别，认为场域不是一种僵硬的结构，也不是空的场所，而是一种关系系统，这种关系系统既独立于这些关系所确定的人群，又能对该人群发挥形塑作用。[1]对于场域的内涵，学者们有不同的看法，但究其根本，综合各家观点来看，所谓场域，可以被定义为一个充满了秩序与结构的关系网络或实践空间，由不同的社会要素构成，不同的社会要素在场域之中占有特定的位置，存在着复杂、客观的社会联系。在现实生活中，社区是最为常见且典型的场域之一。

  数字化时代给公众生活带来的最直接变化，莫过于社会空间形态的嬗变。一方面，数字化场域拓展表现为空间的拓展。随着数字技术在治理领域中的应用不断深化，数字化的延展性功能充当着"黏合剂"的作用，通过引进和使用大数据、互联网、人工智能等数字技术设施，推动空间一体化场域模型的建立，由点及线，由线到面，利用信息技术使网络虚拟空间与实体三维空间相互联结，进而实现数字化治理模式下四维空间的重塑，在打破时空隔阂的同时将治理场域由实体空间拓展至网络虚拟空间，实现了公众参与治理场域的拓展与延伸。[2]另一方面，数字化场域拓展表现为价值的延伸。在这一崭新的治理场域内，技术、场景、道德伦理问题以共生与交融的形态存在，塑造了新的社会应用场景，带来场景突变的同时对多重场景进行整合。多重场景彼此交织、相互交融，这种高卷入度、高黏合性的场景不仅模糊了虚拟与现实之间的边界，还能延长体验时间，扩展体验空间，公众通过数字平台能够实现人与人之间的实时交流与互动，信息资源利用效率大大提高。数字化时代下信息技术的应用引起了社会、文化、经济等领域的变革，以开放共享为显著特征的新型数字化治理平台、

---

[1] 布迪厄 P, 华康德 L. 实践与反思——反思社会学导引[M].李猛, 李康译.北京：中央编译出版社, 1998：131-134.

[2] 朱欣婷, 李祥.基于22个乡村治理典型案例的数字化平台赋能乡村公共空间治理作用机理与优化路径[J].河北农业科学, 2023, 27（02）：11-19+67.

思维方式、组织结构成为大势所趋，拓展了治理场域存在的价值与意义，这意味着场景的联结与延伸不是简单意义的接触、碰撞，而是在对话、交流的基础上产生的价值升华。

二、理念重塑

理念是行动的先导，是促进公众有序参与、激发公众参与热情的动力。信息时代以数字化为标志，不仅是对传统社会形态的革新，也催生出了新的数字化思维方式。"技术"和"价值"是数字技术发展与应用的两大核心概念，也是关乎数字化治理效能提升的两种运行机制。"技术"是指技术赋能，以信息数据这一新的战略资源为起点，通过数字化技术手段推动社会经济活动不断向智能化、网络化、规模化方向发展。① "价值"则是指价值思维，更注重治理理念的变革与思维方式的转变，强调主体之间的平等、开放和融合，其根本目的在于实现公共价值。在数字化治理转型进程中，"技术"与"价值"齐头并进是妥善处理数字技术的嵌入与政府治理复杂性和参与主体多元化之间的张力的必然要求与重要保障。在数字经济时代，数字技术的嵌入为数据开放和合作治理提供了物质基础，但数字化治理驱动力的产生需要与时俱进的数字化治理理念来引导，要达到政府数字化治理整体性转型同样需要借助数字思维实现治理理念的重塑。② 因此，智慧便捷的数字化治理模式构建，既需要加快大数据基础设施的建设步伐，也需要革新治理思维模式。

隐匿于数字化的技术形态背后，数字思维在潜移默化中影响公众的思维方式与行为方式。与传统的保密式垄断思维相区别，数字化思维以开放、共享、合作思维为基础，强调树立主动开放的价值理念，与共建共治

---

① 魏成龙，郭诚诚.赋能与重塑：数字经济时代的政府治理变革[J].理论学刊，2021（05）：51-58.

② 赵敬丹，王鑫.乡村数字治理的内在逻辑、困境及破解——基于"理念—制度—技术"框架的分析[J].沈阳师范大学学报（社会科学版），2022，46（06）：66-73.

共享的社会治理理念有共通之处。以数字化思维为基础，数字化治理理念强调多元治理主体在治理过程中能够妥善应用数字化技术手段对数据进行加工处理与分析，以便做出科学化的治理决策，发挥主观能动性，激发公众的责任心与参与意识。正是由于数字化思维所产生的理念重塑效应，才使得数字信息的开放共享成为可能，并进一步为政府与公众的协同治理提供了技术支持与保障。一方面，数字化思维作为数字化治理模式下应运而生的新型治理理念和方式，不仅能够实现治理空间的重塑与拓展、治理流程的灵活与简化、治理机制的弹性与协同，更具有数字化的内在韧性治理发展趋向。另一方面，数字化思维通过信息技术强化政府与社会互动，努力构建"强政府 — 强社会"的动态模式，在一定程度上拓展治理网络的开放性与扁平化，能够促进多元治理主体"数字素养"的提升，推动治理决策向民主化、高质量方向发展，从而促进数字化治理转型的实现。重塑治理理念，将数字化思维有效转化到政府治理中，不仅是实现"善治"的关键，更为推动政府治理效能提升注入了新的驱动力量，深刻影响着经济、社会、文化发展的方方面面。

三、信息交互

交互性是数字化的基本属性之一。作为政府治理的一项"软措施"，信息工具是对命令、强制等"硬措施"的补充与拓展。从信息化演进的角度来看，人类社会的发展，是从弱连接状态到强连接状态、从低度信息化向高度信息化逐步演变的过程。信息社会是信息传递的高级形态，在数字化时代下，信息传播与共享成为社会发展新的驱动力量。[1] 置身于数字化治理场域，随着大数据处理技术的进步和信息存储的成本及复杂性逐渐降低，社会生活越来越呈现出高频互动性特征，每个个体都不是独立存在的社会个体，而是彼此互动又相互影响。

---

[1] 戴长征，鲍静.数字政府治理——基于社会形态演变进程的考察[J].中国行政管理，2017（09）：21-27.

信息科学技术的飞速发展与互联网、物联网的推陈出新不断影响着人们的生活与交流方式，为信息的接收与传播带来了巨大的、不可估量的冲击力。在此时代背景下，信息传播日趋自由化、扁平化，信息传递逐渐成为人际互动的中心，而数字化则成了信息交互的主要方式。数字技术使人与人、人与机器之间的信息交互态度与方式产生了深刻的变化。一方面，在信息传输过程中，公众产生一定的主动性与交互性，其接收信息的态度由被动变为主动，且在成为信息接收者的同时，也承担着主要信息供给者的角色。不仅如此，利用互联网、物联网、人工智能等数字化手段与设备，信息发送者与接收者之间的距离感逐渐弱化，时间与空间界限逐渐模糊，无论是面对近距离还是远距离的通信对象，信息均能够在最短的时间内，以最快的速度，在更广范围得到扩散与传播，这是在传统媒体时期无法达到的。另一方面，数字治理信息交互在实现信息共享的同时，还要求实现信息隐私保护和安全管理。大数据与云计算技术对于身份权限认证的严格管理不仅有助于明确界定信息公开的具体领域和范围，也有助于实现用户隐私信息的有效保护。安全性是数字化数据处理的前提与关键。不同于传统治理模式下的信息管理，在数字化治理模式下，治理信息可以集中存储在一个或同时存储在多个数据云端，通过整合软件、硬件、外附设备、集成方式等要素，数字治理平台能够实现数据管理、资源分配、运行控制、实时监测的安全稳定运行，有效降低数据维护成本与安全风险，为数字治理模式下的信息交互提供了技术可能与安全保障。[1]

四、资源整合

无论是公众参与还是国家治理，都离不开资源要素。数字治理同样需要有扎实的资源保障作为根基，只有完整优质的数据资源才能支持多方主体的共同参与。人是社会人，社会属性赋予其社会资本承载者的角色，所

---

[1] 黄彦智.云计算赋能与政府信息资源共享研究[J].新闻研究导刊，2021，12（19）：67-69.

有人在互动交往过程中形成的社会资本网络为资源要素的整合与流通提供了空间场域。在此资源场域中,每个个体都拥有相应的资源,不同的个体依据相应的社会分工聚集起来,进而形成了不同的资源管理机构和部门。在传统的政府纵向资源管理体制下,公共资源整合与供给涉及大量的资源层级部门和资源审批程序。各部门在资源服务供给中各自为政,相互扯皮,缺乏合作交流,"多头管理,九龙治水"的资源获取难题,堵塞了资源自上而下的供给和自下而上的诉求,容易造成资源供给整合碎片化,甚至引发公共资源供给缺失、违规供给等风险。[①]

与传统治理模式不同,数字化治理模式下的资源整合是基于数字信息资源的分散性、开放性、差异性等特征而形成的一种优化重组状态,是依据实际治理需求,运用各种集成技术和手段将各类数字资源集成在统一的利用环境下,对各个相对独立的资源系统中的数据对象、功能结构及其互动关系融合、聚类和重组,重新结合为一个新的有机整体,以便用户能够更加便捷地获取和利用各种资源,有效降低时间成本和人力成本。数字治理应用场景广泛,具有强大的数据、技术、资本、资源的聚集和配置功能,能够改进科层化治理体系的不足。基于数字技术的延伸性特征,通过数字平台的搭建与治理空间的重构,跨机构的政务服务平台弱化了部门边界和组织层级,借助智能算法和大数据平台,对资源进行分类、标签化,形成资源的标准化和规模化管理,实现不同行政层级治理主体、不同地区治理资源以及不同社会阶层治理需求有效关联,[②]继而推动治理资源精准匹配、灵活流动和实时监测,能够弥补传统治理模式下的资源整合技术短板,减少次生风险的发生,[③]显著提高了资源配置的效率和质量,强化了多元治理需求的回应与反馈,对于实现治理精准化、决策科学化具有重要意义。

---

① 金栋昌,刘吉发.优化社区公共文化服务供给结构的理念转向与实践模式[J].中州学刊,2020(07):76-82.

② 陈俊,王海涛.基层治理中的过度执行:成因、危害与对策——以街头官僚为例[J].求实,2022(03):29-42+110.

③ 陈东冬.风险社会治理的理论依据、实践困境和创新路径研究[J].宁夏党校学报,2022,24(04):114-121.

第三章 我国公众参与数字治理均衡性情况

在信息技术飞速发展的当今社会，如何平稳、有序且长效地实现数字化治理，已经逐步成为政、学界关注的要点。近些年，以数字互联网为依托，以数据和技术为驱动力的新兴"互联网+政务服务"平台正在涌现，旨在倡导提升政府管理效率和公众服务质量的同时，缓解部分地区公众参与非均衡性的问题。本部分以我国数字治理的发展现状为研究对象，重点对我国公众参与数字治理的均衡性现状进行详细考察，并围绕"贵州经验"对其多年来在数字治理中实施的具体策略和取得的成效进行详细的案例研究，旨在揭示存在的问题，找寻改进路径，为我国数字治理的发展提供理论依据和政策建议。

第一节 我国公众参与治理的发展历程

自改革开放以来，我国社会治理便经历了坎坷的探索阶段，中间各种问题矛盾交织错杂。后来，随着公众群体在解决社会治理矛盾中的作用凸显，中国政府认为在国家话语体系中不断强调公众参与治理的重要性，公众已然成为现代治理模式中不可或缺的主体之一。于是，公众参与的治理模式更是经历了从无到有、由浅入深的发展历程。在此过程中，公众逐步从被治理者转变为治理者，从参与者转变为实践者，这无疑是我国社会治理现代化的重要标志。然而，公众参与治理的道路并非一帆风顺，它既有鼓舞人心的进步，也有让人深思的困惑和挑战。因此，全面理解和把握我国公众参与治理的发展历程，对于我们深化社会治理理论，推动社会治理实践，无疑具有重要的现实意义和理论价值。

一、我国社会治理的发展历程

在我国几千年历史的治理长河中，社会治理方式经历了从氏族宗法、封建等级制度到多元社会治理的逐步演变。在古代社会，由于国家职能部门的权责不明确，统治者主要通过士绅阶层和地方族群来实现社会统治和秩序的稳定。随后，在封建主义社会的背景下，君主集权程度增强，这一过程主要依赖于有效的官僚体系的构建，以增强中央政权对地方治理的管控能力。然而，国家职权能力有限，这仍然是封建主义社会中政府治理的主要缺陷。

进入近代资本主义时期，国家职权得到了极大的扩张，政府在行政、经济、司法等领域实现了高度集权，形成了对社会的高度管制治理模式。然而，随着20世纪中叶工业化和市场经济体系的发展，社会结构复杂化，传统的基于家庭、氏族和宗乡社区的社会治理模式开始面临挑战。因此，出现了以多视角、多方向主体参与的"多元社会治理"新模式。这种模式强调政府、社会组织、企业和公众等主体的广泛参与，共同形成治理合力。治理方式也从以权力为驱动转变为以服务为驱动，更加注重满足人民对美好生活的需求，充分发挥基层组织和群众的积极性，成为深化社会治理体系的重要内容。近代工业信息化时代的来临，为社会治理带来新的契机。在这种视角下，全球信息技术与治理模式的高效融合提供了可供研究的案例，为了解社会治理的历史演变和未来方向提供了有价值的视角。总结公众参与社会治理的发展历程，旨在理解和揭示公众参与在社会治理中不断增强的角色，以及其对于社会治理模式演变的影响。通过对历史发展的回顾，能够更好地理解公众参与的重要性，进一步推动公众参与治理的深化，实现更加公平、公开、透明的社会治理，促进社会的和谐稳定发展。同时，这也有助于思考如何在未来的社会治理中，更好地引导和利用公众参与，提升治理的效率和效果。

二、我国公众参与社会治理的变迁

现代社会中公众参与的治理模式受到各界越来越多的重视，其间治理理念、治理模式和治理体系不断完善，旨在提升治理成效、增进社会平衡、提升公众意识的同时，适应信息时代的发展。为此，研究目前我国公众参与社会治理的大致历程，可以为后续政、学界实现更加理性和全面的现代化决策，保障各类群体的权益，增强社会凝聚力，满足公众参与治理的需求，推动社会稳定和谐发展等提供科学的理论依据。

（一）初期阶段（1980—1990年）

在实施改革开放初期，公众参与社会治理的概念首次在我国被提出并实施。然而，尽管我国开始尝试引入公众参与治理的概念，但主要受限于对环境保护、社区建设等领域相对贫瘠的理解和分析。公众参与的形式主要是通过听证会、社区会议等，总体上，这一阶段的公众参与治理尚处于起步阶段，参与程度相对较低。

（二）发展阶段（2000—2010年）

进入21世纪初期，随着我国社会经济的快速发展和信息技术的普及，公众参与治理开始逐步走向深化。在这一阶段，公众参与的领域开始拓宽，包括了城市规划、社会福利、公共服务等更多的领域。公众参与的形式也开始多样化，除了传统的听证会、社区会议等方式，还增加了网络论坛、微博互动、在线调查等新的参与渠道。

（三）深化阶段（2010年至今）

在这一阶段，"数字全覆盖"成了我国治理现代化发展的核心要义。

其中，涉及的领域进一步扩大，包括了环境保护[①]、社区建设[②]、城市规划[③]、社会福利[④]、公共服务[⑤]、政策制定[⑥]等几乎所有的公共领域[⑦]。公众参与的形式也更加多样化和深化，网络技术的发展使得公众可以通过社交媒体、在线平台等各种方式参与到治理过程中。此外，公众参与的重要性也得到了更广泛的认识和接受，不仅政府部门更加重视公众的声音，公众自身也更加积极地行使自己的参与权利。

由此可知，我国传统社会治理模式已经形成了以数字理念为导向，创新数字治理机制，并借助数字技术和数字经济相融合的多元化公众参与的新模式，旨在达成"全域数治"的现代化治理手段。在此期间，郑磊[⑧]以效度、温度和尺度为界限，提出了我国数字治理过程中不能仅关注技术能否实现某项功能或解决某项问题，而忽视了在实际的治理过程中可能涉及的管理可行性、公众的感受以及法治原则等问题。

三、我国公众参与数字治理的发展

在这个高度信息化的社会中，数字技术的广泛应用已经深刻改变了人们的生产、生活方式，同时也为国家治理前景带来了前所未有的机遇与挑

---

① 曹昌伟.政府环境管理公众参与的法规范构造[J].安徽大学学报（哲学社会科学版），2021，45（01）：100-106.

② 王恬.共生视域下公众参与提升社区治理能力的作用机制与路径[J].四川师范大学学报（社会科学版），2023，50（03）：92-97.

③ 韩亚楠，茅明睿，贺俊奕等.新技术驱动下城市微更新的设计赋权——基于北京双井街道参与式微更新实践[J].新建筑，2021（04）：11-17.

④ 孙计领，刘尚君，索浩宇等.社会治理视角下科技发展支撑养老服务的理论思考[J].人口与发展，2022，28（01）：50-58.

⑤ 常多粉，郑伟海.网络问政时代政府回应如何驱动公众参与——基于领导留言板面板数据的实证分析[J].社会发展研究，2023，10（02）：139-159+245.

⑥ 马长山.数字法治政府的机制再造[J].政治与法律，2022（11）：17-34.

⑦ 桂萍.重大行政决策之公众参与制度[D].苏州大学，2016.

⑧ 郑磊.数字治理的效度、温度和尺度[J].治理研究，2021，37（02）：5-16+2.

战[1]。在现代化治理的实践中，我国政府正逐步探索如何通过大数据、人工智能、云计算等前沿技术，提升决策的科学性、民主性和透明度。例如，通过云计算平台的搭建，各类政务服务可以实现线上办理，方便民众办事，提高工作效率；利用大数据分析技术，政府能够随时了解民众的需求和期望，从而制定更符合民意的政策；公众通过互联网和社交媒体平台主动表述意见，参与公共讨论，修改和影响决策。如今，信息化时代的治理体系依托多元化、可视化和长效性的治理理念，将公众参与融入现代化治理决策当中，实现了民主、透明和精准的治理过程，提高了政策的针对性和有效性，增强了政府的合法性以及公众的信任度。目前，从治理范围来看，数字治理涵盖了从宏观、中观到微观的全线范畴，全球治理、国家治理、社会治理等属于宏观层面，行业治理、产业治理等属于中观层面，平台治理、企业治理、社群治理等则属于微观层面。其中，公众参与作为学术界优化数字治理效率、效能的关键要素，一直以来都是政、学界关注的要点。公众参与是指人民在社会事务中积极参与、发表意见、提出建议以及参与决策的过程。这种参与可以通过各种形式和方式进行，如选举投票、意见反馈、社会监督、法律诉讼和公共听证等。公众参与是民主政治和社会治理的重要组成部分，可以促进社会治理的民主化、社会的公正与和谐，提高政策的针对性和有效性，增强政府的合法性和信任度，促进政府与公众之间的互动和共同繁荣发展。在数字化时代，公众参与的方式和渠道也在不断创新和拓展，如通过网络平台、社交媒体、在线调查等方式达成参与目标。这种数字化的公众参与，可以更加方便、快捷、广泛地覆盖群众，提高公众参与社会治理及公共事务的积极性，延展其参与治理的广度和深度[2]。

大数据时代，信息技术和智慧化发展使得达成治理现代化这一现实目

---

[1] Kent Jennings M, Zeitner V. Internet use and civic engagement: A longitudinal analysis[J]. Public Opinion Quarterly, 2003, 67（3）: 311-334.

[2] Hargittai E, Hinnant A. Digital inequality: Differences in young adults' use of the Internet[J]. Communication research, 2008, 35（5）: 602-621.

标成了可能。在数字技术推陈出新过程中,我国高度重视其在治理领域的推广和应用,大力推进数字经济建设和电子政务应用。一方面,我国致力于数字基础设施建设,已建成世界上最大的光纤网络和4G网络,并且5G网络建设速度居于全球第一,为数字经济发展提供了坚实、可靠的基础。另一方面,在数字技术应用上也取得长足进展。例如,移动支付用户规模世界第一,电子商务交易额连续多年位居全球第二,新业态如共享经济、电子商务、互联网医疗、智慧城市等模式的蓬勃兴起。除此之外,数字技术与公共服务领域的深度融合也取得了突破性进展,自"互联网"向"智能化+政府服务"的数字化转型升级由此诞生,实现Apply政务、一网通办、一网统管和一网协同以及接诉即办等服务平台构建,公共数据开放共享平台加速涌现,有力提升了政务服务效率和透明度。由此可见,数字化技术服务于正式和非正式组织正在成为社会治理的主流趋势,数字经济与电子政务蓬勃发展,为更好发挥数字技术服务经济社会发展做出突出贡献。

尽管我国的现代化治理模式在随着时代的发展不断推陈出新,但在这个演进过程中也无可避免地遭遇了诸多困难和挑战。比如,在具体实践层面,如何高效协调政府、公众、社会组织、企业等不同主体,构建现代化服务型政府,提高治理效能等问题都很突出。我国的治理研究走过了一段漫长且波折的时期,但是它的重要性毋庸置疑,不仅帮助我们发散思维,深入思考如何高效率、多渠道、宽领域地完善治理体系,而且实现了从政府供给导向向群众需求导向转变。此外,从"线下跑"向"网上办"、由"分头办"向"协同办"的趋势更加明显,这体现了治理理念和治理方式在适应社会发展需求方面的进步。因此,数字化时代的来临为解决上述问题提供了重要手段,其潜力和前景值得学界进一步研究和关注。

第二节 社会治理方式和领域

在传统社会，社会治理主要由政府和相关机构负责，公众的参与相对有限。然而，随着信息技术的迅猛发展和互联网的推广普及，以公众参与为特征的数字化治理逐渐成为社会治理的重要组成部分。

一、数字治理的主要方式

传统非数字的社会治理主要指的是那些不依赖现代数字技术手段，而是基于历史、文化和社会习惯的治理方法。具体而言，传统参与社会治理的领域主要包括政策与决策制定、社区建设与治理、公共服务与公共利益、信息传播与舆论表达、公众权益、公众教育与提高公众意识、政府组织与利益团体。简而言之，我国传统的公众参与社会治理领域之一是社区自管理。通过村委会、居委会等社区组织，各级政府依靠公众同意并参与，自治管理该区域的公共事务，以实现维护社区秩序与和谐的目的。

近些年，随着互联网基础设施的完善和智慧网络的广泛普及，数字技术日益成为社会治理不可或缺的组成部分。于是，公众参与社会治理逐渐朝着数字化和信息化转变，出现了一些新的数字治理领域和方式，例如：政府利用正式网站、APP等数字平台与公众进行在线互动，吸收其对政策的意见反馈，成为新的政策与决策参与渠道；利用社交媒体等网络平台表达公共诉求，发起在线签名行动、网上投票等形式出现，给传统舆论表达增添新动力；政务信息通过互联网更便捷高效地传播，不仅使公众能够更好地监督政府工作，也促成了一种公众监督的新模式；公共服务手机APP上线，公众可随时随地进行网上申报、查询，改善了公共服务体验；"网络社区"开始代替传统社区发挥着一定自治管理作用，形成新的社区治理形式。由此可见，随着数字技术的广泛应用和普及，传统治理模式正经历着深刻的改革和创新，这样不仅带来了更多的参与机会和方式，也为社会治理带来了新的可能性和挑战。为此，表3-1概括了各省（自治区、直辖市）实施公众参与数字治理的具体措施和手段，有助于深入了解数字治理的现状和发展趋势[①]。

表3-1 各省数字社会治理方式汇总

省（自治区、直辖市）	类型			
	官网	APP	小程序	政务热线
北京市	北京政务服务网	北京通	京通	12345
上海市	上海市一网通办总门户	随申办	随申办	12345
重庆市	重庆市网上办事大厅	渝快办	渝快办	12345
天津市	天津政务服务网	津心办	津心办	12345
广东省	广东政务服务网	粤省事	粤省事	12345
浙江省	浙江政务服务网	浙里办	浙里办	12345
江苏省	江苏政务服务网	苏服办	苏服办	12345
贵州省	贵州政务服务网	云上贵州	云上贵州	12345
安徽省	安徽政务服务网	皖事通	皖事通	12345
四川省	四川政务服务网	天府通办	政务服务大厅	12345
福建省	福建政务服务网	闽政通	闽政通	12345
湖北省	湖北政务服务网	鄂汇办	鄂汇办	12345
河南省	河南政务服务网	豫事办	政务服务中心	12345
河北省	河北政务服务网	冀时办	冀时办	12345
江西省	江西政务服务网	赣服通	赣服通	12345
宁夏回族自治区	宁夏政务服务网	我的宁夏	我的宁夏	12345
云南省	云南政务服务网	一部手机办事通	办事通	12345
湖南省	湖南政务服务网	新湘事成	新湘事成	12345

① Welch E W, Hinnant C C, Moon M J. Linking citizen satisfaction with e-government and trust in government[J]. Journal of public administration research and theory, 2005, 15（3）: 371-391.

续表

省（自治区、直辖市）	类型			
	官网	APP	小程序	政务热线
广西壮族自治区	广西数字政务一体化平台	广西政务	壮掌桂	12345
海南省	海南政务服务网	海易办	海易办	12345
吉林省	吉林省网上办事大厅	吉事办	吉事办	12345
辽宁省	辽宁政务服务网	辽事通	辽事通	12345
山东省	山东政务服务网	爱山东	爱山东政务	12345
内蒙古自治区	内蒙古政务服务网	蒙速办	蒙速办	12345
山西省	山西政务服务网	三晋通	山西政务三晋通	12345
黑龙江省	黑龙江政务服务网	全省事	黑龙江全省事	12345
西藏自治区	西藏政务服务网	西藏政务	西藏政务服务	12345
陕西省	陕西政务服务网	秦务员	秦务员	12345
青海省	青海政务服务网	青海人社通	青海人社通	12345
甘肃省	甘肃政务服务网	甘快办	甘快办	12345
新疆维吾尔自治区	新疆政务服务网	新疆政务通	新疆政务服务	12345

如表3-1所示，现代化治理理念依托数字经济的发展，已经成了我国乃至全球的发展趋势。目前，我国数字治理已彰显高参与度、高覆盖率、高话语权、高透明度以及高工作效率等优势。具体而言，中国互联网络信息中心（CNNIC）发布的《中国互联网络发展状况统计报告》显示，2020年底，中国网民规模达到9.89亿，网络普及率达到70.4%，这为广大公众提供了坚实的基础。鉴于此，公众参与数字治理不仅打破了时间和空间的限制，使得更多人能够方便地参与到社会治理中，而且推动了公众参与的积极性，使得其能够更直接、更广泛地参与到社会治理决策中。例如，浙江省"美丽浙江"官方抖音号、"青春浙江"官方微信号粉丝数均超过1000万，大大地提升了公众的社会治理参与意识和社会责任感。通过这些平台，让人民的意见和建议能够更直接地传达给政府，彰显出高参与度、高话语权的社会主义性质，从而促进了社会治理的民主、高效发

展。除此之外,《中国地方政府数据开放报告》显示,自2012年上海和北京等地率先上线数据开放平台以来,城市治理平台数量逐年增长,目前已达到173个。这样看来,政府数据的开放已成为未来数字治理的主流趋势之一,这一创新举措使得大量公共数据可供公众获取和使用,从而支持了决策过程的民主化和透明化,提高了公众的参与度、影响力和话语权。并且,根据国家统计局数据,2021年,全国政务服务平台已经集成了超过20000项服务,使得公众能够在线办理各种公务,凸显了高覆盖率和高工作效率的现代化服务体系。

截止到2023年初,我国的数字化、信息化技术嵌入的公众参与治理方式相比传统公众参与社会治理,呈现全方位、多角度、高效率的显著优势。首先,它能有效提升参与的程度和覆盖范围,通过网络平台的广泛使用,无论是城市还是乡村人口,都能更加便捷地参与到社会治理中。其次,数字化治理强化了公众的话语权,使得公众的声音能够更直接、更有效地反馈给政策制定者。再次,这种模式也提高了政策的透明度,使得公众能够更清楚地了解政策制定的过程和结果,从而更好地监督政府的行为。此外,高度数字化也提高了政府的工作效率,通过在线政务服务平台,政府能够更高效地提供服务,满足公众的需求。

二、数字社会治理的主要领域

在全球数字化进程的驱使下,依托正式或非正式服务平台逐步形成政府引导,公众参与的全方位、多渠道的现代化治理模式[①]。这一转变的主要驱动力是数字技术的发展和普及,包括互联网、移动通信、大数据、人工智能等技术的集合。通过研究发现,目前公众参与的数字化治理的模式涉及多个领域,涵盖了智慧城市建设、公共服务平台、公共投诉与反馈系统、数字民意调查与公共决策参与、数字健康服务、环境监测与保护、公

---

① 刘红波,赖舒婷.数字社会背景下的政府众包:概念框架、价值蕴含与运行模式[J].电子政务,2022(07):43-56.

共安全与应急管理等领域。为此，图3-1举例说明我国公众参与的治理方式中相关具有代表性的典型案例，旨在对我国公众参与数字治理的现状和方式进行更深入、更全面的探讨和理解，以期对现有研究成果提供更为精细化的补充和拓展，从而为当前新兴治理体系的理论构建和实践探索提供有力的理论支持和实证依据。

领域	智慧城市建设	公共服务平台	公共投诉	民意调查与公共决策参与	教育与在线学习	数字化社区建设	多媒体社交平台
项目	杭州"城市大脑"项目	广东省的"数字广东"平台	北京"我来说两句"	湖北省武汉市的"两江四岸"项目	清华大学"学堂在线"平台	阿里巴巴的"城市服务"	"微博""微信公众号"

图3-1　公众参与数字治理案例

综上所述，依托传统治理理念向数字化模式转型成为现代化治理的新路径，且已经渗透到国家、地方和社区的各个治理层级。这种多极化的治理方式，对于现代化治理体系的完善具有重要的现实意义。它不仅有助于提升公众对政策和服务的满意度、提高公共决策的质量和效率，而且还有助于加强大众的公共精神、增强社会的公众参与性，从而推动公共治理的现代化和民主化。

三、当前数字化治理的难题

数字治理水平的有效提升与国家治理体系和治理能力现代化有紧密的联系，但从现阶段数字治理的理论研究和国内外实践案例来看，数字治理在实践中仍存在诸多问题，制约着政府数字治理效能的有效提升。

（一）数据隐私与安全问题

随着政府数字化服务的稳步推进，大量个人和机构的数据被收集、存储和处理，如何安全、妥当地处理公众以及企业的合法数据已经成为重要课题。

（二）数字鸿沟与包容性问题

党的十八大以来，党中央、国务院立足国家治理体系和治理能力现代化全局，围绕实施网络强国战略、大数据战略等作出了一系列重大部署。与此同时，偏远地区或弱势群体中暴露出缺乏数字技能而被边缘化的问题，数字化服务的均等化普及可能受限，加剧了数字鸿沟的严重性。

（三）技术基础设施和数字韧性问题

数字治理需要强大的技术基础设施支持，包括网络和云计算等。然而，不同地区的基础设施发展水平和普及力度不均，可能导致数字服务的不稳定和中断，影响治理效能。

（四）信息真实性和可信度问题

在数字化环境中，信息的传播速度快，但同时也可能出现虚假信息的传播。政府数字治理需要应对谣言、假新闻等问题，以确保公众获取准确可靠的信息。

（五）合规与监管挑战

数字化环境中，涉及跨境数据传输、网络安全等问题，涉及国际合作和法律法规的制定。政府数字治理需要应对不同国家、地区的合规性要求和监管挑战。

（六）数字治理能力问题

数字化时代需要政府具备新的技术、管理方式和创新能力。然而，一些地方政府部门受地区经济、社会和文化发展的限制，出现数据割据、信息孤岛等问题，直接影响了数字治理的推进和效能提升。由此可见，政府如何将数字治理理论与实践充分融合，尽可能实现均衡治理，仍需积极寻求包括公众参与、政策支持、法律监管在内的多元化解决方案。

"数字引擎"助推中国经济"高歌猛进"，同时蹄疾步稳地推动数字治理体系建设，为推进数字中国、科技兴国提供强有力的制度保障。其间，受制于经济、文化和政策等宏观战略要素规制，数字鸿沟、监管疏漏、信息纰漏等问题仍较为严重，导致不同区域人群获得平等数字服务和参与数字治理的机会存在差异。由此看来，尽管国内数字治理取得了长足的进步，但在均衡性方面仍存在诸多问题，需要我们整合调研数据，以了解当前资源的均衡性和治理的有序性现状，并根据所得结论采取一系列措施来改进。

第三节 数字治理中公众参与均衡性现状

在21世纪的今天，数字技术正在通过网络服务、云计算以及人工智能等渠道，重塑全球的经济、社会以及我们的生活方式，如何合理地管理和使用这些数字资源，已经成了一个世界性的挑战。尤其在我国，受地理位置、经济水平、文化背景等因素的差异作用，数字鸿沟和资源不均的问题尤为突出。因此，必须深入分析全国的治理现状，审视和改进现有的数字治理机制，以确保所有人都能平等、公正地享受到数字技术带来的益处，从而推动我国数字化时代的有序发展[①]。

一、全国数字治理概况

21世纪以来，信息网络技术日新月异，新技术、新业态、新产业层出不穷，伴随数字技术与数字经济的蓬勃发展，人类社会逐渐迈入以大数据为基础的数字治理时代[②]。《数字中国发展报告（2022）》的数据研究显示，2022年中国数字经济规模取得新突破，已达50.2万亿元（人民币），

---

① 姚璐，何佳丽.全球数字治理在国家安全中的多重作用[J].现代国际关系，2021（09）：28-35+53+61.
② 王洛忠，闫倩倩，陈宇.数字治理研究十五年：从概念体系到治理实践——基于CiteSpace的可视化分析[J].电子政务，2018（04）：67-77.

总量稳居世界第二，占国内生产总值比重提升至41.5%。[①]数字时代俨然成为促进经济、政治和文化社会发展，推进治理结构转型升级以及实现国家治理体系与能力现代化、治理效果稳定化的重要抓手[②]。随着大数据、云计算、人工智能等新一代数字技术融入数字政府建设，以信息技术造福人民的数字化转型战略正在成为现阶段国家治理改革的研究热点[③]。

数字政府的概念起源于1998年美国前副总统戈尔提出的"数字地球"，发展于数字社会的形成和治理理论的兴旺，而在"泛数据化"的今天，数字化发展已成为我国乃至全球政治、经济与文化领域未来发展的主要特征与前进方向[④]。据此，中国政府积极贯彻落实党的二十大精神，蹄疾步稳地推进社会治理现代化转型，重点建设包括网格化管理、精细化服务、信息化支撑等特点的基层治理平台。该平台不仅提供了高效、透明的公共服务，完善了公众参与和社会监督的机制，而且符合提升市域社会治理现代化水平新要求，为后期政府打造和谐稳定的公众参与环境提供必要条件。期间，深化"放管服"改革、推进全国一体化政务服务平台建设，促使我国数字治理建设进入了深化应用、规范发展、普惠共享的新阶段。数字政务不仅成为政府部门高效运作的"润滑剂"，也是人民群众参与治理活动的基本载体，借此实现以人民为中心的现代化政务发展目标。2022年《联合国电子政务调查报告》显示，我国电子政务排名在193个联合国会员国中从2012年的78位上升到了2022年的43位，是自报告发布以来的最高水平。其中，作为衡量国家电子政务发展水平核心指标的在线服务指

---

① 为贯彻落实党中央、国务院关于建设数字中国的重要部署，深入实施《数字中国建设整体布局规划》，国家互联网信息办公室会同有关方面系统总结2022年各地区、各部门推进数字中国建设取得的主要成效，开展数字中国发展地区评价，展望2023年数字中国发展工作，编制形成《数字中国发展报告（2022年）》.

② 保海旭，陶荣根，张晓卉.从数字管理到数字治理：理论、实践与反思[J].兰州大学学报（社会科学版），2022，50（05）：53-65.

③ 成超.数字文明建设：数字治理的伦理困境、优化路径与发展前景[J].中阿科技论坛（中英文），2023（06）：56-60.

④ 杨瑞仙，毛春蕾，左泽.我国政府数据开放平台建设现状与发展对策研究[J].情报理论与实践，2016，39（06）：27-31.

数为0.8876，为"非常高水平"。然而，中央党校（电子政务研究中心）早在《2021年中国电子政务报告》中就强调"尽管我国数字政务指数在国际排名中取得了长足进步，政府与公众之间实现了真正的互动与协作，但是全国数字政务发展仍存在着不容忽视的不均衡性现状"。重点关注以区域异质性、人群异质性、数据安全指标以及公众满意度为评价标准的公共服务体系发展指数，有利于更深入、全面地了解、评估和优化中国数字政务发展体系。为此，通过对全国重点城市一体化政务服务能力、服务供给能力、创新服务能力、精准服务能力和协同服务能力数据计算权重，以图3-2的形式展现我国省级政府政务一体化服务能力异质性的现状。

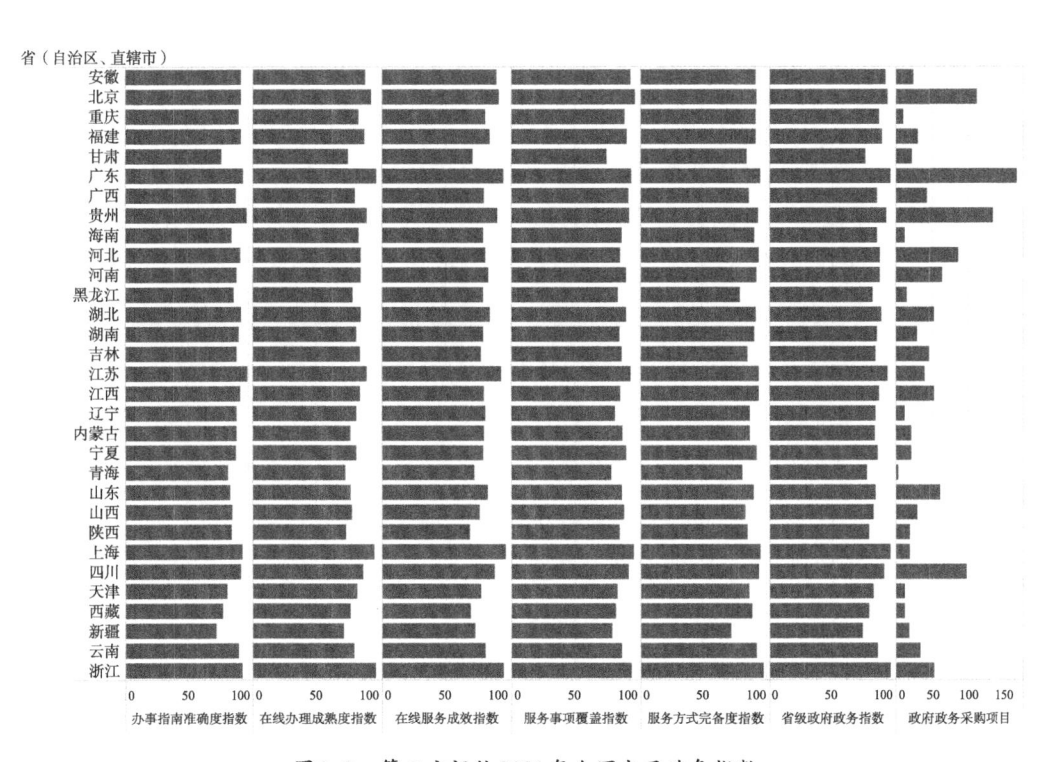

图3-2 第三方评估2021年全国电子政务指数

数据来源：2021年中央党校（电子政务研究中心）

图3-2引用的调查数据来源于2021年中央党校（电子政务研究中心）的报告，将"办事指南准确度指数""在线办理成熟度指数""在线服务成效指数""服务事项覆盖指数""服务方式完备指数""省级政务总体指数""政府采购项目"等指标作为衡量社会治理成效的依据和评价标准。据此，系统分析全国31个省（自治区、直辖市）级政府及自治区的社会治理成效，聚焦于公众参与数字治理的均衡性问题，为有效推动中国数字政务更为科学、有效和全面地发展，更好地服务于我国人民群众提供客观标准。

"省级政务总体指数"综合体现了各省（自治区、直辖市）的公共服务完善程度，该指标由"在线服务成效度""在线办理成熟度""办事指南准确度""办事指南准确度""服务事项覆盖度"经过全国一体化政务平台的集合统计而成，是一个综合指标。该指标可以直观反映公众数字参与的可行性，彰显某一区域数字治理能力，对于评价和分析各个省级数字治理能力具有重要的意义。结合图3-2可知，"省级政务总体指数"较高水平可达95.38，最低73.15，均值为85.59，意味着全国的政务水平存在不均衡现象比较严重。值得注意的是，除了西北等偏远地区外，整体水平为80—90区间，意味着我国的整体政务能力尚可，但存在较大的区域异质性。一般而言，影响一个区域数字治理水平的因素有很多，比如当地GDP、产业结构、人才储备以及数字基础设施建设等，都是影响数字治理水平的要素。当中，懂得利用自身优势，实现其要素间优势互补、协调发展"合奏鸣"是数字治理水平提升的关键，只有这样才能有效提高公众参与度和满意度，达成数字治理的最终目标。

"在线服务成效度指数"重点从"效能线上可评"的角度，衡量政务服务平台的用户使用、网办效率、服务质量等方面的实施效果。其中，影响我国政府数字化政务指数的关键，就是公众数字化参与治理的成效，即公众满意度、公众参与程度。具体而言，图3-2表明，"在线服务成效指数"高达95.41，最低为68.49，31个省（自治区、直辖市）均值为80.98。整体而言，不同地区电子政务办理效率、质量存在一定差异，这可能源于当地经济发展水平、数字设施的不足、文化差异,以及教育水平的差距等的影响。

"在线办理成熟度指数"重点从"服务一网通办"的角度,衡量政务服务一体化办理程度。具体而言,公众参与数字政务的质量,即流畅度、一体化流程的合理性。图3-1表明,"在线办理成熟度指数"高达97.16,最低71.81,31个省(自治区、直辖市)均值为83.45,其中绝大部分省份已经达到了平均水平,但西部地区较多省份仍低于平均值。该指标的评价标准主要取决于数字政务发展的高度、深度和质量,未来随着数字治理理念、技术的革新,各省(自治区、直辖市)在线政务成熟度也会随之提升,这预示着公众参与数字治理的途径将从全方位、多视角的渠道拓宽。

"办事指南准确度指数"重点从"指南精准实用"的角度,衡量办事指南公布相关要素信息的准确性、翔实性和易用性,进一步可以解释为政府政务的执行力。图3-2表明,目前我国数字政务中的"办事指南准确度指数"高达98.37,最低值则为73.32,31个省(自治区、直辖市)均值为89.18。由此可见,绝大多数地区数字治理过程中,均重视政务信息公开的作用,侧面体现了现代化公共服务体系中,准确指引公众参与的重要性。需要注意的是,因西部地区人口教育基础相对较为薄弱,基础设施和服务资源不足,导致数字化推行的步伐较为迟缓。那么,西部地区追赶东部地区发展的首要任务就是完善政务指南目录,清晰、明确地解决该地区的特定问题。

"服务事项覆盖度指数"重点从"事项应上尽上"的角度,衡量行政权力事项和公共服务事项通过一体化政务服务平台对外提供的服务情况。图3-2指出,我国"服务事项覆盖度指数"最高为96.38,最低为74.50,31个省(自治区、直辖市)均值为87.5。这表明,通过政务服务一体化平台的推广和完善,其在线公共服务事项的覆盖程度大致达到了较为满意的水平,具体表现为大部分地区的政务服务已经实现了较高程度的在线化,使群众可以通过网络平台,便捷、高效地获取各类服务。与此同时,不难看出部分区域的覆盖指数落差较大,也暗示了一些地区的政务服务在线化程度仍有待提高。

"服务方式完备度"重点从"渠道一网通达"的角度，衡量公众和企业是否可以方便、快捷和准确地找到所需服务。"政府采购项目"直观地反映数字化治理中，各省份正式组织对于公众参与数字治理的支持力度。图3-2表明，当前"服务方式完备度"最高为97.76，最低为72.64，31个省（自治区、直辖市）均值为89.77。这说明，大部分地区的在线服务方式已经相对完备，能够满足多样化的需求。然而，最低值与最高值之间的明显差距，以及与平均值的偏差，亦指出了一些地区在公众参与服务方式完备度上存在不足的问题。

"政府政务采购项目"旨在通过政府为各省（自治区、直辖市）数字政务的项目投资，直接或间接地完善数字技术设施建设以及政务服务水平，即中央、地方政府的政策支持力度。根据表3-2可知，我国的政府投资计划分布存在着一定的区域差异，这种差异主要受到政策规制、地区的经济发展水平以及国家和地方的战略定位等多重因素的影响。

表3-2 全国政务指数水平层级

区域	省级政务指数>90分	90分>省级政务指数>80分	省级政务指数<80分
全国省级行政区	上海市、浙江省、广东省、北京市、江苏省、贵州省、安徽省、四川省	黑龙江省、山西省、天津市、内蒙古自治区、辽宁省、山东省、吉林省、海南省、广西壮族自治区、湖南省、云南省、宁夏回族自治区、江西省、重庆市、河北省、河南省、湖北省、福建省	新疆维吾尔自治区、甘肃省、青海省、陕西省、西藏自治区

表3-2反映了各个省级政务指数的分布情况，即全国不同省份间在数字治理水平上存在一定差异。这种差异揭示了我国地区间治理能力存在非均衡性，同时反映了公众参与也存在非均衡性，为我们探寻数字化、信息

化与公众治理之间的关系以深入挖掘不均衡现象的原因和影响，提升整体数字治理水平提供系统化、科学性的政策建议，提供了一个宝贵的研究视角。根据该指标的数据分布特征，大致可作如下划分：

省级政务指数>90分。全国省级政府政务发展水平得分较高者以东南部地区为主，分别为上海市、浙江省、广东省、北京市、江苏省、贵州省、安徽省、四川省；

90分>省级政务指数>80分。得分中等者为黑龙江省、山西省、天津市、内蒙古自治区、辽宁省、山东省、吉林省、海南省、广西壮族自治区、湖南省、云南省、宁夏回族自治区、江西省、重庆市、河北省、河南省、湖北省、福建省；

省级政务指数<80分。得分一般者：新疆维吾尔自治区、甘肃省、青海省、陕西省、西藏自治区。接下来，我们以电子政务整体评价、数字政务覆盖指数以及政府支持力度，分不同方式探究当前全国公众参与数字治理的非均衡性。

二、全国数字治理的区域差异性

在迈向全面现代化治理能力的道路上，数字治理的推进表现出了一定的区域差异性。这主要揭示了各地在技术接纳、政策实施以及资源配置等关键领域的差异性。这种差异性不仅揭示了地域间的数字化进程和资源优劣，也反映了各地对于数字化治理理念接纳程度的不均。深入解析这种差异性并理解其成因，对于我们全面把握全国治理架构及其发展趋势具有重要价值。为此，本部分将全国的治理水平系统地划分为不同的批次，从三个阶段来叙述全国的治理能力差异性，探寻当前治理能力的发展轨迹，为后文的深入讨论和分析提供了理论框架和实证基础。

（一）第一层级的数字治理现状

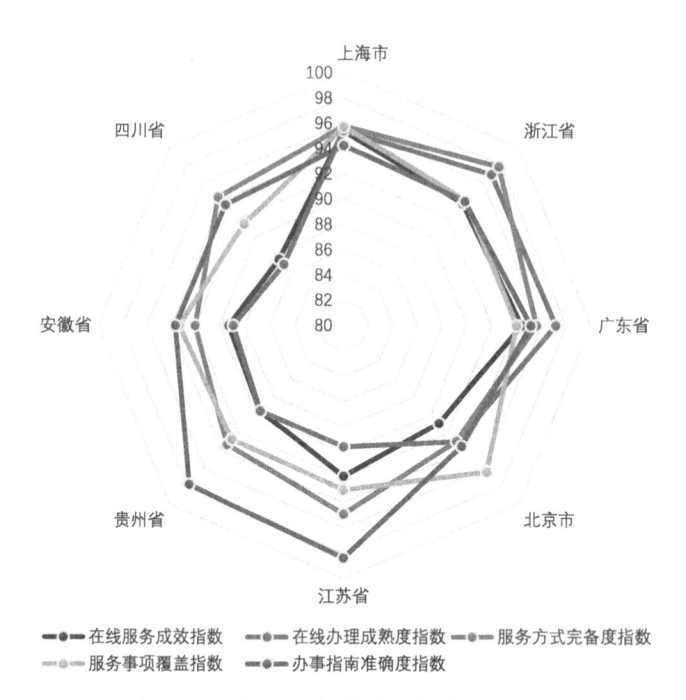

图3-3　数字治理成效

图3-3表明，城市之间的数字治理水平差异较大，系各个区域内的能力分布不同。其中，上海数字政务治理能力整体比较均衡，均在95左右徘徊，即其数字治理水平发展均衡，且发展指数较高，不存在明显短板。与此相反的是，贵州省和江苏省的办事指南准确度较为突出，意味着这两个省份的政府在信息公开、公众服务的管理和操作规范方面，实现了较高的参照标准。另外，相比其他的维度，北京和上海的服务覆盖度表现最为优异，即其数字社会治理系统最为完备。值得注意的是，北京市的治理成效相较于同水平的上海市偏低。浙江和广东，作为我国最早一批进行数字政务试验和实践的省份，他们的数字政务成熟度一直保持在全国的前列，其他指标总体上与北京和上海也没有实质性差距。最后，作为政策扶持力度及辐射力度较大的安徽省和四川省，其数字化政务发展处于起步的状

态，仅有"办事指南准确度指数"和"服务方式完备指数"能够与东部地区发展相媲美，这也说明了该省份的发展规划，以基础设施服务去夯实公众参与数字治理"满意度"。

通过对得分较高省（自治区、直辖市）政务发展模式初步分析，了解到其数字治理水平在全国范围内位于前列。整体来看，各省（自治区、直辖市）发展重心存在一定的区域差异，但考虑到其关注的重点不同，每个区域的成功因素都值得借鉴，当然也存在一些问题需要规避。其中，北京市数字政务发展侧重于覆盖程度，然而其在线成效却成了北京市电子政务发展的弊端。究其原因，北京市的人口成分较为复杂，尽管提高政务覆盖指数是切实可行的政策规制，但由图3-3可知，北京市在线成效指数却没有显著提升，无法匹配用户体验，影响公众参与的效果。因此，盲目地扩大政务覆盖面积需要大量的公众教育宣传成本，培养、引导和提高公众合理、有序的参与能力。在其中，上海则表现为内部的发展较为均衡，系其开放的人文环境和国际金融环境导致的思维碰撞，引发公众数字治理参与度最高。

值得注意的是，由于近些年受到沿海经济区的辐射和国家政策照顾等因素的影响，同样得分较高的江苏与北京、浙江、广东和上海的发展路径截然不同。作为经济发达的地区，江苏省的数字政务发展与浙江省和广东省相比有着显著的差异。这主要是因为江苏省政府近年来积极倡导公众参与数字治理的"精准实用"原则，紧紧围绕"推动高质量发展走在前列"的战略目标和"打造全国最佳政务服务环境"的要求进行。这种策略旨在确保公众参与过程中公布的相关要素信息的准确性、详细性和易用性，以便更好地促进公众的积极参与，提高数字治理的效率和效果，进一步推动社会经济的高质量发展。相比之下，贵州省、安徽省和四川省作为经济发展相对滞后区域，其省级数字治理水平表现较高，背后的原因值得深思。尤其是，贵州省政府的"办事指南准确度指数"指标最为显著，意味着其政府执行力强，因地制宜全力打造一个以人民为中心，注重服务质量和效率的数字政务环境。另外，由图3-3可知，四川和安徽的数字政务推广方式更为均衡，兼顾了满足多元化的公众需求和确保政府效率之间的平衡。

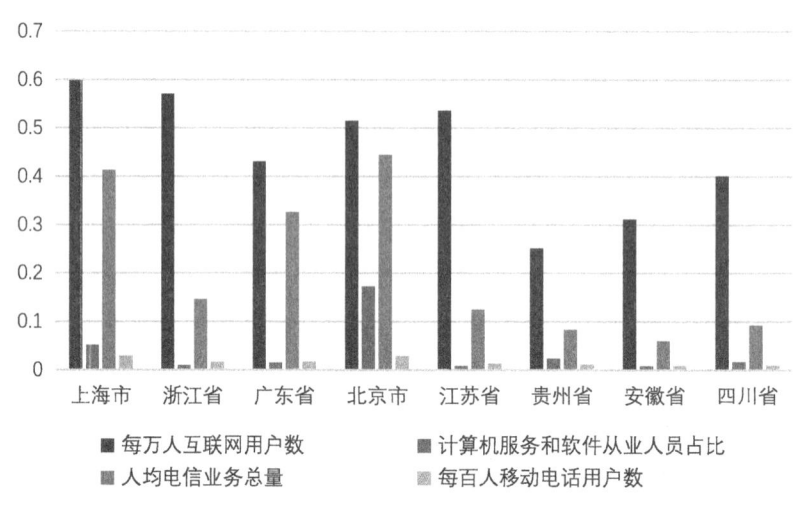

图 3-4 数字基础设施

近些年，"数字基础设施建设全覆盖"作为我党号召全国人民共同实现的重要任务，已经逐渐升级为国家战略，对于推动我国经济社会的高质量发展具有至关重要的作用。具体而言，随着数字化和信息化浪潮的不断推进，各个省市打破基础设施的限制，将公众参与数字化治理工作向纵深推进。比如，每万人互联网用户数、计算机服务和软件从业人员比、人均电信月总量、移动电话数等，这些数字政务发展的基础要素对于推动全面、均衡的公众参与，以及达成数字治理的科学性、可靠性目标，具有重要的理论和实践意义。其中，从图3-4可以看出"每百万人互联网用户数"整体位于0.25—0.6的区间水平，上海作为一个直辖市登顶全国第一，也足以说明其互联网发展成效、机制较好，其推广模式和手段值得借鉴。除此之外，经济基础较差的贵州省，其互联网基础最差，不足上海的一半，这也侧面体现出西部地区数字基础薄弱；"计算机服务和软件从业人员占比"整体为0.008—0.052，其中北京市位居第一，也证明了作为政治、经济、文化中心的北京，在政策扶持力度、商业环境方面有绝对的人才吸引力;"人均电信业务总量"各省份数值在0.06—0.44区间,同理最高为北京,最低则为安徽;"每百万人移动用户电话数"的各省(自治区、直辖市)数值在0.009—0.029区间,最高为北京,最低仍为安徽省,显然各省(自治区、直辖市)近些年在积极倡导达成数字建设"最后一公里"项目中,取得了一定的成效。

综上所述,贵州省政府的"人均百万互联网指数"最低,而"计算机服务和软件从业人数"却跻身第三,高于经济发达的江苏省、广东省和浙江省。那么,这极有可能是因为贵州省政府在政策上大力扶持软件和信息服务产业,提供各类优惠政策吸引企业入驻贵州软件园区,带动软件和信息服务从业人员规模扩大。同时,作为金融中心的北京、上海,其本身就拥有良好的经济和文化环境,加之以大量政策补贴以及良好的创业环境,吸引了众多的计算机服务和软件行业的从业人员。然而,浙江、广东和江苏互联网用户众多,但这并不意味着计算机服务和软件行业就会在这些地方集中。由图3-3和图3-4结合可以看出,这些地区"服务事项覆盖指数"偏低,软件的开发、更新、应用及推广没有做到与时俱进。为此,这些地区的信息技术发展适用于更多非正式组织和个人,导致该地区数字政务的发展步伐暂缓。相对地,这可能造成该地区数字政务发展的速度和效率上存在一定的滞后,进而影响公众参与数字治理的均衡性。

由此可见,东部与中西部地区数字基础业务指数差异不大,提高各省(自治区、直辖市)计算机和软件服务人才的引进率以及正确价值观的引导才是关键。具体表现为,贵州省、安徽省和四川省的数字基础设施建设水平并没有达到发达地区的标准,但他们的数字政务水平却仍旧处于高政务指数范围内,其中离不开政策的规引。所以,如果缺乏针对性和战略性的规划,即使进行全面的数字基础设施建设,其公众参与数字社会与治理的效果也可能是微乎其微。因此,为了促进中西部地区公众的均等化参与,一个关键的战略任务是加强人才的引进并优化人才结构,同时通过有效的策略和措施,将信息化技术与正式组织充分融合发展。这不仅需要制定和实施吸引人才的政策,如提供竞争性的薪酬和发展机会,建立良好的工作和生活环境，也需要加大正式组织的计算机、软件开发技术补贴，鼓励和支持本地人才的发展。

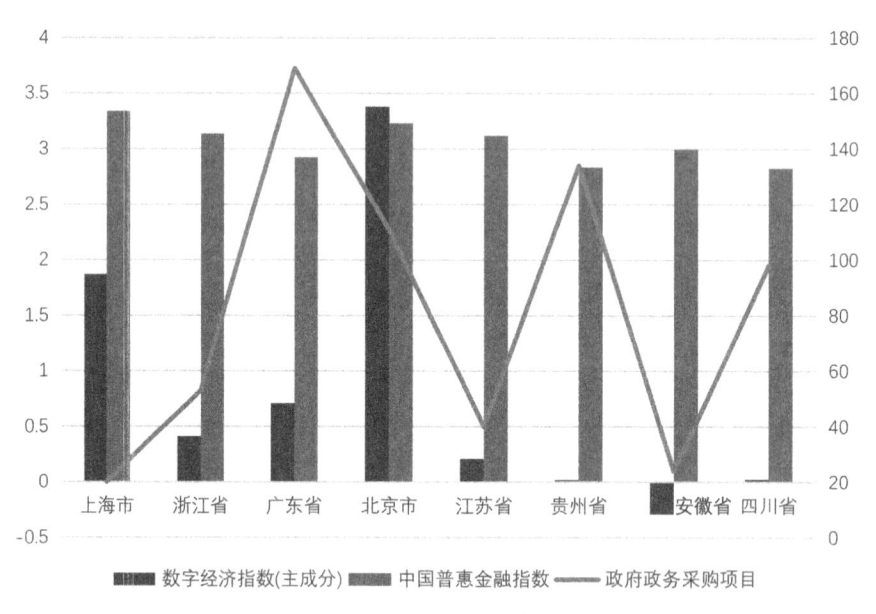

图 3-5　政府支持

此外，借由马克思主义的基本原理，经济基础决定上层建筑，我们可以断言，若要实现数字技术与公共服务的充分融合，其必要条件是中央和地方政府的经济扶持。从图 3-5 的数据中可以明显看出，在浙江、广东、江苏这些地区，其数字经济指数相对偏低，而且其发展趋势与图 3-3、3-4 所示的数字政务综合评价指标大体一致。这表明，这些地区在数字化公共服务的推进过程中，可能面临着更多的经济和技术挑战。相反，上海和北京的数字经济指数领先于其他地区，这表明这两个城市在数字化公共服务的推进上，拥有更强的经济和技术优势。另一方面，贵州省和四川省的数字经济指数相对较低，而安徽省甚至出现了负增长，表明这些地区在推进数字化公共服务过程中，需要更多的政策支持和资金投入。另外，安徽数字经济出现负增长，与前文数字政务总体发展水平呈现相悖的状态。

这极有可能是由于安徽省紧邻江苏省、上海市和浙江省，受地域辐射的原因出现了"假增长"，并且安徽省常年以制造业为主。由于缺乏前沿数字化企业和技术支撑，该省份只能满足政府优先发展数字政务的内容，造成了该省份数字化程度极高的"假象"。与此同时，图3-5可以看出政府政策支持力度的采购各项目有明显的剧烈波动，即广东、贵州、四川在政策层面得到了相对充足的支持。即广东、贵州、四川政策支持均比较大，但对应的数字经济指数发展呈低迷状态，这足以说明要制定与之相匹配的政策支持方式。并且，通过对数字经济指数的深入分析，可以观察到中国各省（自治区、直辖市）间存在显著的数字经济发展不均衡现象。具体来说，北京以3.38的指数领先，上海也有1.87的不俗表现，这两个直辖市的数字经济发展相较其他地区更为显著。然而，除此之外的省份和直辖市，其数字经济指数多为临界值或者负值，这意味着这些地区的数字经济发展势头相对较弱，甚至在某些情况下可能出现倒退。

　　据此，可以看到北京、上海、浙江、广东作为我国数字经济建设的前沿领域，已经在数字基础设施建设、数字技术创新应用和融合以及数字产业转型升级等关键领域取得了显著的成果。这些地区借助先进的技术、丰富的资源和深厚的经验，已经在数字经济的发展上取得了关键性的突破。在此基础上，为了进一步加快我国数字经济的广度和深度，我国政府制定了"以老带新"和"以富带贫"的数字化推广策略。这一战略的核心是，通过扩大已有先行区域的成功经验和模式，逐渐将先进的数字治理理念、前沿的技术模式和高新技术推广到周边的省份，以实现全国范围内的数字经济发展。同时，我们还强调以这些区域核心省份为支点，重点建设新型的数字化枢纽，这将有助于提升我国在全球数字经济中的核心竞争力。这些枢纽不仅将连接国内各地区，还将与全球的数字经济网络紧密相连，为我国的数字经济发展提供更广阔的空间和更多的机会。早在2000年开始，浙江省和广东省就意识到数字化改革的重要性，随即开展了"电子网点"建设以及部分政务服务网上办事业务。截至目前，二者数字基础建设整体较为成熟，公众数字参与体系完整，趋于全国领先位置。随后，归咎于国家一体化"数字枢纽"的战略发展，政府开始将目光转向西部地区，利用西部地区丰富的自然资源和未开发的潜力，为计算力的集中化和管理提供重要的支持，最终建成覆盖全国范围内高效、有序且可靠的"算力枢纽"系统。截至目前，全国一体化算力网络国家（贵州）枢纽节点数据中心标准机架数达到15万台，以低成本、广覆盖、可靠安全的公共算力服务，搭建全省统一的高水平云服务平台。并且，计划进一步延伸至粤港澳、长三角、成渝枢纽以及周边省份数据中心直连网络，力求健全算力产业链，以数据中心为基础，加大招商引资力度，"东数西算"工程的强势起步为贵州省政府带来了机遇。贵州省和四川省是西部大开发策略的重点区域，得到了国家的大量的政策和资金支持，这些政策支持和资金投入往往通过政府采购的方式实现，具体包含交通、通信、公共服务设施等。尤其是贵州省的"东数西算"工程，在中国西部地区的数字经济转型中起到了关键的推动作用。这些政策和资金的支持，不仅为贵州和四川的基础设施建设提供了重要的资金保障，也为两省的数字经济发展创造了优越的环境。这无疑将对进一步推动我国西部地区，乃至全国的数字化转型产生积极影响。同时，这也体现了各省（自治区、直辖市）政府采购作为推动经济转型的重要手段，其项目数量的增加反映了各个省份经济转型的深度和广度。

普惠金融政策的推行在各省（自治区、直辖市）都保持了较好的投入，但在数字政务中作用收效甚微。结合图3-5我们可以观察到，国家对普惠金融的投资已经达到了一定的阈值。这种趋势表明，政府正在积极推动普惠金融的发展，以促进社会有序、健康的发展。然而，普惠金融的目标是聚焦社会广大成员，特别是向低收入和被传统金融服务忽视的群体提供可负担、公正和安全的金融产品和服务，同时参考前文政务报告可知，各省（自治区、直辖市）的数字政务指数波动较大，也从侧面反映出普惠金融的发展针对公众参与正式组织的作用导向显然收效甚微。

政府政务采购项目在各省（自治区、直辖市）不均衡现状十分明显，具体表现为北京、广东、贵州和四川相对较高，其他地区则差距过大。作为电子政务系统发展的基础支撑，数字政务离不开政府在政策上扶持，即经济支持。然而，上海市的情况展现出另一种状况。尽管上海市政府采购项目偏低，但其数字政务发展仍稳定居于前列，这可能暗示了一种更为灵活和高效的资源分配和管理模式，即通过优化资源配置，提升管理效率，从而在有限的资源条件下实现高效的数字政务发展。这一现象值得政、学界进行反思，也需要经济、社会背景相似的城市进行研究借鉴。

综上所述，截至2023年我国数字治理的不均衡性特征仍旧显著。政府数字化治理的过程中，各省（自治区、直辖市）面对不同的社会治理背景和现状，受其路径依存、制度环境、利益相关者、战略选择的影响，表现出多因素、多层次和动态化的决策行为。具体而言，北京和上海作为数字政务的先驱，其数字基础、群众基础和经济基础均为全国前列，较完备的数字经济发展体系吸引了众多外来人口。但经济、文化和理念的参差不齐导致社会环境成分复杂，所以需要进一步以提升公众参与深度来提升数字政务发展水平。

浙江省和广东省，作为21世纪数字经济发展的"领头羊"，始终秉承着把数字政务建设作为数字经济发展的核心策略。他们不仅将这一理念深深地植根在政策制定和实践中，而且持续地推动这一战略的实施。作为数字化建设的引领者，他们在把公众纳入数字化治理过程中发挥了关键作用，积极推动全民数字素养的提升，加强信息公开透明度，并优化在线服务的质量和效率。随后，江苏省积极响应国家长江三角洲"数字经济一体化"的号召，大张旗鼓地展开了数字一体化建设，并成功地跟上了浙江和广东的步伐。他们的成功实践为其他地区的借鉴提供了可贵的参考，并为全国的数字化建设贡献出了宝贵的经验和示范效应。此外，广东、浙江和江苏等经济发达地区，虽然其综合发展现况与北京和上海有一定的差距，但这些地方仍具有显著的经济优势和发展潜力。在未来的数字经济建设中，这些地区应始终坚守创新驱动发展的策略路线，结合自身优势，将地区特色与政策规制相融合。在此过程中，重点关注群众数字素养的拔高，采取一系列措施，包括教育、培训和广泛的宣传活动，以提高公众对数字技术的理解和应用能力，实现公众素质与政务指数同步提升。通过这种方式，不仅可以优化和提升政府的治理效率，还可以促进公众对政务活动的理解和参与，从而实现数字建设的均衡性，以期保障公众参与治理的均衡性。

安徽省和四川省作为国家数字经济发展政策的首批受益者，得益于贵州、浙江和广东的成功经验，已经在数字经济的发展路径上取得了显著的进步。特别是在公众参与的广度和深度上，这两个地区都有着显著的拓展。贵州省作为西部地区的代表，应在数字化建设中围绕政务服务数字化、努力构建数字治理西部"辐射圈"，以相似或相同社会基础为"榜样"，深化数字政务体系建设，实现以"老"带"新"，以"富"带"贫"的现代化治理领域。除此之外，对于数字基础薄弱的地区，首要关注的是在政策、经济和文化上的绝对投入，以大量的资源倾斜去保障数字体系建设的完善，切勿盲目"学习"，因地制宜地构建数字化治理模式，形成具有自己特点的数字治理手段。另外，安徽省受相邻大都市的辐射影响，也跻身第一批次的阵容中。这意味着抛开客观因素不谈，短期内通过一些政策扶持，例如抢抓长三角一体化发展战略机遇，深化"放管服"改革、推进政府职能转变、创优"四最""三愉快"营商环境，可以有效达成数字治理阶段化目标。

贵州省和江苏省均致力于推动在线一体化服务平台的发展，这成了他们数字化建设战略的核心组成部分。不容忽视的是，二者均重视政务办事指南的准确度，其目标是通过提供准确、易于理解和操作的指南，来直接保障公众在参与数字治理过程中的便利性和有效性。为此，他们采取了一系列措施来提高政务办事指南的准确度。这些措施包括但不限于：持续更新政务办事信息，确保其反映最新的政策和规定；建立反馈机制，收集公众对政务办事指南的意见和建议，以便进行及时的优化；加强对政务办事指南的审查和监督，确保其内容的正确性和实用性。在提供准确的政务办事指南的同时，二者仍在寻求如何通过数字化手段提升公众参与的满意度。例如，运用在线咨询、线上申请、线上支付等手段，以提供更加便捷的政务服务。此外，贵州省也注重收集和分析公众的反馈信息，以了解其对于在线服务的使用体验，从而持续改进服务质量。

需要特别指出的是，贵州省、四川省和安徽省近年来数字治理成效显著，但与第一梯队的其他城市相比，其数字经济指数、普惠金融、基础设施建设（图3-4）等仍处于较低水平，但贵州省数字治理水平在"办事指南准确度指数"上远远超越经济发达地区，主要原因在于中央和地方政府的政策倾斜，尤其是支持贵州省政府积极实现政务服务数字化转型，推动数字建设"100"分举措。具体而言，贵州省政府在国家部委的统筹部署和支持下，主导全国一体化算力网络国家（贵州）枢纽节点各项工作扎实推进，并取得明显进步和成效。例如，贵州省政府在《贵州省数字经济发展规划》（2017—2020）中强调，推进政务服务"一网通办"过程中，要因地制宜地提高参与的准确度和可靠性，该政策文件的拟定助力办事准确度达到较高水平，使得整体数字社会治理水平位于前列。

（二）得分中等省区的数字治理现状

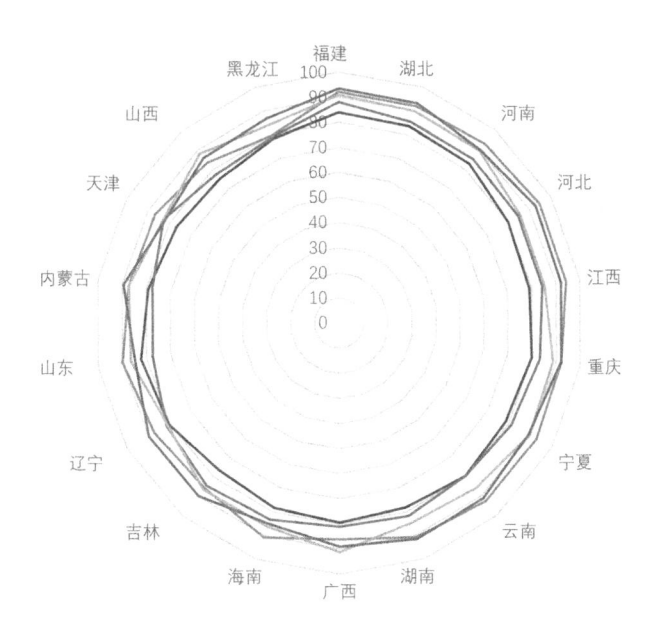

图3-6 第二层级 社会治理综合评价

总体来看，得分中等省区的"在线服务成效指数"的区间为75.37—83.99，该指数均低于90。由此可以初步判断，现阶段我国绝大多数地方政府电子政务的用户使用、网办效率以及服务质量仍有进步的空间。同样，"在线办理成熟度指数"位于77.41—88.06的区间，其指数均不高于90。这侧面体现当前得分中等省区在"一网通办""一网通管"的政务服务一体化体系的建设和实施上，有待进一步考究和完善。最后，我们发现尽管"在线办理成熟度指数""在线服务成效指数"的发展水平均低于政务服务综合指标。但是，作为数字政务服务基础支撑条件"服务方式完备指数""服务事项覆盖指数""办事指南准确度指数"的发展趋势尚好，均在80以上。所以，我们能够看出，中国各省市在推动全国一体化政务服务平台建设的过程中，展现出了坚定的决心并付出了巨大的努力。

结合前文所述，尽管得分中等省区的数字化政务指数发展趋势总体上向好，但通过系统化的梳理，不难发现部分省（自治区、直辖市）发展存在一些问题。首先，天津市作为全国四个直辖市之一，拥有优质的经济基础、基础设施和丰富的人力资源，然而其数字政务发展指数低于90，与数字经济发展起步较晚的山西、黑龙江、海南、吉林、辽宁、山东、内蒙古一样，甚至部分指标远低于90。

除此之外，作为直辖市之一的重庆市，其数字政务的建设表现一般，"在线服务成效指数"偏低。然而，福建、河南、湖北、山东和辽宁的"在线服务成效指数"较高，尤其是作为经济发展水平较低的河南省和辽宁省在公众参与质量、效率上取得了不错的进展，值得其他中西部地区学习。另外，我们还观察到福建省、湖北省、河南省、河北省、江西省、宁夏回族自治区、湖南省、广西壮族自治区、海南省、吉林省和辽宁省的"在线办理成熟度指数"达到平均水平，其中不乏数字经济基础较好省份。这说明，尽管绝大部分省份早已开始计划并实施了数字政务建设工程，但实际效果并未达到预期的优化水平，这表明当前数字政务建设中存在着一定的理论与实践断层的现象。同理，作为数字基础建设的评价指标"服务方式完备指数""服务事项覆盖指数""办事指南准确度指数"表现出一定程度的平均水平，然而在数字治理成效方面却反映出不均衡现状。这可能意味着，尽管数字基础设施在现代化治理中是一个必要条件，但若要充分调动和释放公众参与治理的潜在能量，相关部门更需要关注公共服务交互环节的优化，包括如何通过公共服务提供端与公众使用端之间互动推进公众参与率。

由图3-6可知，截止到2020年年底，18个省（自治区、直辖市）数字治理综合指数达到第二层级，且经过对各省（自治区、直辖市）的数字政务水平进一步评估发现，各省（自治区、直辖市）均处于稳步推进的状态，各地区之间并没有出现显著的差异性。《中国省域数字政务发展报告（2020年）》的数据显示，截至2020年，天津市的数字政务发展较为缓慢，其具体数字治理指数低于90。另外，天津作为四个直辖市之一，专项人才流失问题不容忽视，每10万人拥有计算机和信息类大学生大约340人，位列全国第25位，远低于上海的1665人和北京的1052人。此外，《中国主要城市数字政务发展白皮书（2020年版）》显示，2020年，天津市政务APP下载量为1.2亿人次，但下载用户覆盖率只有38%，位列31省市之末，政务微信公众号读者人数12万，位列倒数第4。因此，天津市和重庆市作为直辖市，其数字政务建设投入、人才储备、公众参与度等多个方面都显示出一定的不足，甚至低于中西部省份，这也成为其政务指数停滞不前的主要原因。另外，同样作为直辖市之一的重庆市，虽然整体政务指数水平好于天津，但后续发展表现出动力不足。重庆市在"十四五"发展规划（2021—2025年）中提出，重庆市政府有明确的方向和目标，包括打造"智造重镇"和建设"智慧名城"的战略规划。北京大学副校长张平文认为，重庆打造数字生态要围绕产业创新链，实施针对性、精确性和可行性战略。同样位于西南地区的国家重点扶持发展的四川省和贵州省已经跻身第一梯队，这一成就主要归因于它们注重科学性、可行性和准确性的模式。另外，河南省和辽宁省作为农业、工业大省其数字政务水平能够跻身全国前列，最主要是政府在政策上、经济上大力支持，构建全新的社会管理和治理框架，该模式是其他中低经济发展水平的省份值得学习的。其中，河南省人民政府在《河南省数字政府建设总体规划》中提到，力争实现全省数字政府基础设施、公共支撑、数据服务、应用系统等集约化、一体化建设和运行，创新政府管理和社会治理模式，推动政府运行效能显著提升，为企业和群众营造良好办事创业环境。辽宁省明确18项任务推进"数字辽宁"建设，重点建设协同高效数字政府、构筑信息惠民服务体系。综上可以看出，一个地区的政务发展水平与其经济社会发展水平和基础设施建设水平并不存在确定的对应关系。具体而言，政府要充分考量地方资源禀赋、产业结构、人口结构、文化传统等要素，遵循客观发展规律，理性判断本地区的比较优势，并制定与之相符的长远发展战略，才能推动数字治理能力稳步提升。

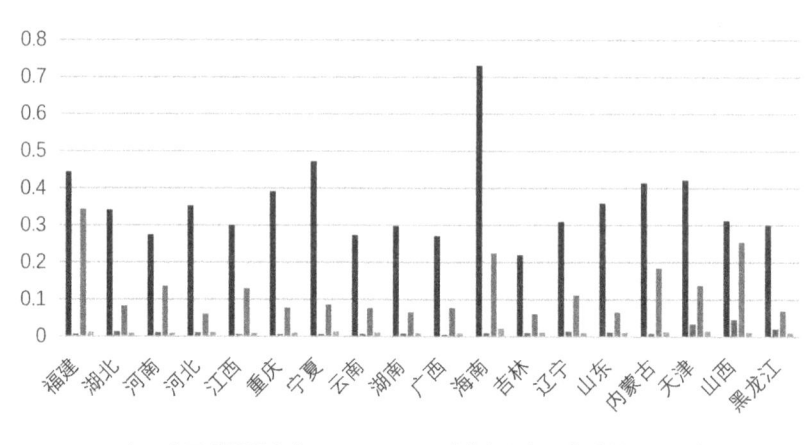

图3-7 第二层级 行业数字基础环境指标

同样，在"数字"迸发新活力的今天，数字政务建设的核心要义就是围绕信息技术、数据资产和信息治理等视角的推进，以满足现代社会对高效、智能和可持续发展的政务服务、数字治理需求。根据国家统计局2020年相关数字政务发展统计数据显示，2020年以来我国主要城市在信息基础设施建设等关键领域继续加大投入，这为数字政务的高质量发展奠定了重要基础。为此，根据图3-7所示，我国数字基础网络建设的发展仍任重道远：第一，我国各省（自治区、直辖市）"每百万互联网用户数"处于0.3—0.5之间，其中海南省在这一指标上表现突出，超过0.7的水平，突显出较高的互联网普及率。第二，根据数据分析，在"计算机服务和软件从业人员占比"中，仅有天津、山西、黑龙江的数据表现比较突出，彰显出较强的技术和人才优势。第三，"人均电信业务总量"的发展仅有福建省、海南省和山西省相对突出，这反映出该层级绝大部分地区基础设施和业务水平发展受限，尤其后段动力明显不足。第四，其于"每百人移动电话用户数"这一指标，各地区数值基本接近，移动电话用户普及率已经达到极值，没有显著的增长。这意味着移动电话在各地已经广泛普及，人们普遍拥有移动电话并使用它进行通信。

在考察"公众参与数字治理均衡性现状"的具体研究背景时，需要特别关注海南省在互联网用户数量上显现出的显著领先态势。这一成就可以归因于海南省政府在塑造"数字海南"构想中取得的显著进步。但这并不意味着数字政务的成效显著，结合图3-6可知，海南省公众参与数字治理成效不足80，与前文第一层级的现状相匹配。另外，山西省、黑龙江省和天津市的"计算机服务和软件从业人员占比"较高，却没有显著提升数字政务指数，这足以说明该省市对于计算机服务和软件从业人员的吸纳，更多倾向于非正式组织。另外，"人均电信业务总量"和"每百人移动电话用户数"均没有很大波动，说明人员移动数字网络普及率已经达到最高值。

综上可知，各省（自治区、直辖市）数字基础业务指数差异不大，仅有海南省互联网用户指数十分突出。其中，海南"自贸港"和"数字海南"项目起到了决定性作用。各省（自治区、直辖市）数字基础设施建设对数字政务影响不大。提高各省（自治区、直辖市）计算机和软件服务人才的引进水平才是关键。如果缺乏针对性和战略性的规划，即使进行全面的数字基础设施建设，其对数字治理的效果也可能是微乎其微的。为了推动公众的均等化参与，一个关键的战略任务是加强人才的引进并优化人才结构，同时通过有效的策略和措施，将信息化技术与正式组织充分融合。这不仅需要制定和实施吸引人才的政策，如提供竞争性的薪酬和发展机会，营造良好的工作和生活环境，也需要加大计算机、软件开发技术补贴力度，鼓励和支持本土人才的发展，形成良好的人才循环机制。

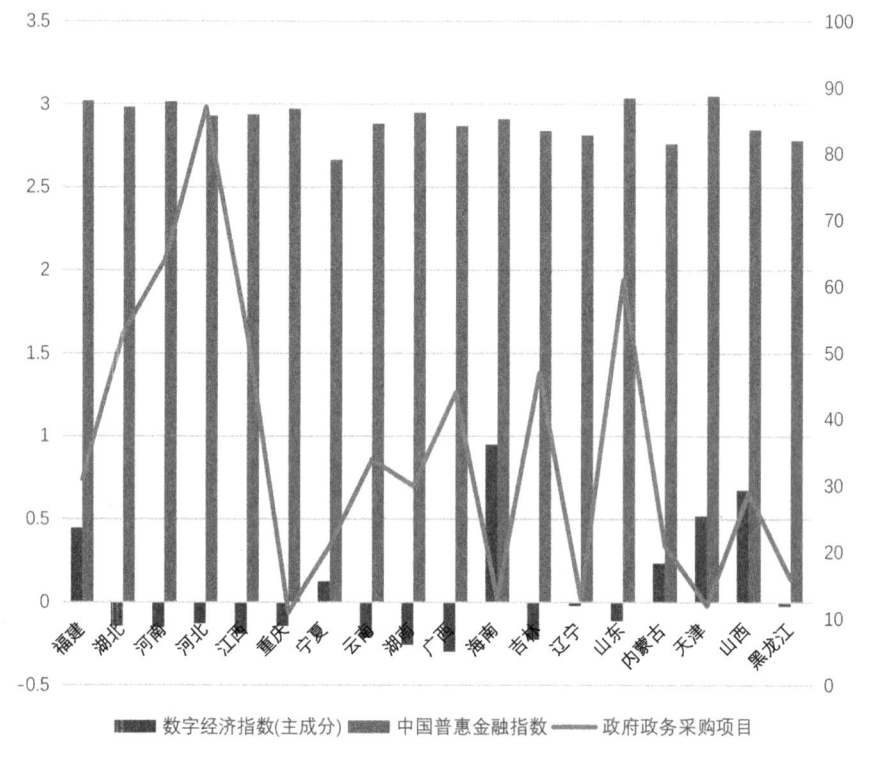

图3-8 数字政务扶持力度

通过对图3-8初步分析可以看出，数字普惠金融指数的发展同第一层级相似，发展趋于稳定。同理，我国主要城市普惠金融发展指数于2020—2021年连续两年保持在0.68左右的水平，同比基本持平，波动幅度小于3%。进一步揭示了我国主要城市在普惠金融发展上的持续稳定性。据此，普惠金融指数的变动无法直接影响数字政务发展指数，即不能直接提升公众参与治理的成效性、均衡性。这表明我国在推进普惠金融服务能力建设过程中，取得了一定程度的阶段性成果，构建成较为稳定的体系机制。另外，根据图3-8显示，我国各省（自治区、直辖市）数字经济发展存在一定程度的区域差异性。其中，福建、宁夏、海南、内蒙古、天津、山西的数字经济指数为正向发展；湖北、河南、河北、江西、重庆、云南、湖南、广西、吉林、辽宁、山东、黑龙江的数字经济指数为负向增长。

目前来看，福建、海南、宁夏、山西、内蒙古作为国家重点扶持的对象，在其政策帮扶上会有一定的倾斜。其中，福建、海南以出色的"海口自贸区"构建了以数据中心、云平台、物联网为一体的大型进出口海港，进而带动了当地数字经济的发展。宁夏、内蒙古作为我国中西部经济欠发达地区，为积极倡导"西部大开发"战略的健康实施，中央和地方政务高度重视数字政务的重要性，将其作为推动政府治理现代化和提升公共服务水平的战略任务。例如，制定针对性数字投入，引进东部地区人才，为数字政务系统的运行和数据传输提供了坚实的基础。并且，贵州省和四川省作为中西部地区数字政务的"领头羊"，其社会环境与其一致，能够为其提供发展的政策指导和数据支撑。另外，山西省，作为煤矿大省在经济基础上有坚实的实体经济保障，新时期在党中央倡导产业转型省级中更是加快了自然资源管理数字化，依托"三晋通"APP建设了五级全覆盖的政务服务平台，超过了85%的政务服务事项，基本实现初步的全方位数字治理体系建设，并依托政策扶持进一步促进其"数字化"向"数智化"和"数治化"的转变。除此之外，图3-8可以看出绝大部分地区数字经济发展呈现负增长状态，我国数字经济建设任重而道远。坚持以"先富"带动"后富"的政策实施理念，制定具有长效性、科学性和可靠性的发展方式，显得尤为重要。近些年，中国人民银行等五部门联合发布了《关于金融支持全面推进乡村振兴加快建设农业强国的指导意见》《中国银监会关于银行业进一步做好服务实体经济发展工作的指导意见》等文件，为普惠金融推广带来了保障。这些政策文件的发布，标志着国家在政策层面上对普惠金融的重视和支持，为普惠金融在全国范围内的推广铺平了道路。另外，

由图3-8可知，政府采购项目作为数字政务发展的核心要素，在当前绝大多数省份缺乏重视情况下，仅仅只有河北省指标接近100，鉴于此，各省（自治区、直辖市）政府采购作为推动经济转型的重要手段，其项目数量的增加反映了各个省份经济转型的深度和广度，未来政府项目采购仍需要更多的关注和改进。

总的来说，我国数字政务的发展尽管已经取得了一定的成就，但仍面临着许多挑战和问题。其中，作为直辖市的天津和重庆整体发展趋势相对滞后，主要原因在于这两个城市的战略导向出现了问题。具体而言，天津市、重庆市经济基础较好，但是数字经济发展过程中天津市重点探索数字化制造业和工业为重心，重庆市则以现代工业和商业服务业为核心，忽视了数字化技术与数字政务的充分融合，影响了公众参与数字治理的均衡性。同时，绝大部分省（自治区、直辖市）缺乏精准的政策指导，照搬照抄无法形成高效的数字治理框架，人民群众无法有序地参与数字治理。

（三）西部地区数字社会治理现状

根据图3-9所示，西部地区数字治理成效仍有较大提升空间。其中，各省市数字治理发展模式有一定差异，各个城市的能力分布不尽相同。其中，西藏、陕西、甘肃和青海地区距离四川较近，注重政府政务服务的完备程度，其指标均高于80；新疆则为72；西藏地区的"服务方式完备指数"高达89，接近甚至超越部分经济发达地区。另外，陕西、青海和甘肃的数字政务发展均无明显差异，也就是说这些省份公众参与数字治理的成效无明显区别。

作为边疆地区，新疆在政务服务发展上着重关注了公众参与数字治理中的"服务事项覆盖指数"，但"服务方式完备指数""办事指南准确度指数"仍有待提升，仅提升项目覆盖的范围不能完全提升公众参与的均衡性，要考虑到该地区经济水平、文化水平和生活习惯的多样性。此外，西藏地区尤为重视提升政务服务的渠道多元程度。例如，"服务方式完备指数"作为在该地区数字政务研究和发展中的重点方式得到重视，旨在满足不同地区、人口的不同需求。值得注意的是，新疆和西藏、陕西、青海、甘肃"在线服务成效指数"差距不大，即公众参与数字治理满意度基本相同。

结合前文分析，若西部地区数字政务的发展目标之一是最大限度提升公众参与数字决策的均衡性，那么单单倚重某一测度指标的提高不足以实现这个目标。西部地区必须提高基础设施建设水平、信息渠道开放度、公共服务个性化程度等，协同推进多方面要素。随着数字政务综合指数的提升，重点关注数字政务支撑条件"服务方式完备指数""服务事项完备指数""办事指南准确度"以提升"在线服务成效指数"，才能让"数字全覆盖"这一理念在现代化政务实践中真正落地生根。

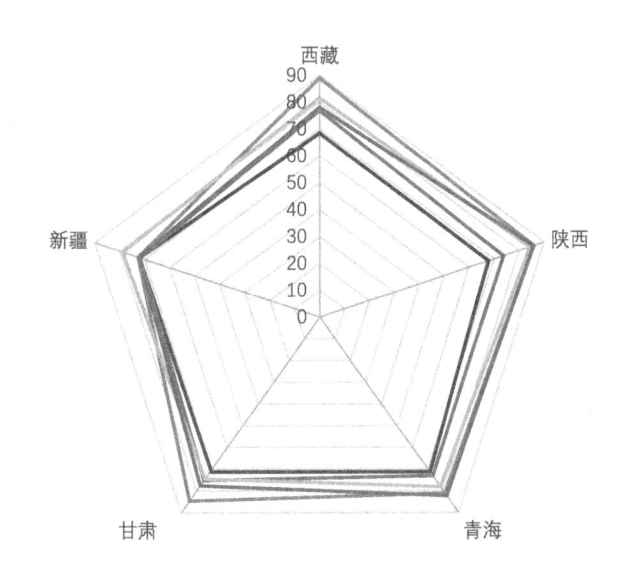

图3-9　第三层级数字政务综合指数

要探讨"公众参与数字治理均衡性现状"的研究背景，必须考虑到地域间的差异性。对照目前的研究成果，西部地区（包括新疆、西藏、陕西、青海和甘肃等地）相较于东部地区和中部地区，在通信网络覆盖率、硬件设备普及率、信息技术人才储备等多项基础设施建设指标上显现出明显的短板。具体来讲，该地区的"每百万人互联网用户数"指数均不超过1，这显现了其在互联网覆盖和利用程度上的不足。另一方面，"计算机软件和服务从业人员占比"几乎微乎其微，这反映了该地区在信息技术人才储备上的严重短缺。另外，"人均电信业务总量"指标的最高值仅为1.28，最低值下降至0.13，这进一步揭示了该地区在通信业务发展上的滞后情况。同时，"每百万人移动电话用户数"均在0.2以下，反映出移动电话的普及程度同样不理想。不难看出，这些因素均在不同程度上影响了公众参与数字治理的均衡性。

总而言之，图3-10可以看出西部地区整体的"每百万互联网用户数"差距不大，且互联网指数较低。主要是因为西部地区网络基础设施建设滞后，4G/5G网络覆盖率与东西部分布不均，地域辽阔，文化、经济和思想的差异造成各个地区可能就存在互联网不均衡性。其次，部分地区因气候地形影响，光缆和基站建设难度大，这对基础设施建设提出了很高的技术要求，边疆地区互联网的推广遇到阻碍。除此之外，"计算机服务和软件从业人员占比"基本可以忽略不计。主要原因是，西部地区人口结构复杂，青年人才流出，留守老年人较多，居民年龄结构偏大。"人均电信业务总量""每百人移动电话用户数"中，仅有青海省电信业务总量较好，这与近些年青海省通过减税减费鼓励电信企业投资建设有关。然而，与东部经济较发达区域相比，其余西部地区吸引电信运营商和互联网企业大规模投资构建网络基础设施的能力还有待提高。

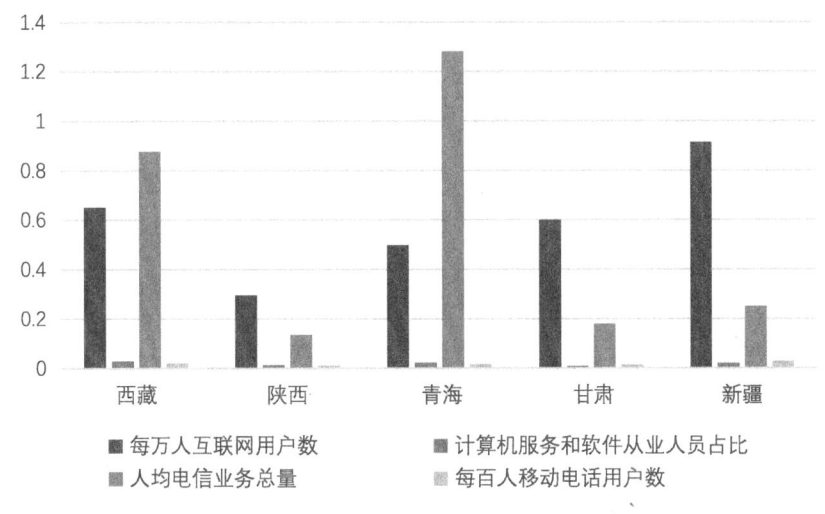

图3-10 第三层级数字建设环境指数

西部地区数字政务建设水平之所以相对滞后，不是任何一个单一因素所造成的，需要同时注重多方面、多角度元素的协同推进。具体来说，一是地方政府需要出台更加针对性的政策支持措施，比如在基础设施补贴、人才培养等方面给予强有力的帮助。二是鼓励电信运营商等企业加大西部投入，共同建设网络基础。三是重视数字应用和内容建设，培育新的增长点。四是完善数字人才队伍搭建，引导数字人才积极加入正式组织。五是强化各部门之间的数字化协同机制。

总之，西部数字政务建设要注重"均衡"和"协同"成为各方面深入发力的一个重要导向。只有各领域全面协同发展，才能真正解决西部地区发展的长远课题，推进公众数字治理的均衡性。因此，要加大基础设施建设力度。重点支持光纤、5G网络等关键项目建设，提高信息交换和服务能力。向青海省学习，吸引电信企业参与，将数字政务资金对接支持网络建设，给予其中的减税和政策扶持。政府应开展数字政务建设"西部计划"，以资金和政策重视人才培养和引进，支持IT企业扎根西部，培育申请实验区。加强政府各部门沟通，利用数字手段重塑工作流程与方式。

大力宣传"数字教育",有关部门开展数字化教育培训班,支持留守人员"走出去"。如此看来,重点关注数字政务中的基础完善、激发创新、优化治理、文化渲染和人才培养等问题,是目前实现我国数字政务均衡化的关键。

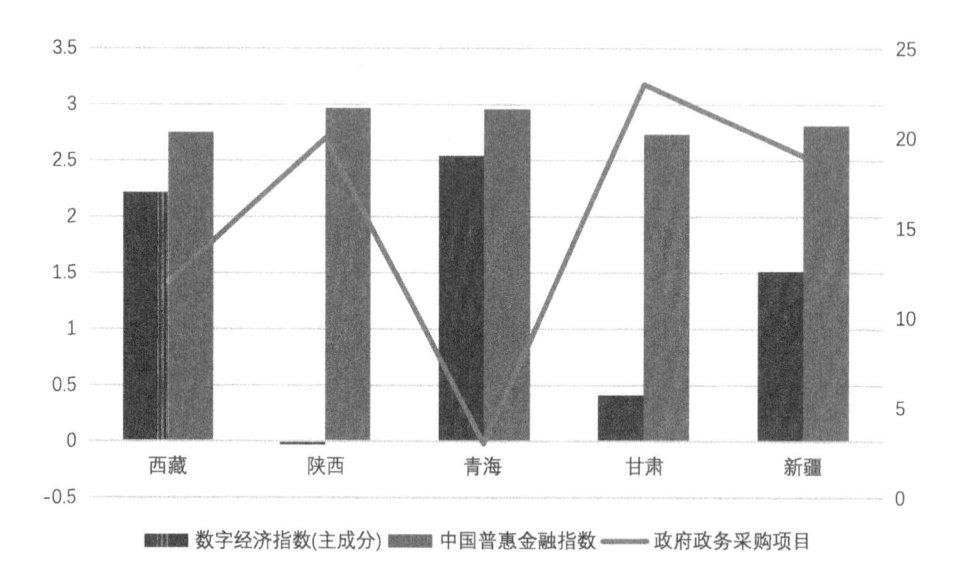

图 3-11 数字政务扶持力度

数字经济作为新一轮科技革命的核心驱动力和增长点,在实现经济现代化和推动区域发展方面具有重要意义。其全面发展对于各区域地区的经济结构调整、创新能力提升和产业转型升级等方面产生深远影响。如图3-11所示,其中西藏地区、青海地区和新疆地区数字经济发展较为突出,最高为2.54。具体来说,从2016—2020年,各西部省份普惠金融指数数值位于2.73—2.97范围内,表面上看区间浮动较小,呈现稳定发展的趋势,侧面体现了全国范围内实现脱贫攻坚的成效。另外,不同省(自治区、直辖市)政府政策帮扶项目采购中的重点导向和支持力度也不尽相同,最高为23,最低为3。简而言之,西部地区在某些方面的发展仍存在一定的不均衡性,可能是导致公众参与数字治理的不均衡性的直接原因，为此需要进一步优化政策资源帮扶机制，统筹协调发展西部地区政府采购。

总之，西藏、新疆和青海的数字经济指数呈现出一定的增长趋势，这得益于中央政府和地方政府的政策支持和经济扶持。与之相较，2020年陕西省数字经济总量同比下降1.2%。陕西省作为中西部接壤的人口大省之一，受疫情的影响以及旅游业导向促使其数字经济发展任务重、复杂性高。具体而言，该省份秉持着独特的地理位置和历史背景，其经济体系主要由旅游业、工业和制造业等支柱产业构成，这使得数字经济的发展进程受到制约，并呈现出较为缓慢的态势。除此之外，西部地区的基础设施发展相对有限，金融服务和金融配置相对滞后，普惠金融指数的发展基本上没有明显差异。并且，政府数字政务项目的采购资金有限，近些年主要开展以数字旅游为主的短期资金效益项目。另外，结合2020—2022年各省份电子政务网建设情况可知，西部地区网上办事服务项目和覆盖面积整体低于中东部，导致数字治理呈现一定程度的不均衡性状态，这与基础设施不足和资金投入不够有紧密联系。这可能进一步影响和限制了公众在数字化决策进程中的参与机会和表达空间。具体来说，各西部省（自治区、直辖市）在推进数字化治理能力和质量提升路径上，受限于其基础设施条件、数字鸿沟、部门规制与政策支持环节的滞后性，以及不同阶段的战略重点和优先保障对象，其数字化决策呈现多层次、多维度和动态性变化的态势。这将长期影响西部地区夯实数字平衡与共享治理的政策体系。因此，应该倡导数字政务资源开放共享，完善基础、完善体制、促进协同，并注重跨地区间共享机制与资源配置的优化，形成西部数据资源合作互利机制；应加大政策扶持力度，引导电子商务平台与政务平台充分融合，取其精华去其糟粕，推进数字化、鼓励信息化技术应用于更多政务场景，以推进数字政务体系的完善保障公众参与数字治理的均衡性。

综上所述，我国数字化发展现状呈现出明显的不均衡特征，其主要根源在于地区性发展模式中的"路径依存"现象。这一现象意味着发展滞后地区倾向于模仿已发达地区的发展模式，导致数字化发展的差异性和不均衡性进一步加剧。然而，这些模式和决策并不一定适用于其他地区，特别是相对欠发达地区。在此过程中，贵州省作为国家级的"示范平台"，在全球的数字政务平台的构建中扮演了重要的角色。贵州省在数字政务平台服务项目数量、联网率以及非正式组织活跃度等方面表现出色。这些成就也为贵州省的数字社会治理奠定了坚实基础，并为我们理解下文及其案例分析提供了重要背景。

第四节 贵州省数字治理现状
——以"数字政务信息平台"为例

近年来，伴随着全国信息技术的飞跃式发展和数字化转型的深入推进，"贵州模式"在现代化社会治理中的影响力日益凸显，特别是在公众参与数字治理的均衡性方面，"贵州模式"展现了其独特的优势和价值。深入了解贵州省数字政务发展模式，以"数字政务信息平台"作为西部地区发展的"领头羊"，旨在运用学术视角评估其在数字化转型中的作用和影响，为西部地区乃至全国提供有益的经验和启示。

一、"数字政务信息平台"助力精细化治理

相对于东部发达地区，贵州省在"东数西算"工程的发展方面表现较好，并具备独特的优势。这主要归因于贵州省数字经济相对较晚起步，具备更大的发展潜力。"东数西算"工程能够充分吸取经验，挖掘本地区的比较优势，从而推动贵州省数字经济的快速发展。此外，贵州省选择新兴数字技术作为突破口，在数字政务、数字医疗等领域取得明显成效。可以说，贵州省东数西算工程发展态势良好，对推动西部数字经济发展具有重要示范意义。其中，图3-12和3-13展示了作为我国西部地区数字政务建

设实践和理论研究的"先行者",贵州省近些年在硬软条件投入、成效输出、试点模式探索和资源共享等层面予以大量政策扶持和经济投入,并取得长足的进步。根据贵州省2023年发布的数据显示,当前贵州数字政务平台服务项目已达到2000多个,联网率超过98%。此外,非正式组织(如跨境电商)在贵州省的比重已达到国内平均水平的150%,为当地数字经济的发展注入"新鲜血液",进而促进了当地数字政务均等化发展,确保了后续公众参与数字治理的均衡性。鉴于此,本部分以贵州省数字政务发展为例,通过深入剖析西部地区"数字枢纽"的演进路径,充分反映出具有代表性的现代化治理特点和难点,其积累的成功经验也将形成较为完整的公众数字参与框架,在全国绝大部分地区具有较强的引导意义。

贵州省"数字化"政府的推进一直以来都是国家数字治理体系的重要组成部分。由图3-12可知,自2018年起,政府就加大对数字经济的投入建设,2022年的投资幅度更是达到了峰值,其主要围绕信息基础设施建设、政务数据资源共享、智能政务、数字化公共服务和信息安全与保障展开。截止到2023年初,以省广电网络公司、省电信公司、省移动公司、省联通公司和省铁塔公司为核心的"龙头"企业,铸造了贵州省的数字化基础设施框架。

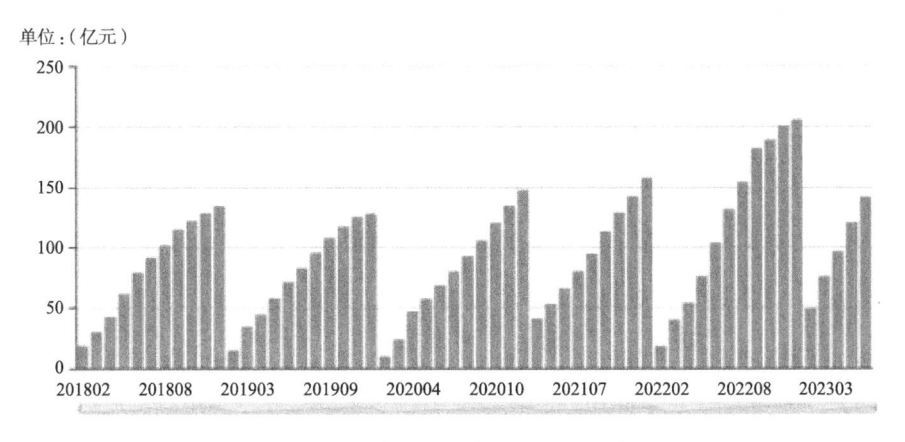

图3-12 贵州省投资总额增长趋势

数据来源:贵州省大数据管理局、中国统计年鉴

随后，贵州省作为全国"互联网+政务服务"试点示范省，圆满完成试点任务。值得注意的是，中央政府在国务院办公厅全国"互联网+政务服务"试点示范阶段性总结报告中，将贵州的做法概括为"探索了符合西部地区经济社会和电子政务发展的政务服务'贵州模式'"。为了积极响应国家数字政务"试点平台"的倡议，贵州省政府在2022年底前在大数据领域的总投资达到了205.39亿元，同比增加了30.35%。尽管受到疫情的影响，贵州省大数据领域的投资仍成功突破了200亿元的大关，这是时隔四年再次实现的战略性成果，具有里程碑意义。在"东数西算"等国家战略的影响和推动下，贵州省的大数据领域投资持续保持强势正增长。如今，贵州省政府网站的联网率和移动访问率均高于西部地区平均水平，超过了平均水平10个百分点以上。这表明贵州省在数字政务领域取得了显著的成就，通过建设高效的政务服务平台，提供便捷的在线服务给人民。这种进步在西部地区具有示范意义，并为其他地区提供了可借鉴的经验。

近年来，贵州省政府一直高度重视基础设施建设和信息化助推，以促进我国社会治理体系现代化转型，消除因不同区域发展水平带来的不均衡影响，并确保公众数字权益的平等实现。鉴于此，按照中央、省委和省政府的指导意见，贵州省关于发展大数据的战略部署，以提升行政效能、创新社会管理、完善公共服务为目标，分阶段着力打造"电子政务云"平台。这一系统工程在贵州数字化改革进程中成为核心项目之一，其成效与影响将成为我国其他地区在加强数字政务建设与促进人民数字权益平等方面借鉴的重要案例。

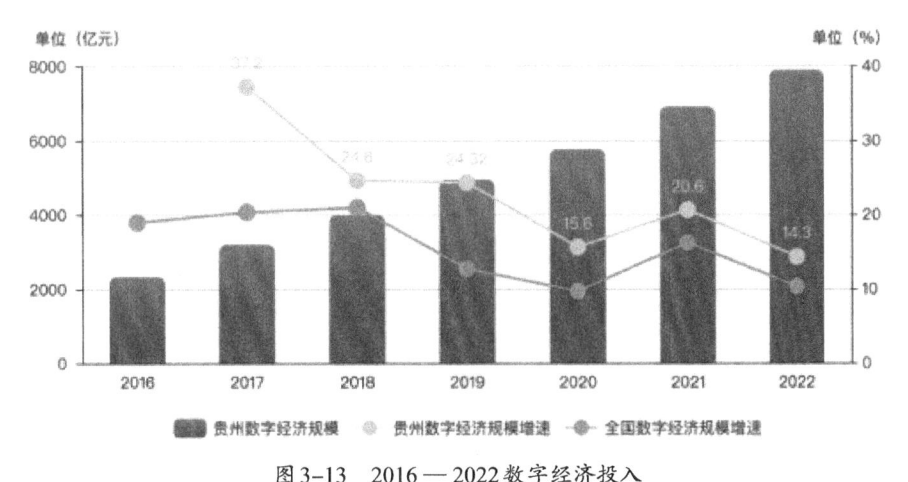

图3-13 2016—2022数字经济投入

数据来源：贵州省大数据管理局、中国统计年鉴

二、贵州省公众参与数字治理的变迁

贵州省在探索现代化治理过程中取得了长足的进步，充分评估和验证"贵州模式"的科学性、可行性和可靠性有利于实现全国范围内的推广普及，实现数字治理模式的均衡性发展。通过分析贵州省在数字治理中公众参与的历史变迁，深入剖析"贵州模式"中的核心要素，有利于展示其如何在不同阶段通过政策创新和实践探索来逐步提升公众参与程度，增强治理效能，以及如何处理和解决了公众参与的均衡性问题。

（一）规划与总体布局阶段（2012—2015）

2012年起，全球经济萎靡，世界经济复苏势头受阻，各大主要经济体增速同步下滑，我国数字化发展也面临关键变局与机遇。在此阶段，贵州省政府积极响应党中央号召，全省上下齐心协力克服经济超期造成的不利影响。并于2012年底至2013年初颁布《贵州省政务信息化发展"十二五"规划》，明确提出建设"数字贵州"工程，力争在五年内建成高效智能的政务信息化管理体系与数字化政务平台。与此同时，2013年初，贵州省政府成立数字政务委员会，负责统筹协调数字政务工作，旨在保障公众参与数字治理的可行性。在这期间，拟定并出台了《数字贵州建设规划（2014—2020年）》，确定了总体目标和发展重点。同年，为规范数字经济发展，推动非正式组织向正式组织有序转型升级，于年底正式启动"电子政务云"工程的建设，旨在推动解决公众参与的均衡性问题。2015年，贵州省先后推出了多个政务APP，如"贵州政务服务网""贵州12345"等，实现了政务服务事项的远程、高效、融合办理，初步打通"最后一公里"路径，初步建成了具有科学性、可行性和现代化的数字政务治理框架，牢牢把握信息化"第一潮"与"互联网+"发展机遇，将数字政务作为提振地方经济、整合政务资源以及提升行政效率的有力举措。

（二）初步建设与推广阶段（2016—2018）

2016年，贵州开始全面打造"互联网＋政务服务"平台，通过省级统筹，建成了覆盖省市县乡村五级的贵州政务服务网。其间，以"贵州经验"和"平民化"为特征，引领西南地区政务系统服务创新辐射整个西部地区，并借此为全国探讨在新时代推进政务服务工作向"更公、更便、更易"的全面提升，初步完成"电子政务云"一体化平台框架搭建，揭开"智慧政务"的新篇章。国家行政学院电子政务研究中心在北京发布《省级政府网上政务服务能力调查评估报告（2017）》，贵州省2016年网上政务服务能力总体得分91.18分，从2015年的全国第七跃升至全国第二，揭开了数字治理的新篇章。

自此，贵州省政府开始蹄疾步稳地展开多角度、全方位、一体下的政务服务模式，包括支持教育、文旅和文化等多领域在线交易，其间注重体系建设与推广普及两栖联动，并在推进数字化进程和提升公众参与度方面均获得较为显著成效。紧接着，为进一步推广数字政务的知名度和辨识度，贵州省推出包括"贵州通"在内的40多个政务类APP，目的是将以往"单一"分散的各项政务服务进行整合，集成在一个"多元化"的数字公共服务平台上。

经过前期的摸索，截止到2018年贵州省政府在数字政务服务方面取得突破性进展。具体来说，贵州省政府颁布《贵州省政府云服务平台建设三年行动计划（2018—2020）》，拟投入4.1亿元，致力于加速推进各类政务系统的云端化和互联互通，推进政务服务向"互联网+公共服务"融合发展。于是，2018年贵州移动政务用户规模破200万，网上可办理项目突破200项，初步实现了"最后一公里"覆盖，优化了公众参与数字政务服务的体验度。同期，贵州开始推动政务资源开放共享，开创西部地区多方合作新模式。此外，贵州通过推广"数字村镇""数字校园"，着力弭平城乡中公众在数字权益实现上的差距，使人民享受政务服务的均衡性得到保障。这些举措共同推动了贵州政务信息化水平的跨越式发展，也为贵州后期顺利过渡到深入应用阶段奠定了坚实基础。

（三）逐步完善与深化阶段（2019—2020）

2019年，贵州省政务云平台覆盖全省80%以上县镇级机构。初步形成一个横向覆盖省直各部门，纵向连接9个市（自治州）政府、88个县（市、区）政府及87%以上的乡（镇）政府，向上连接国家外网，对外按国家安全标准与互联网实现逻辑隔离的省电子政务外网体系，承载了省政府电子公文传输系统和省行政审批电子监察系统。另外，2020年贵州省率先开展"云办公"先行试点。这项措施体现出贵州在数字政务转型推进方面的前瞻性和策略性。9个市（自治州）政府及80%的省政府工作部门建立了机关内部局域网，应用系统和办公自动化系统建设有了一定的规模，省政府系统办公业务资源网已建立了公文无纸化传输系统、视频点播系统、桌面视频会议系统等应用系统。值得一提的是，省、市、县三级人民政府都在国际互联网上建立了政府网站，为政务公开、信息共享和公众参与提供了便利。通过开展云办公，贵州省政府积极响应国家级"政务高效"战略布局，旨在通过"云计算"平台这一现代化模式，促进政务部门工作流程的智能化、智慧化和协同化发展。并且，贵州省政府在2018—2020年先后出台了《加快推进数字贵州的意见》等一系列文件，目的是对当前数字基础设施进行改造、升级和完善，后期这些举措在一定程度上帮助挖掘了数字基础潜力，为贵州政务服务"数字化""智慧化"的提升奠定了坚实基础。

（四）深度融合与应用阶段（2021）

2021年是贵州省数字政务向更深层次应用转变的一个重要里程碑。在此阶段，贵州省深入挖掘数字技术与各行各业融合发挥互利互惠的潜力，实现了从"西部山城"到"中国数谷"的转型升级，从而探索出一系列数字政务新模式。比如，贵州省利用区块链技术增加了电子发票的透明度，为财务管理提供了更高的可信度。同时，启动了西部数字谷项目，推动产业转型升级，促进了数字经济的发展。此外，贵州省还支持智慧交通等应用建设，提升了城市交通管理的智能化水平。贵州省政府积极响应国家号召，投身于全方位、多角度、宽领域的数字化基础设施建设，成为数字经济发展的先行者，并引领着西南区域的创新发展道路。这一努力也辐射到整个西部地区的数字政务信息平台建设，形成了科学、可靠和系统的"贵州经验"。与此同时，有关部门颁布《贵州省数字经济领域重点人才计划实施办法（试行）》，旨在采取人才引进和本土培养的"双轨道"数字经济模式，为贵州省数字政务开发和服务提供了人才保障。举例来说，贵州省推出了"政务2.0"、AI助手"问政管家"、智慧交通预警和优化等技术，深入提升了政府组织的数字辅助决策能力。

通过深化数字技术与各行各业的融合，贵州省在2021年取得了显著的数字政务发展成果，实现了转型升级并探索出一系列新的数字政务模式。贵州省的努力不仅在基础设施建设方面取得了突破，还通过颁布人才计划等举措提供了人才支持。这些进展将为其他地区提供宝贵的经验和借鉴，推动数字政务向更高水平迈进。

（五）优化与智能化阶段（2022）

"十四五"规划的公布标志着党中央对数字生态建设的高度重视，并确立了构建健全数字生态的长期目标。在此目标中，政务系统的智能化水平提升被定为首要目标，而核心要义则在于确保公众能够享有有序参与环境，同时采取一系列措施以推动数字治理体系朝着智能化和人性化的方向演进。具体而言，借助"西部算力枢纽"优势，通过实施"东数西算"工程，引进计算机和软件行业的高级人才，对现有的数字"政务云"平台进行升级和改造。这一举措初步构建了一个新型的"互联网+政务服务"体系，其中包括AI智能分析、预警和决策支持系统。这一新型的"互联网+政务服务"体系为广大受众人群提供了便利的数字化参与平台。公众可以通过该平台参与政务服务、提供意见和建议，实现更加智能化和个性化的参与体验。这有助于促进民主治理，提高政府决策的科学性和公众参与度，进而凝聚政民共识。

根据贵州省《电子政务报告》（2022年）的数据显示，自2022年2月以来，贵州省在短短半年时间内新增了11个大型以上数据中心项目，其中包括国家算力网络贵州主枢纽中心、国电投、建行、美的云、南网能源等。这一数字相当于历年存量的1.5倍。贵州省以贵安电子信息产业园为起步区，联动拓展区域和各市州，形成了"1+8+N"的总体布局。到目前为止，全省共有18个大型和超大型数据中心落地，其中包括8个超大型数据中心，数据中心总数实现了翻番。与此同时，贵州省数字化服务的成效也得到了整体提升。这反映出我国政务服务的效能和便民效果得到显著改善，标志着数字化政务工作达到了新的起点，开启了新的征程，并且为我国加快推进信息化基础设施建设、构建数字化政务体系、打造服务型政府以及实现公众数字化参与的有效性和均衡性奠定了坚实的基础。

小　结

研究数字政务发展趋势，并深入分析公众参与数字治理的现状，可以揭示其中存在的非均衡现象。同时，通过借鉴"贵州经验"，并提出一系列政策和建议，能够为后续政府优化公众参与数字治理能力发挥更大的作用，助力我国数字治理领域的不断完善。

在当前数字化战略的背景下，各级政府已经采取了多项措施来缓解公众参与数字治理的不均衡和不平衡性，但仍然存在一些需要改进的方面。总体而言，数字化政务发展的差异性引发的公众数字参与的不均衡性主要在以下方面得到体现：

第一，基础设施建设在区域和个人之间存在不均衡，导致群众在数字治理参与中的体验感存在差异。城乡、不同部门以及个人之间在网络环境和信息获取渠道等方面存在明显的鸿沟，这对公众的数字参与方式和效果产生了深远影响。

第二，不同群体在传播信息的能力和渠道选择上存在差距，中老年人、边远地区居民以及低收入群体在表达自己的意见和监督需求方面相对不利。

第三，公共资源的配置和政策导向偏颇也会影响群体利益的均衡表达。管理体制内对少数民族地区参与的支持不够到位。

第四，个人因素如文化水平、社交网络资本和技术能力等差异，也会对公众参与的深度和质量产生影响。

通过对全国数字化政务发展水平的综合评估，我们发现尽管国家在过去一段时间内在数字政务基础设施建设、服务模式创新等多个方面做出了许多努力，但目前仍存在领域和方式上的不足。考虑到当前的发展需求，当务之急是要发展一些具有代表性的省级（自治区、直辖市），以其在数字政务领域的引领作用，推动和规范各地区数字政务的发展，例如：国家发展改革委、中央网信办、工业和信息化部、国家能源局联合印发通知，同意京津冀、长三角、粤港澳大湾区、成渝、内蒙古、贵州、甘肃、宁夏启动国家算力枢纽节点，标志着"东数西算"工程全面启动。

在此过程中，贵州省通过"东数西算"工程加大网络基础设施建设力度，大力推进光纤网络向农村和偏远地区延伸，提升网络普及率，提高了当地数字经济的活力，为农村和偏远地区人民群众提供更多、更便捷的数字参与条件。

第一，贵州省建立了公众数字权益维护机制，设立网络平等权利维权通道，保障群众在数字环境中平等获得信息、表达意见的权利，并设置专门监督部门，维护数字治理均衡性。

第二，西部地区整体文化水平偏低，为使得数字化发展深入人心，贵州省政府深入开展数字治理素养教育，采用线上线下培训、讲座、宣传等多种形式，帮助不同阶层公众提高数字技能，增强数字环境参与能力和意识。不仅如此，贵州省加强与周边大学、研究院和高新企业的合作，推进算法人才的引进和培养，为贵州省后续数字政务建设提供了人才储备和孵化。

第三，鉴于贵州省少数民族村落较多，为巩固省级数字政务一体化平台，各地区共同建立"村村通"公共服务平台和政务新媒体矩阵，创新线上线下融合的参与渠道，拓宽公众参与的途径，保障公众参与数字治理成效。

第四，贵州省政府指定有关部门定期对基层组织政务服务能力展开评估、测评，保障数字参与的均衡性和长效性，缓解公众数字参与鸿沟。

通过对国内数字政务指数进行综合评估，依据分值将其31个省（自治区、直辖市）划分为不同等级，通过融合"贵州经验"，围绕"建设合理规范的数字治理模式"作出积极部署，为全国数字治理均衡性做出贡献。

第一批次：首先北京、上海、广东、浙江地区的数字经济发展水平较高，这些地区在基础设施建设和人口文化素质方面相对完善，但其人口复杂多样。作为中国的首批经济发达地区，这些地方具有大量的国际人口，因此需要考虑向各基层政务服务站点提供多语言服务的培训，以提高整体服务水平。其次，政务部门应加强数字化系统的"串联"，即通过建立高效的信息共享和协同工作机制来实现，以提升公众参与效率并提高满意度。江苏省作为新晋的经济发达地区，其能够迅速崛起并跻身第一梯队的一个重要原因是它成了东部地区的前沿"数字政务"试验区。在这一背景下，江苏省应积极展开前沿技术的普及和完善，包括人工智能、大数据、云计算等，并围绕数字化转型、数据共享、深化政务服务创新和加强安全保障的内容，建设起了"1234+"总体框架。同时，建立了数字权益保障机构，制定了数字参与平等保护条例，为不同阶层和水平的人群提供了制度保障，努力打造江苏政务的卓越品牌。除此之外，考虑到四川、安徽和贵州在各方面相对经济发达地区呈现落后局面，特别是数字基础设施相对薄弱的情况，早期的数字建设模式可能无法直接适应这些地区的需求。为了解决这一问题，可以通过融合"贵州经验"完善数字治理研究，以期在中西部地区推动数字治理的均衡性发展。

第一，建立公共数字培训和支撑体系，持续帮助弱势群体提升数字参与能力，弥补文化水平差异显著的不足，填补公众参与的数字鸿沟。例如，开展数字技能培训课程，提供在线学习资源，组织培训活动等。特别关注弱势群体，包括农村地区、低收入人群和老年人等，确保他们能够掌握数字工具和技能，参与数字治理和数字经济的发展。

第二，加大网络基础设施投入，扩大光纤网络和5G网络在农村和偏远山区的覆盖面，缩小市（县）资金投入的差距，确保中西部地区的基础设施与经济发达地区相媲美。

第三，尽管数字基础设施建设水平是评判该地区数字经济发展程度的标准，但需要注意的是要把更多的数字经济投入数字政务建设中去，政府部门应针对人才制定具有优势的政策，重金培养计算机、软件等技术人才向基层输送。

第四，利用传统媒体如电视、广播等，扩大数字知识和技能的普及工作。特别关注老年人等不熟悉数字技术的群体，开展有针对性的数字培训工作。通过传统媒体的渠道，向公众传递数字化知识和技能，提高他们的数字素养和参与能力。同时，可以结合在线教育等新兴技术，为公众提供更灵活和便捷的数字培训方式。

第二批次：在参考第一梯队中的四川、安徽和贵州的经验后，针对实际情况需要补充的是：

第一，考虑到绝大部分区域仍处在数字化政务探索的初级阶段，且经济发展水平有限，不能以东部地区，或较高政策倾斜度的地区作为参照标准，参考贵州省发展规划，制定符合自身经济基础、社会基础和治理现状的数字政务推广计划。例如，可以将重点放在与当地经济发展密切相关的领域，如西部地区的数字农业、数字旅游、数字教育等。

第二，应加强基层社区宣传，通过举办培训、讲座、研讨会等活动，向基层社区居民普及数字化知识和技能；建立鼓励和支持社区居民参与数字治理的机制和平台。例如，设立数字化社区意见反馈系统，鼓励居民提出意见和建议；开展数字化社区调查和问卷调查，了解居民需求和反馈；组织数字化社区活动，鼓励居民参与社区决策和公共事务管理；鼓励不同的主体参与数字社区建设和治理。除了居民的参与，还可以吸引企业、社会组织、学校等各方面的力量。建立公私合作的机制，促进社区与企业的合作，共同开展数字治理、数字教育和社区服务等项目。

第三，由数据可知，我国绝大部分地区的数字经济指数仍旧呈现负增长状态，要大力推动数字技术革新与基础产业孵化，鼓励本土数字企业集聚发展是推进数字政务发展的基础保障，这将为未来发展和完善区域数字政务奠定重要基础。重视培育数字经济的基础产业。例如，加强对数字技术的研发和创新，推动数字技术在政务管理中的应用和推广；鼓励本土数字企业的集聚和发展，培育具有自主知识产权和核心竞争力的本土数字企业；加强产学研结合，促进数字技术研究成果的转化和应用；改善创新创业环境，降低创业成本和创新风险。

第三批次：我们能够看出该层级均以西部经济相对落后省份为主，其中基础设施、参与意识、经济基础等发展水平偏低、文化水平不一、地理位置复杂等因素造就数字政务推广政策实施难度较高。所以，加强数字基础设施建设成为当前破除西部地区数字治理困境的"急抓手"。

第一，由于地广人稀，人群数字鸿沟程度较高，必须尽快完善公众数字政务参与保障机制，制定保障数字平等权益的地方法规和政策，为合理参与数字治理提供制度保障。例如，加大对地广人稀地区数字基础设施建设的投入，提供稳定、高速的网络覆盖，确保公众能够便捷地接入互联网和数字平台，享受数字服务；开展公共数字技术培训，提高人口的数字素养和技能水平；地方政府应制定保障数字平等权益的地方法规和政策，明确公众数字参与的权利和义务，推动数字治理的均衡性和包容性；通过创新数字政务服务模式，提供更加便捷、个性化的服务方式；提高政务信息的公开度和透明度，让公众能够获取到权威、准确的信息，参与决策和监督过程；为其提供多元化的数字参与方式，包括线上和线下的参与途径。

第二，尤其注重文化输出的方式、内容，通过整合地方语言及文化输出资源，推出具有地方特色的数字内容，提高参与的亲和力，培养公众的数字参与意识。例如，提供多样化的数字内容形式，如数字音乐、数字艺术、数字文学、数字影视等，以满足不同人群的兴趣和需求；注重保护和传承地方语言和方言，利用数字技术的手段记录和传播，推出相关的数字内容和应用；通过数字技术，将地方文化资源数字化展示，如数字博物馆、数字图书馆、数字展览等；利用社交媒体平台和在线社区，建立地方文化交流和互动的平台；加强数字文化教育和培训，提高公众对地方文化数字内容的理解和欣赏能力。

第五节　浙江省和西藏自治区公众参与数字治理情况

随着数字治理在世界范围内日益普及，中国在推进国家治理体系现代化过程中，全国各省区市的政府纷纷启动数字治理实践工作。在具体实践中，"四张清单一张网""云基础设施""政务一朵云""最多跑一次""粤省事""广东政务服务网""不见面审批""随申办""一网通办""一网统管"等改革正探索着如何运用数字信息技术增加公众参与数字治理的效率和可及性。依托现代信息技术驱动政府重新整合，形成以需求为基础的整体主义，推动数字化变革[①]。尤其是浙江、广东作为国家电子政务综合试点省份，自2018年以来推进了"最多跑一次"与"掌上政府指尖办"系

---

① 翁士洪. 数字时代治理理论——西方政府治理的新回应及其启示[J]. 经济社会体制比较, 2019（04）: 138-147.

列改革，给公众参与数字治理带来了新的契机。借助数字技术促进多元主体之间的共享和互动，实现跨部门、跨层级、跨领域的互联融通，助推数字治理延展范围与深度。技术降低的参与门槛使得越来越多的人选择通过政民互动、民主参与等方式，表达自身利益诉求、参与公共讨论和公共事务管理与监督。

一、浙江省公众参与数字治理均衡性情况

据国家互联网信息办公室发布的2021年《数字中国发展报告》，浙江省的数字化综合发展水平位居全国第一。浙江省数字化改革推进电子信息的公开，通过各种信息通信技术渠道为公众提供其需要的信息，公众也可以通过信件或留言的方式，向政府机构表达自己的观点和诉求。在公众参与阶段，浙江省主要通过推进数字治理深度发展、建设合理化人性化的网络问政平台、建立信息公开机制等举措，吸纳社会公众主动参与到网上民主运作程序上，使得政府决策能够更好地汇集民情民意，推动公众积极参与数字治理。

（一）公众参与数字治理现状

浙江是最早践行"数字中国"战略的省份之一。2013年11月，作为全国唯一试点省，浙江启动以"权力清单"为基础的"三张清单一张网"建设，并于2014年7月，在全国率先部署"责任清单"工作，逐步形成"四张清单一张网"的总抓手。省级实际执行的行政许可事项从1266项减少到322项，非行政许可审批事项全面取消，40多个部门实行一站式网上审批。在2016年年底的省委经济工作会议上，时任省长的车俊首次提出实施"最多跑一次"改革——群众和企业到政府办理一件事情，在申请材料齐全、符合法定受理条件时，从受理申请到形成办理结果全过程只需一次上门或零上门。"最多跑一次"改革在行政审批、公共服务和政府自身建设方面取得了实质性突破；2018年推行"政府数字化转型"行动，着力建设数字政府。2021年浙江开启数字化改革新征程，明确"1612"

工作体系和"四横四纵两端"总体架构,其中包括建设一体化智能化公共数据平台等核心内容。

浙江省数字治理的稳步发展有助于治理主体、客体、过程清晰化[①],数字治理的提出强调了数字技术在多元主体参与中的积极作用。通过网上政务平台、政务新媒体等数字平台构建,浙江省数字治理总体上实现了三点内容。一是信息公开,能够帮助多元主体更好地了解政府决策和信息,进而推动公众参与。二是民意表达,有助于政府了解公众的诉求,人民群众可以通过电子平台拓宽参与渠道,驱动政府治理。三是过程监督,在政府权力运行过程中进行数字技术嵌入,能够为公众参与提供判断政府政策执行是否有效的机会,实现权力运行过程的全过程可追溯,保证政府公权力在更有力的监督下执行。

1. 数字治理稳步发展

2020年年底,浙江省初步形成纵向贯通、横向协同、上接国家、覆盖全省的数字政府体系。全省共建共享、集约利用的公共支撑平台基本建成,公共数据依法依规实现按需共享、有序开放,"互联网+政务服务"和"互联网+监管"全面推行、深度应用,以大数据为支撑的政府决策科学化、治理精准化、公共服务高效化水平显著提高。非涉密政务服务事项实现全流程"一网通办",80%以上事项实现掌上办;"浙政钉"掌上执法、掌上基层应用实现市县全覆盖;政务服务、执法监管、基层治理领域信息孤岛实现100%全打通;省以下部门专网实现100%全整合。

2022年,浙江省实现数字技术与政府履职全面深度融合,"掌上办事"和"掌上办公"实现政府核心业务全覆盖,发展数字政务,推动技术融合、业务融合、数据融合,破除跨层级、跨地域、跨系统、跨部门、跨业务堵点和壁垒,优化业务流程,创新协同方式,大数据成为政府处理复杂治理问题的有效手段,进一步提升政府履职效率和数字化服务水平。数字政府有力引领数字经济、数字社会发展,成为全国政府数字化转型的先

---

① 孔迎春. 数字化与模糊化:数字技术赋能基层治理的张力困境与破解路径[J]. 领导科学,2023(06):92-96.

行区、示范区，为全国数字政府建设输出浙江方案、浙江经验。

2. 用制度化方式吸引公众积极参与治理

（1）基本情况

随着互联网的发展，网络问政平台成了网络议政、民智汇聚、舆论引导和舆论监督的重要阵地。浙江省政府门户网站（https://www.zj.gov.cn/）作为国内影响力较大的公共数据平台，全面推行"一窗受理、一网通办、一证通办、一次办成"，实现全部政务服务事项网上可办，集成近500项便民事务，352项民生事"一证通办"，40个跨部门"一件事"网上联办。

据《2022年浙江省政府门户网站年度工作报表》（详见表3-3），2022年，浙江省政府门户网站年访问量达258378848，共发布信息19386条，其中概况类信息更新量1466条，政务动态信息更新量6658条，信息公开目录信息更新量8968条。[1]在解读回应方面，发布解读信息总条数310条。回应公众关注热点或重大舆情80次。在办事服务方面，政务服务事项数量3638项，可全程在线办理政务服务事项数量3093项。在互动交流方面，收到并办结留言共421455条，开展征集调查40期，开展在线访谈31期。由此可见，浙江省政府依托政府门户网站创新，进一步拓宽社会公众参与的制度化渠道，实现政府对公众偏好的持续性、及时性回应[2]。

---

[1] 浙江省政府办公厅.2022年浙江省政府门户网站年度工作报表[EB/OL].（2023-01-18）[2023-01-18]. https://www.zj.gov.cn/art/2023/1/18/art_1229708637_60028334.html

[2] 张丙宣.网络问政、制度创新与地方治理——以宁波网·对话为例[J].浙江社会科学，2011（01）：44-50+156.

表3-3 浙江省政府门户网站2023年度汇总数据

独立用户访问总量（单位：个）	33030654	
网站总访问量（单位：次）	258378848	
信息发布（单位：条）	总数	19386
	概况类信息更新量	1466
	政务动态信息更新量	6658
	信息公开目录信息更新量	8968
解读回应	解读信息发布	总数（单位：条） 310
		解读材料数量（单位：条） 151
		解读产品数量（单位：个） 145
		媒体评论文章数量（单位：篇） 14
	回应公众关注热点或重大舆情数量（单位：次）	80
办事服务	注册用户数（单位：个）	110969070
	政务服务事项数量（单位：项）	3638
	可全程在线办理政务服务事项数量（单位：项）	3093
	办件量（单位：件）	158595131
互动交流	留言办理	收到留言数量（单位：条） 421455
		办结留言数量（单位：条） 421455

续表

互动交流	留言办理	平均办理时间（单位：天）	1.3
		留言办理公开答复数量（单位：条）	31487
	征集调查	征集调查期数（单位：期）	40
		收到意见数量（单位：条）	30960
		公布调查结果期数（单位：期）	34
	在线访谈	访谈期数（单位：期）	31
移动新媒体	微博	名称	浙江政务服务网
		信息发布量（单位：条）	164
		关注量	58003
	微信	名称	浙里办
		信息发布量（单位：条）	176
		订阅数	2759239

（2）电子政务平台内容及特点

浙江省经过多年的探索和发展，构建了集政务公开、政务服务、数据开放、政民互动等功能于一体的电子政务平台，建立了省、市、县三级服务平台联动机制网站，形成了四大板块（表3-4）。

表3-4 浙江省电子政务平台四大板块

政务公开	领导信息	重要讲话和活动	政府信息公开	政策文件
	数据发布	数据开放	监管信息	政府服务效能
	重点领域信息公开	政务专题	建议提案/行政复议决定书	依申请公开

续表

政务服务	企业	用工服务
		税收财务
		生产经营
		准入准营
		年检年审
		企业变更
	个人	社保
		身份户籍
		健康医保
		不动产
		纳税缴纳
		公积金
数据开放	按照省级各部门划分			
	按照领域划分	安全生产	财税金融	城建住房
		地理空间	医疗卫生	资源能源
		法律服务	工业农业	公共安全
		机构团体	交通运输	教育文化
		科技创新	气象服务	商贸流通
		社保就业	社会救助	生活服务
		生态环境	市场监督	信用服务
		其他		
政民互动	留言选登
	民呼我为
	回应关切
	调查征集
	图说帮你
	在线直播/访谈

一是政务公开模块，主动晒出领导信息、重要讲话和活动、政府信息公开、政策文件、数据发布、数据开放、监管信息、政府服务效能、重点领域信息公开、政务专题、建议提案/行政复议决定书、依申请公开等事项，2022年浙江省政府主动公开各类政府信息487万余条，发布现行有效规章330件、行政规范性文件3.7万余件，召开新闻发布会346场。做好30个重大建设项目全生命周期公开，发布重点领域信息2523条。在省政府门户网站设立"省政府重点工作信息公开"专栏，集中展示重点工作部署和进展情况，发布重点工作信息3139条。全力推进数字政府建设，持续完善政策直达快享机制，不断提升政策精准推送服务水平，发布就业创业、纾困帮扶、耕地保护等主题图说16期。通过信息披露机制，强调官方的政策、决策和管理实践，确保对公众的需求作出回应。

二是政务服务模块，积极回应公众需求最迫切的6类基本问题，包括社保、身份户籍、健康医保、不动产、纳税缴纳、公积金等便民事务，实现一站式办理，信息公开透明，方便用户快速找到自己所需的资源。契合浙江省电子化改革中"最多跑一次"的核心主题，集中反映了浙江省电子政务平台公众参与的实现途径。

三是数据开放模块，浙江全省通过开放33242个数据集（含16676个API接口）、201504项数据项、1459776.28万条数据，建立起统一的政府数据开放平台，促进政府数据资源的共享和利用。浙江省数据开放模块的建设方便政府部门对自己的数据进行共享和管理，推动政府数字治理的资源对社会的开放，提升政府与公众的交互水平，进一步为公众服务。

四是政民互动模块，浙江省不断建设政府电子政务平台，设计"公众有效参与"的体制机制，社会公众足不出户就能够参与公共问题的讨论，通过建言献策、提出需求等，在和政府互动中自主表达看法和偏好，针对复杂的问题和挑战提供更为连贯综合的解决方法。政府积极回应被电子政务平台聚拢的民意信息，提高自身的社会管理和公共服务水平。

浙江省电子政务平台建设的过程可以总结归纳为四个特点。一是政府设身处地为群众着想，尽可能根据不同群体的使用需求来提供相应服务，比如无障碍页面和老人版本。二是，除了不断完善新的公众参与路径，同时也尽力避免了因数字政府建设取代传统的公众参与方式，积极采用传统公众参与路径和现代公众参与路径相结合的方式。三是主动增强电子政务平台上公开信息的透明度，确保平台上各类数据和相关材料的来源真实可靠，避免出现数据造假、隐瞒、更新滞后等现象，从而给公众参与的发展带来负面影响。四是尽可能简化网上政务平台的工作程序，完善信息化平台，增强了网络办事的便利性。

3.用非制度化形式创新公众参与形式

"双微"时代的到来改变了政务机构的传播观念和方式。以政务微博、政务微信为代表的政务新媒体成为各级政务部门发布信息、沟通民意、创新服务的优选渠道[①]。在电子政务中将微博、微信和QQ、手机短信结合使用时，可以各自分担政务公告、小型论坛、智能回复、点对点传播、紧急通知、引导等功能，从而实现与网民的及时、近距离的互动[②]。

发布热点资讯、披露突发事件处置调查进展、传递党政重要决策……当前，政务新媒体已成为互联网治理和社会治理两大时代命题同频共振的重要载体，在政务信息公开、网络舆论引导、社会管理创新等方面发挥着重要作用。

2014年，浙江省委、省政府授权浙江省人民政府新闻办公室开通官方微博、微信公众号"浙江发布"。为全域推进各方联动的政务新媒体建设，浙江省专门成立"浙江发布"网络平台工作领导小组，省委常委、宣传部部长和省委常委、常务副省长担任双组长，55家省直单位和11市委成员单位，召开"浙江发布"网络平台建设工作视频会议，出台浙江发布矩阵管理办法，推动各级党政部门建设管理运用政务新媒体。（详见表3-5）

---

① 陈然."双微联动"模式下政务新媒体公众采纳的实证研究[J].电子政务，2015（09）：46-51.

② 杨莹，刘伟章，梁洁珍.信息生态视角下中国电子政务与社会化媒体的整合研究[J].电子政务，2016（03）：98-108.

表3-5 浙江省各党政发布政务微信名称、微信号及认证机构

序号	公众号名称	公众号	认证机构
1	浙江发布	zjfabu	浙江省人民政府新闻办公室
2	杭州发布	hzfbwx	杭州市人民政府新闻办公室
3	宁波发布	nbfb0574	宁波市人民政府新闻办公室
4	温州发布	wenzhoufabu	温州市人民政府新闻办公室
5	嘉兴发布	jxfabu	嘉兴市人民政府新闻办公室
6	湖州发布	huzhoufabu	湖州市人民政府新闻办公室
7	绍兴发布	sxfabu	绍兴市人民政府新闻办公室
8	金华发布	jhfabu	中共金华市委宣传部
9	衢州发布	quzhoufb	衢州市人民政府新闻办公室
10	舟山发布	zjzsqdxq	舟山市人民政府新闻办公室
11	台州发布	tzfb001	中共台州市委宣传部
12	丽水发布	wxlishui	丽水市人民政府新闻办公室

除了官方微信平台，浙江省也积极建设官方微博"浙江发布"、今日头条账号"浙江发布"、官方抖音号"浙江发布""美丽浙江"。2021年浙江全省政务新媒体累计发布信息321.61万条，其中微信126.27万条、微博186.68万条、头条4.92万条、抖音3.74万条。微信篇均点赞数8.91；微博篇均被转发数为2.22，篇均评论数为1.04，篇均点赞数为5.97；头条篇均评论数5.27；抖音篇均点赞数2647.31，篇均评论数125.94，篇均被转发数187.37。

内容多围绕党委和政府中心工作，通过栏目设置、主题策划和线上线下联动，深入推进政务决策公开、执行公开、管理公开、服务公开、结果公开。各个平台的推送信息多采用生动活泼、简明易懂的网络语言，以及图表图解、音频视频、数据实例等公众喜闻乐见的形式，提升传播能力。利用借助微博、微信的时事性和开放性的特点，浙江省可以更加快速高效

地与民众互动，社交网络的多元化让微信、微博、抖音等软件进一步帮助政府加强公众参与数字治理的过程中。

4. 公众参与数字治理途径

根据《互联网与国家治理发展报告》[①]，公众参与可以从公众参与认知、兴趣态度、具体参与行为以及参与效果等维度考察（图3-14）。通过对浙江省数字治理的发展和电子政务、"双微"平台的建设进行整体分析，不难发现，浙江省政府不断推进数字治理精细化改革、电子政务平台的功能强化，持续提高使用数字提升公共服务质量的能力，呈现出"政府回应-技术赋权"的特征[②]，最终塑造了提升公众参与数字治理的四种常态化途径，即信息公开、公众监督、数据共享、政民互动。

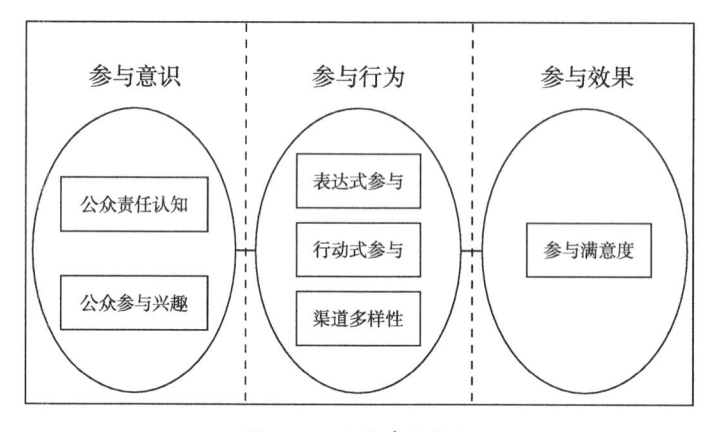

图3-14 公众参与指标

一是信息公开。公众参与的主要形式大致有三种：告知、咨询和积极参与[③]。告知要解决的主要问题是知情权，它的目的是为公众参与提供必

---

① 张志安，卢家银主编.互联网与国家治理发展报告（2019）[M].北京：社会科学文献出版社，2019.

② 汪锦军，李悟.走向"回应-赋权"型政府：改革开放以来浙江地方政府的角色演进[J].浙江社会科学，2018（11）：4-13+21+156.

③ 顾训宝.十年来我国公民参与现状研究综述[J].北京行政学院学报，2009（04）：33-38.

要的条件。信息公开是公众参与数字治理的前提条件,公众有权利知道政府及其官员在做什么以及做得怎么样。行政机关应保障公众的知情权,使公众具有获得信息的可能、具备参与的能力[①]。如果公众从不了解政府事务或无从了解政府事务,对政务一无所知,缺乏心理上的投入,也就不会积极参与到政府事务中,难以对其提出建议和改进。社会治理参与要求接收广泛的信息,而信息公开也可以推动社会治理参与。那些获取这种信息的公众,更多介入,就更有可能参与到数字治理的过程中。为了解决我国政府公开数据的渠道和方式尚未完善、政府的大量数据还没有被很好地充分开发利用等问题,推动数据流动、传递和扩散,浙江省电子政务平台设立"数据开放"专栏,让与公众的生产生活息息相关的信息能够顺利被纳入政府信息公开的轨道,让企业和个人通过正规渠道获取所需的数据资源,提升政府与公众、企业的交互水平,促使公众个人能够更好地理解和认同政府的政策决策,进一步推动公众参与数字治理。

二是公众监督。当政府提供公共服务之时,如果仅仅是单项提供服务,公众无法对参与服务的质量进行评价,那么权力运行的有效监督难以开展,将影响公众参与数字治理的效果。信息接收者不仅仅是被动地被告知,而且还需要对被告知的信息内容发表看法。浙江省政府不仅将公共服务的决策、执行、评估等各个环节以及全过程都力争做到透明化,还把重点放在全节点、全过程上,对业务流和数据流的状态做到可视、可追踪和追溯。同时浙江省积极建立政务服务"好差评"制度,将服务绩效由公众来评判,通过好差评倒逼服务改进。浙江省将省、市、县、乡镇、村五级政务服务机构办理的2400余个办实事项全部纳入一体化评价中心。群众在办事后可以通过浙江政务服务网、"浙里办"APP、扫描二维码、手机信息等线上渠道提交好差评。从2019年至2023年浙江省政府网上政务平台总计收获评价数288247102条,差评数3377条,按期整改率100%。通过服务评价、实时上报、差评回访、整改反馈全流程闭环工作机制,实现

---

① 党秀云.论公共管理中的公民参与[J].中国行政管理,2003(10):32-35.

"好差评"渠道全覆盖、信息全关联、数据全汇聚、结果全公开,持续提升政务服务水平,着力提高民生实事征集、实施、评价等环节公开程度和群众参与度。

三是政民互动。数字治理依托技术发展,突破了时空限制,能够大幅度降低公众参与成本。传统座谈会、问卷调查等的意见征集方式,虽然能够在一定程度上吸纳民意,却需要耗费大量的时间精力,在反馈效果上也不够直观。电子政务平台能够畅通政民互动渠道,加大政策咨询服务力度。浙江省政府努力提高政务服务便民热线、网民留言办理、实体服务大厅等政策咨询服务水平。推动各级政府网站、"浙里办"平台、"民呼我为"统一平台、12345政务服务便民热线等政务平台数据融合共享,建设统一的智能化政策问答平台,围绕高频事项更新解答内容、丰富解答形式,全面落实"简单咨询留言1个工作日答复"要求,提供智能、及时的政务问答服务。制定出台重大政策时,对相关信息发布和政策解读工作同步研究、部署、推进,对社会效果和舆情风险进行研判评估;主要负责人出席新闻发布会介绍情况、发布信息,接受媒体采访。公众可以在决策制定的前期即实现与政府部门之间的信息沟通,并在决策实施的过程中就一些问题向政府部门提出建议并得到其回应[1],政府部门同时也能够更大范围地了解民情、更深层次地吸纳民意。

四是数据共享。电子政务平台的建设大大提高了政府公共服务的广泛性和精准性。随着互联网的发展,人们可以通过互联网的多重渠道发表自己的观点,浙江省政府借助电子政务平台,突破了"信息孤岛"的影响,采集、分析了政府及社会运行过程中产生的大量数据,运用大数据技术,将零散的小概率事件进行关联,从中识别出具有普遍意义的社会问题,以提升公共服务的准确性,更好地回应社会关注,符合人民群众的要求与期望。

---

[1] 张艾荣,黄宝荣.电子政务环境下的公民参与机制变迁研究[J].中国行政管理,2008(08):70-73.

（二）公众参与数字治理中存在的不足

1. 浙江省公众群体的主体性有待提高

在公众参与这一过程中，主体差异性表现在公众参与意识的强弱与公众参与能力的高低两方面[1]。公众参与意识的强弱将会影响公众是否愿意积极主动地查看政府公开信息、了解政府工作动向、知晓政府公共政策，并提出自己的见解和建议，参与到公共事务中。与此同时，公众参与能力的高低也会对公众参与数字治理的过程产生影响，一是有效的公众参与需要公众具备适宜的参与能力，但由于受经济水平、公众自身受教育程度、社会地位、社会经历以及社会文化等因素的影响，公众参与公共决策表现出极大的不平衡性[2]。二是对于能够熟练地掌握和使用先进的技术方法来获取政策信息或者是参与到公共事务中去的民众来说，他们能够精准找寻到自己需要的信息，通过新的公众参与渠道更好地加入参与实践中。但对于那些信息辨识与运用能力较弱或缺乏的公众来说，政府服务网站或政务新媒体渠道提供信息的丰富、庞大、快速等特点反而阻碍了他们参与到数字治理实践中。在浙江省数字治理的具体实践中可以看到，多重参与渠道的建设有效激发了公众参与热情，但仍有部分公众没有意识到自己的权利，参与的主动性和自觉性较低。

公众群体在信息传递中存在弱势身份一方面，作为信息接收方，公众群体所获得的政策信息往往会受多种主观因素的影响，尽管科技手段可以更好地汇聚信息，但不同平台同类型信息的搜寻渠道有所差异，各类政策信息仍需要费心费力寻找和甄别。同时，在不同行政层级传递的过程中，权力影响力应从选任的政策制定者自上而下地流向行政管理者，再流向公众。这里并不存在着影响力的逆向流动，即同时也允许来自公众的影响力经由行政管理者沿科层体系向上流动。因此，即使是允许公众参与的社会

---

[1] 王振泽.数字政府建设背景下公民参与的信息困境——以Z省"互联网+政务服务"平台为例[J].领导科学论坛，2023（08）：58-63.

[2] 钟家元.和谐社会视角下我国公民参与公共决策的路径抉择[C]//湖北省行政管理学会.湖北省行政管理学会2006年年会论文集.[出版者不详]，2007：5.

公共事务，也往往在参与内容上有诸多限制。另外，数字治理的不断发展，一定程度上通过信息公开、数据共享、政民互动、公众监督等形式提高了政府信息的透明度，却未能完全打破政府部门的信息垄断，使民众在信息传播过程中处于弱势。此外，与"意见领袖"相比，普通民众的影响力较小，其观点难以获得应有的关注，民众由下而上的意见与要求往往会受到阻碍，造成高层政府对现实状况的认识不足，很多问题得不到及时、有效的解决。

2. 浙江省公众参与数字治理的程度有待提高

阿恩斯坦（Arnstein）根据公众参与公共事务的程度将公众参与划分为政府主导型参与、象征型参与、完全型参与三个层次[1]。其中，最低层次为政府主导型，主要包含政府操纵、宣传教育（治疗）两个类别。第二个层次为象征型参与，主要包含信息告知、政策咨询、安抚三种类型。最高层次为完全型参与，主要包含授权、与公众控制两个类别。浙江省公众参与数字治理的具体实践，集中在第二层次，主要内容围绕信息告知和政策咨询，主要表现为政府公布某个政策信息，公众以此为基础咨询具体信息，政府再做出反馈的形式。因此，政府除了加大对互联网和移动终端的电子化参与平台的建设力度之外，也要注意电子信息平台、电子投票平台、电子协商平台于一体的综合性电子参与机制的建设，进而拓展公众参与决策与管理的范围，畅通公共参与渠道。使公众可以主动地向政府表达政策观点，实现真正意义上的公众参与，即公众可以通过自己意见的表达而影响政府决策。

（三）改进社会公众参与数字治理的渠道

1. 提升公众政治文化素质，提高公众参与质量

公众的政治文化素质是他们的文化素质和政治素养的全面体现，与他们在社会治理参与中的影响力、被影响力、判断力、表达能力等有着密切的关系，因此，他们的社会治理参与的品质也会受到他们的直接影响，在

---

[1] Arnstein S R. A Ladder of Citizen Participation[J]. Journal of the American Institute of Planners, 1969, 35（4）: 216-224.

提高国民整体素质的情况下，他们的参与方式就会更加的理性，参与的内容也会更加的理性，最终会对国家的政治文明建设起到积极的促进作用。因此，要促进我国公众的社会治理参与，首先要加强其自身的文化素养。当今正处于网络时代，教育已经突破了地理、经济能力和学历的界限，每个人都能按照自己的需要，在网络上自由地学习。这就要求国家加强对网络教育的建设的引导、规范和投入，提高网络教育的便捷性、普惠性和多元性，使其成为新时期提高公众文化素质的一种有效方式。

2. 重视公众群体的声音，提升公众群体在社会生活中的存在感和参与感

首先，政府部门要建立"线上线下"的联动机制，根据需要，扩大和畅通民间团体进行诉求和建议的渠道。除了线上渠道，同时也要保持传统公众参与渠道。与此同时，相关部门还应当在人力、物力、财力等方面加大投入，对公众团体提出的要求进行及时的关注和反馈，如果不能第一时间解决问题，也应当在第一时间收集反映的信息，汇总并稍后反馈。其次，政府应当坚持实行"外部监管+内部监管"的双轨监管方式，不仅需要政府部门强化自身的监管，还需要政府部门为公众提供监督的途径，拓宽公众举报和申诉的途径，以外部监管的形式来激发数字政府的内在动力，推动数字治理服务的优化和提升。第三，政府应充分发挥宣传教育的作用，提高民众的数字化参与意识，形成一个良性的数字文化环境。有关政府部门应当定期向社区派出工作人员，将有关数字治理的新思想、新做法和新效果进行宣传，持续提升公众对数字治理的认识，进而提升他们的参与度和认同感，促进他们主动参与到数字治理实践中来，为"数字政府"的建设提供建议。在此基础上，也要对具体的操作给予技术指引，最大限度地保证每个公众都能享有数字治理带来的便利与可靠。

3. 完善数字治理相关的规定，统一信息平台的建设标准和规范

要加强对数字治理的管理，建立健全数字治理的相关规定；首先，各级政府要根据中央的指示和精神积极行动，按照全国"一盘棋"的思想，制定相关政策与具体措施，细化各部门职责，建立多部门联动机制。上级政府要进一步加强权威领导,对基层政府部门的数字平台建设和推进政务服务的工作进行统筹和协调,做好高层次的部署和统一的规划。为突破信息瓶颈,突破传统"碎片化"体制下的"条块分割",破解"数字政府"构建中存在的"条块分割"问题。加强各部门之间的协作,减弱各部门之间的利益博弈所带来的消极影响。将"碎片化"的信息平台与信息资源进行集成,建立一个健全的政府部门之间的信息互动网络系统,使各部门之间能够进行协作,达到各部门之间的高效率共享,从而解决"孤岛"问题。其次,在鼓励下级单位探索信息平台创新之路的时候,也要制定相应的规章,对下级部门信息平台的建设与管理提出一个基本的规范与要求,避免各个部门进行类似功能的信息平台的重复建设,从而导致政府资源的浪费,同时确保"数字政府"的建设能够切实地起到为民办实事的作用,帮助基层政府提高行政工作的效率,朝着"服务型"的政府转变。

二、西藏自治区公众参与数字治理均衡性情况

根据近几年的中国电子政务发展报告及省级政府网上能力建设报告的研究统计,西藏自治区数字治理的起步晚但是建设速度快,整体水平有明显提高。相比于其他省份,西藏自治区因为其地域等特殊因素,面临更加艰巨的社会管理任务。在此背景下,西藏自治区基于网上政务平台、政务新媒体等数字平台构建,通过信息公开、公众监督、政民互动、数据共享等举措推动公众参与数字治理进程,并取得一定成效。但仍然存在基础设施较为薄弱、公众参与水平不一、政民互动局限等情况。若将其他省份的公众参与数字治理的均衡性情况与西藏自治区进行比较,可以发现,目前西藏自治区的工作仍有一定进步空间。对西藏自治区公众参与数字治理均衡性的现状及问题进行分析,总体上对西藏自治区公众参与实现推动发展和长治久安具有重大意义,对于其他地区也具有一定的借鉴意义。

（一）公众参与数字治理现状

1. 基本情况

西藏自治区的数字治理的建设事业起步较晚，2017年西藏政府发布《推进"互联网+政务服务"实施方案》，初步完成电子政务网络建设，开展政务信息系统自查，梳理权责事项清单、政务信息资源共享目录等工作，自治区统一基础云平台、"互联网+政务服务"及政务信息系统整合共享平台等信息化基础设施建设项目稳步推进，初步形成"互联网+政务服务"工作格局，拉开了西藏自治区数字治理的帷幕[①]。2017年12月，西藏政府出台《西藏自治区政务信息系统整合共享实施方案》，开展"互联网+政务服务"试点。2018年10月，西藏政府出台《西藏自治区人民政府办公厅关于进一步加快推进"互联网+政务服务"工作的实施意见》，要求到2018年底，全区"一网、一门、一次"改革初见成效，参照"江浙沪模式"，有效推广先进省、自治区、直辖市成功经验。到2019年底，重点领域和高频事项基本实现"一网、一门、一次"。在"一网通办"方面，自治区级政务服务事项网上可办率不低于80%，地（市）、县（区）级政务服务事项网上可办率不低于60%，在"只进一扇门"方面，除对场地有特殊要求的事项外，政务服务事项进驻综合性实体政务大厅基本实现"应进必进"，60%以上政务服务事项实现"一窗"分类受理；在"最多跑一次"方面，企业和群众到政府办事提供的材料减少60%以上，自治区、地（市）、县（区）各级100个高频事项实现"最多跑一次"[②]。2023年3月9日，西藏自治区统计局发布《关于2021年度法治政府建设情况的报告》，要求认真做好"互联网+政务服务"相关工作[③]。

经过几年的快速发展，西藏信息化的水平得到显著提高，西藏自治

[①] 西藏自治区人民政府办公厅. 推进"互联网+政务服务"实施方案[EB/OL].（2017-05-15）[2017-05-15]. https://www.cods.org.cn/c/2017-05-15/3307.html

[②] 西藏自治区人民政府办公厅. 推进"互联网+政务服务"实施方案[EB/OL].（2018-09-15）[2018-09-30]. http://www.xizang.gov.cn/zwgk/xxfb/zbwj/201902/t20190223_64537.html

[③] 西藏自治区人民政府. 西藏自治区2021年度法治政府建设情况的报告[EB/OL].（2022-03-13）. http://www.xizang.gov.cn/zwgk/xxfb/gsgg-428/202203/t20220313-288048.html

区政府以推动跨部门、跨区域、跨层级信息共享为抓手，深入推进网上办事、一站式办理、就近办理等综合性服务，通过"信息跑路""部门协同""主动服务"的转变，最大限度地让企业和群众少跑腿、好办事，共享"互联网+政务服务"的发展成果。

据《2022年西藏自治区人民政府门户网站工作年度报表》（详见表3-6），2022年，西藏自治区人民政府门户网站年访问量达5382413，共发布信息10606条，其中政务动态信息更新占比最大，达1085条。在办事服务方面，注册用户数达676154个，政务服务事项数量90983项，可全程在线办理政务服务事项数量60687项，办件量达11432243件。政务服务事项数量3638项，可全程在线办理政务服务事项数量3093项。在互动交流方面，收到留言数量197条，办结留言数量196条[①]。由此可见，西藏自治区人民政府构建以政务服务平台为枢纽、以各地各部门网上政务服务平台为基础的全流程一体化在线服务平台，推动政务服务从政府供给导向向群众需求导向转变，从"线下跑"向"网上办"，"分头办"向"协同办"转变，全力推进"一网通办"。但同时，在专栏专题、解读回应、征集调查在线访谈等方面还存在着空白，平均办理时间达38天，大量问题积压时间过长，缺乏有效的回复信息，在如何拓宽公众参与渠道、激发公众参与热情方面仍有较大的进步空间。

表3-6 西藏自治区人民政府门户网站工作年度报表（2022年度）

独立用户访问总量（单位：个）	1706348	
网站总访问量（单位：次）	5382413	
信息发布（单位：条）	总数	10606

---

① 西藏自治区人民政府办公厅.西藏自治区人民政府门户网站工作年度报表（2022年度）[EB/OL].（2023-02-16）[2023-02-16]. http://www.xizang.gov.cn/xwzx_406/ztzl_416/cxzt/ndbb/qjdw/202302/t20230216_341941.html

续表

信息发布 （单位：条）	概况类信息更新量		0
	政务动态信息更新量		1085
	信息公开目录信息更新量		19
专栏专题 （单位：个）	维护数量		20
	新开设数量		2
解读回应	解读信息发布	总数 （单位：条）	0
		解读材料数量 （单位：条）	0
		解读产品数量 （单位：个）	0
		媒体评论文章数量 （单位：篇）	0
	回应公众关注热点或 重大舆情数量 （单位：次）		90
办事服务	是否发布 服务事项目录		是
	注册用户数 （单位：个）		676154
	政务服务事项数量 （单位：项）		90983
	可全程在线办理 政务服务事项数量 （单位：项）		60687
	办件量 （单位：件）		11432243
互动交流	留言办理	收到留言数量 （单位：条）	197
		办结留言数量 （单位：条）	196
		平均办理时间 （单位：天）	38

续表

互动交流	留言办理	留言办理公开答复数量（单位：条）	0
	征集调查	征集调查期数（单位：期）	0
	在线访谈	访谈期数（单位：期）	0
移动新媒体	微博	名称	西藏自治区人民政府
		信息发布量（单位：条）	28
		关注量	799
	微信公众号	名称	西藏交通
		信息发布量（单位：条）	6580
		订阅数	14097
	其他		抖音（粉丝数10.7万，发布1425条）快手（粉丝数2.7万，发布1346条）

2. 制度化互动：网上政务服务平台构建

政府公共部门应主动提供各种直接或间接的多元参与渠道，以方便公众向政府提出建议和意见，能直接有效地改善政策的制定和执行[①]。网络问政平台借助互联网技术，打破了传统政府与公众的信息不对称，提高了公众参与政府决策的机会，成为政府数字治理的重要组成部分[②]。网上政务平台作为政府信息官方传播系统，不仅是政府部门面向公众的最便捷可触达平台，同时凭借其时效性、迅速性、整合性等特点，能够为公众参与提供桥梁。按照政务服务"一网通办"的要求，西藏自治区政府积极构建自治区、地（市）、县（区）三级互联的网上政务服务平台体系，以整合

---

① 党秀云.论公共管理中的公民参与[J].中国行政管理，2003（10）：32-35.
② 杨良伟.协同惰性、问责压力与地方政府回应——基于A市网络问政平台的混合研究[J].电子政务，2022（12）：23-34.

促便捷，推进线上"一网通办"，大幅提高政务服务便捷性。西藏自治区政府以政务服务平台为枢纽、以各地各部门网上政务服务平台为基础建立起的全流程一体化在线服务平台主要涵盖四个板块（表3-7）。

表3-7 西藏自治区政府网上服务平台四大板块

要闻	头条新闻	图片头条	政务要闻	部门快讯
	地市动态	区县新闻	图片新闻	视频新闻
	新闻热评	对外交流	专题专栏	领导信息
公开	公示公告	国务院文件	法规文件	规划计划
	政府文件	政办文件	人事信息	政策解读
	新闻发布会	政府会议	政府工作报告	建议提案
	标准目录			
服务	主题服务	按事项划分	权责清单	
			减材料清单	
			区域内通办清单	
			收费目录清单	
			中介收费清单	
		按主体划分	个人服务	
			法人服务	
			部门服务	
			长者服务	
			农牧民服务	
	特色专栏	区域通办		
		统一支付		
		一件事一次办		
		暖心服务专区		
		工程建设		

续表

服务	特色专栏	不动产登记
	优化营商环境	工程建设项目服务/不动产登记/免申即享/助企纾困/企业开办"一网通"/市场监管政务服务
互动		主席信箱
		留言选登
		回应关切
		意见征集
		政务访谈

在要闻和公开模块，西藏自治区人民政府网有头条新闻、图片头条、政务要闻、公示公告、法规文件、政府文件、政策解读等栏目方便西藏自治区的公众了解政策走向，解读政策与通知。社会公众的知情权是实现参政的基本前提，同时也是公众参与公共政策的最基本的权利[①]。公众可以在这两个板块更加便捷地了解相关政策的出台背景、目标、意义和具体措施，让民众更理解政策出台的重要性与必要性，进一步提高民众参与政策制定的积极性。与此同时，通过将与公众的生产生活息息相关的信息纳入政府信息公开的轨道，能够提升政府与公众、企业的互动水平，进一步推动公众参与数字治理。

在服务板块，共77个自治区级部门、391个市级部门、2604个区/县级部门进驻西藏自治区人民政府网，为公众提供多层级、全方面的服务，提高服务方式完备度。共有1805项依申请事项、216项公共服务事项、55511项全自治区事项、31727项公共服务事项被纳入，事项清单和办事指南日趋梳理规范化、发布标准化。

在互动板块，西藏自治区人民政府网的互动专栏设置了主席信箱、留言选登、回应关切、意见征集等栏目，点击主席信箱或留言选登，将跳转至西藏信访网上投诉平台（藏易访），分为"信访指南""我要投诉""我

---

① 杨志.我国公民参与公共政策的现状及其路径选择[J].理论学刊，2006（07）：90-92.

要建议""查询评价"四个板块。公众互动作为由公众发起的参与形式，其积极意义在于：公众主动指出政府工作中存在的问题，提请政府关注，敦促政府改进服务质量，增强政府对民间情况的了解，推动政府的立法工作[①]。互动板块作为信访制度的强有力支撑，为群众与政府沟通提供多条方便渠道。所有政府组成部门均为公众网上咨询和网上投诉的对象，对于网上咨询、投诉、建议意见，西藏自治区信访局及时汇总整理，并责成相关部门限期答复咨询问题或处理投诉事件（图3-15），形成综合的服务联动平台，建立健全服务联动机制，提高咨询投诉事件的处理效率。对普遍性、实用性、可操作性的建议意见，及时转交给有关研究部门作为决策参考，积极带动公众参与，将公众意见落实落地。

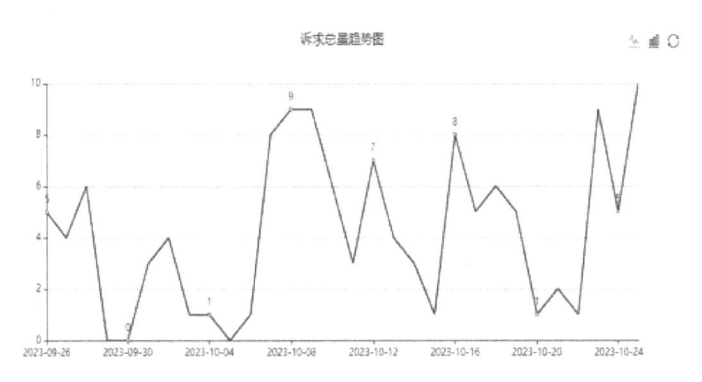

图3-15 西藏"一网通办"互联网政务服务门户截图（截至2023-10-24）

除了积极建设西藏自治区网上政务平台，西藏自治区还积极建设自治

---

① 孙柏瑛.公民参与形式的类型及其适用性分析[J].中国人民大学学报，2005（05）：124-129.

区、地（市）、县（区）、乡（镇）四级政务服务实体大厅，推动将垂直管理部门在西藏自治区行政区内办理的政务服务事项纳入综合性政务中心集中办理，实现实体大厅"多门"变"一门"。一是西藏自治区充分吸纳各省市政务服务流程再造的成果经验，构建和完善形式直观、易看易懂的审批服务事项办理流程，为企业和群众办事提供清晰指引，让公众参与更加直观、便捷。二是积极拓展网上办事广度和深度，延长网上办事链条，实现从网上咨询、网上申报到网上预审、网上办理、网上反馈"应上尽上、全程在线"。

3. 非制度化互动：政务新媒体建设

西藏自治区政府依托门户网站，建立了政务微博、微信公众号，积极搭建政务热线、政务网站、微博、微信和移动APP等多样化展示沟通平台体系，及时发布推送政府重要信息，加快全时空在线运行的服务型政府建设，为社会公众、企业提供多点受理、集中办理和多渠道查询服务，为公众参与治理提供非制度化互动渠道。同时针对当前重大专题活动和事件作出报道，为公众提供详尽的政务信息服务，使广大群众及时了解活动和事件的动态。中共西藏自治区委宣传部微信官方公众号"西藏发布"发布的"西藏自治区政务新媒体第三季度榜单"，西藏自治区该季度参与排行的政务微信公众号中，排名前三的政务微信公众号分别为"拉萨发布""西藏日报""网信西藏"（如表3-8），前三者总发文2613篇，总阅读量为2782万，点赞总数达248970。政务微博排名前三的分别是"高原战士""中国西藏旅游""网信西藏"（如表3-9），作品总数达2516篇，转发总数达6160，点赞总数达54312个，评论总数达26175。政务抖音排名前三的为"拉萨融媒""幸福拉萨""高原战士"（如表3-10），作品总数达2602，粉丝总数达2737178，点赞总数达7449891。政务快手作品总数达1468个，粉丝总数达2223783，点赞总数达21865042（如表3-11）。在已经发布的微信公众号推送、微博推送、抖音视频、快手视频里，除了政府政策解读等官方文件，同时也有很多西藏相关热点的推送。可见西藏自治区政府一是努力把新媒体平台作为民生信息服务平台，定时或不定时地发布与本单位相关的信息，对于互联网上与群众利益有密切关系的信息及时地转播，同时与民众做到较为及时地互动，通过与社会各界的沟通交流，进一步凝聚了共识，通过创新渠道与方式来传播信息，进一步引导公众参与到政府管理当中。二是作为热点事件的回应平台，通过提升便利性和时效性，担负信息传播、收集公众意见、引导公共舆论等方面的重要职责，为网络社交与互动增添了新渠道。

表3-8 西藏自治区2023年政务微信榜单

排名	微信号	作品数	阅读总数	点赞总数	在看总数	发布次数	WCI
1	拉萨发布 gh_92ca7645010b	962	11954092	29982	11933	960	1364.11
2	西藏日报 xzrbxinwen	778	8666726	108335	15875	681	1319.94
3	网信西藏 wangxinxizang01	876	7199744	110653	14565	872	1277.55
4	西藏商报 xzcmshangbao	895	4330014	38553	7179	850	1170.19
5	阳光西藏 xztv-zangyu	483	3460341	17101	9540	483	1123.41
6	西藏卫视+ Tibet-TV	862	3486088	61555	10220	752	1117.22
7	西藏微青年 xzwqn-jyt	300	2662439	8850	3028	112	1095.57
8	法治西藏 fazhixizang	263	3329880	4070	1492	258	1094.73
9	西藏发布 xizangfabu	789	3239611	22120	3478	734	1072.73
10	西藏组工	340	2486276	5035	1498	276	1044.72

表3-9　西藏自治区2023年政务微博榜单

排名	微博号	作品数	转发总数	点赞数	评论数	粉丝数	BCI
1	高原战士 7472278086	459	2695	35539	10970	1037430	1321.19
2	中国西藏旅游 2061860827	1320	963	14834	12734	401408	1288.84
3	网信西藏 7362265643	737	2502	3939	2471	18290	1217.92
4	那曲融媒 7577720255	853	2193	7723	2222	1683	1217.55
5	西藏广播电视台 6969736115	609	2236	7528	1070	5812604	1164.94
6	林芝森林消防 7305894481	740	224	5638	7905	76563	1150.96
7	看西藏V 5676472073	519	1309	934	556	114464	1065.30
8	西藏消防 5048114142	786	74	1784	3063	178581	1017.87
9	西藏武警 3475730120	247	111	2283	2681	56322	1001.51
10	西藏日报 6897939130	543	405	969	298	128864	962.45

表3-10　西藏自治区2023年政务抖音榜单

排名	抖音号	作品数	粉丝总数	点赞数	评论数	转发数	DCI
1	拉萨融媒 leronghuaxia	1606	1288594	3261980	322561	1034818	1287.67
2	幸福拉萨 xingfulasa	775	204536	1787983	109320	448872	1181.12
3	高原战士 gyzs_8ldy	221	1344048	2399928	107220	141650	1164.64
4	那曲融媒 1796775318	574	209585	1268920	60047	296028	1148.48

续表

排名	抖音号	作品数	粉丝总数	点赞数	评论数	转发数	DCI
5	西藏广播电视台 xzgdxmt	644	377958	1342681	28215	263610	1125.42
6	堆龙融媒体 1758428766	461	157019	708675	44427	199400	1065.45
7	西藏商报 xizangshangbao	535	167049	193054	33100	84147	1054.78
8	日喀则交警 rkzjjzd	120	119169	287859	32985	65511	1042.01
9	融媒仲巴 zbxgbdst	446	201530	715955	20504	119704	1028.80
10	云上噶尔（噶尔融媒体中心）33905476745	387	222681	550290	10415	39800	1018.30

表3-11 西藏自治区2023年政务快手榜单

排名	快手号	作品数	粉丝总数	点赞数	评论数	总播放数	KCI
1	高原战士 gyzs_81ks	221	2010521	8339156	65103	119578287	1076.57
2	网信西藏 2202232317	723	159570	1339853	8986	83342031	904.20
3	西藏日报 2834857721	524	53692	186033	9624	7001195	831.09
4	拉萨融媒 lasarongmei	91	60603	50568	4826	3190601	824.77
5	西藏广播电视台 1323151965	335	24026	55143	4208	3257500	765.50
6	西藏武警 xizangwj	33	50218	199398	1324	5573993	764.02
7	西藏消防救援 xizangxiaofang	57	99865	43682	652	2012199	714.06
8	巴宜交警 BYJJ_08945873705	112	14980	19431	1927	397068	688.84

续表

排名	快于号	作品数	粉丝总数	点赞数	评论数	总播放数	KCI
9	西藏安多交警 713944559	22	143841	9448	935	268215	668.16
10	西藏山南消防 1490655867	29	113276	19172	88	580954	619.76

4.公众参与数字治理途径

一是信息公开。参与公众必须具备公共事务相关的知识与资讯，行政机关应保障公众的知情权，使公众具有获得信息的可能，具备参与的能力[①]。西藏自治区政府不断完善政务信息公开制度，使公众有获取真实、可靠、全面的信息资源的机会。信息公开作为公众进行理性参与的前提与基础，除了国家明文规定不得公开的信息，其他政务信息都应该按程序进行公开，且信息越详细越好，为公众网上参与社会治理提供必要的信息基础。据《西藏自治区人民政府2022年政府信息公开工作年度报告》，2022年度西藏自治区政府制发规章17件，制发行政规范性文件467件，现行有效规章231件，有效行政规范性文2765件。在主动公开方面，西藏自治区人民政府加大政策解读力度，加强政策咨询服务；加强政策宣讲和推送工作，将各级政府出台的就业支持政策及时传达至相关群体；加大政策咨询窗口建设力度，提高政务服务便民热线、实体服务大厅的政策咨询服务水平；规范执行政府信息公开制度，科学合理确定公开方式，加强公开平台建设。

二是公众监督。当政府提供公共服务之时，如果仅仅是单项提供服务，公众无法对参与服务的质量进行评价，权力运行的有效监督就难以开展，将影响公众参与数字治理的效果。信息接收者不仅仅是被动地被告知，而且还需要对被告知的信息内容发表看法。西藏自治区一是整合建设西藏12345政务服务热线，在此基础上统一政务咨询投诉举报平台；二是建立企业和群众的统一政策咨询、投诉、建议平台，做到市场和社会诉

---

① 党秀云.论公共管理中的公民参与[J].中国行政管理，2003（10）：32-35.

求"一号响应";三是积极推进跨部门"双随机、一公开"监管信息共享，建设完善"信用西藏"网站和自治区企业信用信息公示系统，提供登记备案、行政许可、行政处罚、经营异常名录、严重违法失信企业名单、监督检查、质量抽检等信用信息查询和共享服务；四是推动好差评机制建设，2023年实体大厅收到1264450条评价，政务服务网收到14133609条评价，移动端收到7305849条评价。西藏自治区政府对公共服务的决策、执行、评估等各个环节都力争做到透明化，把重点放在全节点、全过程上，对业务流和数据流的状态进行可视、可追踪和追溯。

三是政民互动。在政府数字治理过程中，公众参与被认为是至关重要的输入和反馈环节。公众的诉求代表着社会系统和文化系统对制度系统的真实反映。数字治理依托技术发展，突破了时空限制，能够大幅度降低公众参与成本。相比传统的公众参与方式，如参加听证会或民主评议会、信访举报、联系人大代表等，网络参与渠道更具便捷开放性，大大弥补了传统参与方式的不足，从而在一定程度上提高了公众参与社会治理的积极性。西藏自治区公众参与板块包括网上咨询投诉、主席信箱、网上投稿等，为群众与政府沟通提供多条方便渠道。所有政府组成部门均为公众网上咨询和网上投诉的对象，对于网上咨询和投诉，网站管理员根据咨询或投诉的内容，分发到相关职能的政府组成部门，并责成相关部门限期答复咨询问题或处理投诉事件，从而形成一个综合的服务联动平台，建立健全服务联动机制，提高咨询投诉事件的处理效率，进一步提高网民满意度和参与热情。公众可以在决策制定的前期即实现与政府部门之间的信息沟通，并在决策实施的过程中就一些问题向政府部门提出建议并得到其回应[①]，政府部门同时也能够更大范围地了解民情、更深层次地吸纳民意。

四是数据共享。数据是数字治理的基础，对数据的治理成为推动数字化转型和制定数字规则的重要内容。数字治理的起点就是要通过对数据资源的分析，推动治理主体重新审视数字时代的治理特征，并通过开发与应

---

① 张艾荣，黄宝荣.电子政务环境下的公民参与机制变迁研究[J].中国行政管理，2008（08）：70-73.

用数据资源来推动社会治理的变革，进而提升政府治理水平和经济社会发展质量。西藏自治区政府建设政务信息系统整合共享平台，强化平台功能、完善管理规范，使其具备跨层级、跨地域、跨系统、跨部门、跨业务的数据调度能力，并按照"统一受理、平台授权"的原则，建立数据共享授权机制。对于无条件共享且服务接口不需要管控参数的数据，由平台直接提供；对于有条件共享，或者无条件共享但服务接口需要管控参数的数据，由平台推送给部门受理。并且建立限期反馈机制，对于数据需求申请，平台管理部门应于3个工作日内完成申请规范性审查，并通过平台回复受理意见，不予受理的应回复原因；由平台直接提供的数据，应于受理后3个工作日内提供；由部门受理的数据，数据提供部门应在受理后10个工作日内完成审批。建立面向社会公众的政务数据开放平台，并形成较为完备的政务数据信息资源管理系统。通过数据共享，推动提高公众对数据的可及性，进而促进对数据资源的分析。

（二）公众参与数字治理过程中仍有待提升的部分

1. 继续加强基础设施建设

数字治理在广阔的西藏高原有着巨大的发展潜力和空间，一方面能够使西藏偏远地区的群众足不出户就及时了解各类公共信息与公共政策，同时可以接入更多的政务办事入口，通过数据共享，从上到下学习中央政策或先进地方治理经验，提升政府在边疆地区的社会治理效率和服务水平。但由于西藏的经济发展水平和互联网发展水平距离全国整体水平还有差距，因此西藏公众参与数字治理的渠道、空间还须拓展。截至2023年6月，以上网计算机用户为例，西藏自治区IPv4地址仅占全国总数的0.13%，在全国31个省（自治区、直辖市）排名中处于较低水平，这个数值仅相当于北京（25.19%）的0.5%左右（详见表3-12）。基础设施总体建设仍有待提升，否则不利于各地区之间的数据共享、信息公开、网上办公，不利于公众了解政府事务。一是存在部分公众因为受教育水平或基础设施建设不足对数字治理了解不够，缺乏心理上的投入，也缺乏具体的技术、设备支持，这种参与政府事务的观念缺失使其难以对数字治理提出建议和改进。二是在个别城镇及农牧区，仍旧存在未通网络的情况，对公众线上参与造成阻碍。

表3-12 截至2023年6月中国内地各省IPv4地址数量及比例

排序	省份	比例	排序	省份	比例	排序	省份	比例
1	北京	25.19%	11	湖北	2.37%	21	黑龙江	1.19%
2	广东	9.43%	12	湖南	2.33%	22	天津	1.04%
3	浙江	6.39%	13	福建	1.92%	23	云南	0.96%
4	山东	4.83%	14	江西	1.71%	24	内蒙古	0.77%
5	江苏	4.70%	15	重庆	1.66%	25	新疆	0.60%
6	上海	4.46%	16	安徽	1.63%	26	海南	0.47%
7	辽宁	3.29%	17	陕西	1.61%	27	甘肃	0.47%
8	河北	2.81%	18	广西	1.36%	28	贵州	0.44%
9	四川	2.74%	19	山西	1.26%	29	宁夏	0.27%
10	河南	2.60%	20	吉林	1.20%	30	青海	0.17%
其他					10.01%	31	西藏	0.13%
合计								100.00%

2. 公众责任认知度、参与水平仍有提升空间

居民经济收入的高低与居民的诉求表达和参与程度呈正比，由于公共资源的分布不均衡，导致不同年龄、受教育程度、社会经济地位以及不同地理位置的网民在线参与度存在差异[①]。西藏自治区公众参与数字治理受当地社会经济发展状况和公众受教育水平的影响。根据《2021年西藏自治区国民经济和社会发展统计公报》，2021年西藏自治区全体居民人均可支配收入24950元。其中，城镇居民人均可支配收入46503元，农村居民人均可支配收入16935元。全体居民人均消费支出15342元。其中，城镇

---
① 徐晓林，朱国伟.智慧政务：信息社会电子治理的生活化路径[J].自然辩证法通讯，2012，34（05）：95-100+128.

居民人均消费支出28159元，农村居民人均消费支出10577元。根据《中国统计年鉴2022》，2021年全国全体居民人均可支配收入为35128.1元，其中，城镇居民人均可支配收入47411.9元，农村人均可支配收入18930.9元。从两者数据对比中可以看出，西藏公众的收入与全国平均水平还有一定的差距，一定程度上影响公众诉求表达和参与程度。此外，由于西藏初高中的建设数量仍低于全国平均水平，整体受教育的水平仍有待提高，公众了解信息使用网络参与政策议题的渠道和能力有限，影响了其积极主动有序参加数字治理活动的效果。

3. 政民互动仍需加强

政民互动在大数据时代有利于公共利益的实现。根据"知情权"理论，公众有权利知晓政务信息，而信息公开有利于公共政策的推行，有利于政府职能的转变，给公众提供建言献策的基础。对比浙江省和西藏自治区在政民互动板块的数据可以发现，西藏自治区的工作重点在办事服务板块，信息公开板块整体发布的政务信息浏览量与回复量偏少。在公众参与性质更强的解读回应、互动交流模块数量偏少，可见在公众参与治理的过程中仍旧存在信息畅通问题。此外，政府回应公众所需的时长能在一定程度上反映出政府对公众诉求的重视程度和工作效率。西藏自治区的回复周期偏长，一定程度上会影响公众的参与热情，这也说明西藏自治区政府的服务意识还有较大的提升空间。

（三）改进公众参与数字治理不均衡的思路

1. 弥合数字鸿沟，加强基础设施建设

数字鸿沟主要表现为互联网物理接入鸿沟与互联网内容使用鸿沟[①]。西藏自治区一方面由于经济发达程度与技术发展水平，与东部地区相比公众（网络使用者）接入、使用互联网时，在技术与硬件方面存在差距；另一方，由于公众科技意识与数字化信息应用意识尚待加强，公众（网络使用者）在互联网内容使用有效性方面与发达地区相较仍存在差距。"数字

---

① 韦路，张明新.第三道数字鸿沟：互联网上的知识沟[J].新闻与传播研究，2006（04）：43-53+95.

鸿沟"使得拥有网络资源的多少成为影响公众有效进行网络参与的重要因素，拥有较多网络资源的公众在网络参与中具有更大的优势，而拥有较少网络资源的公众则相反，城乡居民之间与高、低收入群体之间都存在着掌握网络信息技术的熟练度、拥有网络资源量方面的差异，即网络参与主体以知识分子、文化水平较高的市民为主，普通居民还不能完全有效地参与网络问政。

因此，西藏自治区一是需要政府加大财政投入，加强对互联网基础设施建设的投资，逐渐扩大互联网普及率，缩小不同地区之间、城乡之间网络普及的差距，使得不同地区的公众拥有平等获取信息资源的机会。通过发展硬件设施，满足网络使用需求，使自治区的信息科技水平努力达到发达地区水平，同时通过相关软件行业的发展，保证群众更方便地享受网络软件与数字信息内容，即满足网络内容需求[①]。二是加强对公众网络知识的教育，提高其获取信息的能力，通过对公众的培训、教育，使其提高信息获取、分析、提取能力，缩小公众个体间因数字鸿沟导致的差距。

2. 加强公众参与教育，提高公众参与的积极性

公众是参与的主体，公众的公共意识和网络参与能力对于公众参与的均衡性发展具有至关重要的意义，因此要想提高公众参与的均衡性，首要任务是加强公众教育，让更多的公众具有参与精神、理性精神，在全社会形成积极健康的公众文化。根据历年数据可知，西藏自治区公众参与数字治理的频次偏低，公众急需提高文化素养与政治素养来更好地参与政务。一是对于广大公众来说，可以以社区或村级宣传站等这些基层政府单位宣传为切入点，使公众深刻认识到参与社会公共事务是公众应有的权利。公众作为政府政策的执行者与推动者，能够帮助政府更好地建设自己的家园，实现互利共赢。通过有目的、有步骤的各式方法，培养公众对公共事件的兴趣，增加公众参与公共事务的机会，使网民可以充分接触到政务信息，并在政府的指导下，提高其自身独立分析问题的能力，进而提高公众

---

① 马东亮，吕昕.大数据时代数字鸿沟的新形态与民族地区的应对策略[J].西北民族研究，2023（04）：145-155.

主动问政意识。二是增强公众互联网技术知识储备。地方政府应当加强宣传培训，鼓励公众掌握相关的信息通信技术技能，采取社区现场讲解、发放操作指南、微信推送等形式普及基础的网络知识和电脑操作技术，让更多的群众掌握参与数字治理所必需的基本技能，有效提升公众参与效率。公众也应当通过书本学习、学习网络课程、观看短视频等方式学习相关的参与知识与电子技术应用知识，为公众参与数字治理提供可能性。

3. 不断建设网上政务平台，拓宽公众参与渠道

除加强公众自身的理性精神、参与精神的培养，政府部门也应当出台相应降低公众参与门槛的政策。数字治理的重要内容即将电子技术应用于政府、公众、企业和社会之间的互动，促进政府管理和简化事务处理程序，并在这一过程中提高民主化程度[1]。依托网上政务平台能够有效收集、汇聚民意，节省成本，保证时效性和覆盖范围。网上政务平台的建设不仅能够推动信息公开，保障公众对于政务信息、政策法规的可及性，同时也能够借助或通过这一信息平台反映出社会公众的思想及舆论的趋向。公众不仅能够借助网上政务平台为社会的发展建言献策，也可以通过好差评等机制推动政府改进工作中的不足，进而提升政府形象。

因此政府部门应该高度重视依托网上政务平台开展的网络问政活动，及时做到信息公开、数据共享，保障公众公开信息的可及性，拓宽公众参与数字治理的渠道。一方面，政府部门及官员要通过多种宣传渠道、技能培训提高对数字治理的认识，对公务人员进行数字扫盲，学习新的包括社交媒体在内的电子工具参与技能。另一方面，提高政府及公职人员对网络问政的认识，将"互联网+政务服务"工作纳入干部教育培训体系，定期组织开展培训。除了定期开展互联网操作技能培训，还需要学会如何围绕公众的切身利益展开服务，比如提高政府政民互动的效率，大力宣传政民互动等等。把面向公众办事服务作为公职人员培训的重要内容，提高服务意识、业务能力和办事效率，建设既具备互联网思维与技能又精通政务服

---

[1] 徐晓林，周立新.数字治理在城市政府善治中的体系构建[J].管理世界，2004（11）：140–141.

务的专业化队伍。同时做好宣传推广和引导，方便公众通过网络获取政务服务，了解想知道的信息，提高"互联网+政务服务"的社会认知度和群众认同感。

三、浙江省与西藏自治区公众参与数字治理均衡性对比

我国31个省（自治区、直辖市）深入贯彻党中央、国务院战略部署，将数字中国建设摆在工作全局更加重要的位置，结合地区实际和优势特色，加快夯实数字治理发展基础，释放数字治理发展活力，提高数字治理发展质量，优化数字治理发展环境，构建数字时代地区发展新优势，推动数字中国建设向更高标准更高质量迈进。其中，浙江省借助数字技术促进多元主体之间的共享和互动，实现跨部门、跨层级、跨领域的互联融通，助推数字治理延展范围与深度。技术降低的参与门槛使得越来越多的人选择通过网络政民互动、民主参与等方式，表达自身利益诉求，参与公共讨论和公共事务管理与监督。西藏自治区数字治理的起步晚，但是建设速度快，基于网上政务平台、政务新媒体等数字平台构建，通过信息公开、公众监督、政民互动、数据共享等举措推动公众参与数字治理进程，并取得一定成效，但整体水平还有待进一步提高，仍然存在基础设施落后、公众参与水平较低、政民互动局限等公众参与不均衡的状况。通过对浙江省和西藏自治区公众参与数字治理均衡性现状、问题、对策进行梳理和审视，可以发现两地在实践中取得的效果有所差异。为更好推动省（自治区、直辖市）公众参与数字治理均衡性现状，根据两省现实情况的具体信息制作表3-13。基于两省在推动公众参与数字治理均衡性的现实经验，结合我国现阶段公众参与数字治理中参与方式渠道建设现状，总结省级推动公众参与数字治理均衡性的经验启示，为解决现阶段问题提供一些参考和借鉴。

表3-13 浙江省和西藏自治区公众参与数字治理均衡性的情况分析对比

	参与方式	浙江省	西藏自治区
制度化参与	信息公开	2022年浙江省政府主动公开各类政府信息487万余条，通过政府门户网站共发布信息19386条，其中概况类信息更新量1466条，政务动态信息更新量6658条，信息公开目录信息更新量8968条。在解读回应方面，发布解读信息总条数310条。回应公众关注热点或重大舆情80次。在互动交流方面，收到并办结留言共421455条，开展征集调查40期，开展在线访谈31期。发布现行有效规章330件、行政规范性文件3.7万余件，召开新闻发布会346场。	2022年度西藏自治区政府通过政府门户网站共发布信息10606条，其中概况类信息更新量0条，政务动态信息更新量1085条，信息公开目录信息更新量19条。在解读回应方面，发布解读信息总条数0条。回应公众关注热点或重大舆情0次。在互动交流方面，收到并办结留言共197条，开展征集调查0期，开展在线访谈0期。制发规章17件，制发行政规范性文件467件，现行有效规章231件，有效行政规范性文件2765件。
	公众监督	建立政务服务"好差评"制度。浙江省将省、市、县、乡镇、村五级政务服务机构办理的2400余个办实事项全部纳入一体化评价中心。群众在办事后可以通过浙江政务服务网、"浙里办"APP、扫描二维码、手机信息等线上渠道提交好差评。从2019年至2023年浙江省政府网上政务平台总计收获评价总数288247102条，差评数3377条，按期整改率100%。	一是整合建设西藏12345政务服务热线，在此基础上统一政务咨询投诉举报平台。二是建立企业和群众的统一政策咨询、投诉、建议平台。三是积极推进跨部门"双随机、一公开"监管信息共享。四是推动好差评机制建设，2023年西藏自治区实体大厅收到1264450条评价，政务服务网收到14133609条评价，移动端收到7305849条评价。

续表

参与方式		浙江省	西藏自治区
制度化参与	政民互动	浙江省政府政务服务开展便民热线、网民留言办理、实体服务大厅等政策咨询服务。推动各级政府网站、"浙里办"平台、"民呼我为"统一平台、12345政务服务便民热线等政务平台数据融合共享，建设统一的智能化政策问答平台，围绕高频事项更新解答内容、丰富解答形式，全面落实"简单咨询留言1个工作日答复"要求，提供智能、及时的政务问答服务。制定出台重大政策时，主要负责人要出席新闻发布会介绍情况、发布信息，接受媒体采访。	西藏自治区人民政府网的互动专栏设置了主席信箱、留言选登、回应关切、意见征集等栏目，点击主席信箱或留言选登，将跳转至西藏信访网上投诉平台（藏易访），分为信访指南、我要投诉、我要建议、查询评价四个板块。对于网上咨询、投诉、建议意见，西藏自治区信访局将及时予以汇总整理，并责成相关部门限期答复咨询问题或处理投诉事件。形成综合的服务联动平台，建立健全服务联动机制，提高咨询投诉事件的处理效率。
	数据共享	浙江全省通过开放33242个数据集（含16676个API接口）、201504项数据项、1459776.28万条数据、建立起统一的政府数据开放平台，促进政府数据资源的共享和利用。	西藏自治区政府对于无条件共享且服务接口不需要管控参数的数据，由平台直接提供；对于有条件共享，或者无条件共享但服务接口需要管控参数的数据，由平台推送给部门受理；由平台直接提供的数据，于受理后3个工作日内提供；由部门受理的数据，数据提供部门应在受理后10个工作日内完成审批。建立面向社会公众的政务数据开放平台，并形成较为完备的政务数据信息资源管理系统。

续表

	参与方式	浙江省	西藏自治区
非制度化参与	政务新媒体	2021年浙江全省政务新媒体累计发布信息321.61万条，其中微信126.27万条、微博186.68万条、头条4.92万条、抖音3.74万条。微信篇均点赞数8.91；微博篇均被转发数为2.22，篇均评论数为1.04，篇均点赞数为5.97；头条篇均评论数5.27；抖音篇均点赞数2647.31，篇均评论数125.94，篇均被转发数187.37。	政务公众号排名前三的"拉萨发布""西藏日报""网信西藏"总发文2613篇，总阅读量为2782万，点赞总数达248970。政务微博排名前三的分别是"高原战士""中国西藏旅游""网信西藏"，作品数达2516篇，转发总数达6160，点赞数达54312个，评论数达26175。政务抖音排名前三的为"拉萨融媒""幸福拉萨""高原战士"，作品数达2602，粉丝总数达2737178，点赞数达7449891。政务快手作品数达1468个，粉丝总数达2223783，点赞数达21865042。

结合上述浙江、西藏自治区两省的基本结果，进一步将两省情况对比分析如下：

（一）相关政策推进

一是在建设时间上，浙江省建立以政府网站为载体的网络问政机制较早，2004年搭建了基础性的浙江电子政务网络平台，2005年浙江省电子政务网络平台实现从省政府到各地市政府以及省政府工作部门多单位接入，2014年6月浙江政务服务网上线运行，是在全国开"互联网+政务"先河的政府网站，也是最早以全省一体化理念打造的在线公共服务平台[①]。而西藏自治区数字治理的建设事业起步较晚，2017年西藏政府发布《推进"互联网+政务服务"实施方案》，初步完成电子政务网络建设，拉开了西藏自治区数字治理的帷幕。

---

① 陈广胜.以"互联网+"撬动政府治理现代化——以浙江政务服务网为例[J].中国行政管理，2017（11）：19-21.

二是在建设内容上，通过数据比对，从信息发布、解读回应、办事服务、互动交流四个维度展开分析，可以发现浙江省政府公众参与数字治理的可及性明显高于西藏自治区政府。在公众制度化参与的过程中，浙江省政府更加主动地增强电子政务平台上公开信息的透明度，在解读、回应方面更加积极，有效推动公众更好地理解和认同政府的政策决策，同时积极回应公众关注热点或重大舆情，保障公众知情权。在互动交流方面，开展征集调查和在线访谈，公众可以在决策制定的前期即实现与政府部门之间的信息沟通，并在决策实施的过程中就一些问题向政府部门提出建议并得到其回应，政府部门同时也能够更大范围地了解民情、更深层次地吸纳民意。在这方面，西藏自治区更加侧重于信息的公开，而对于解读回应和互动交流方面略为欠缺，有一定提升空间。

三是在参与途径上，从信息公开、公众监督、政民互动、数据共享四个维度分析，浙江省政府在拓宽社会公众参与的制度化渠道方面较西藏自治区政府更为完善。浙江省推动各级政府网站、"浙里办"平台、"民呼我为"统一平台、12345政务服务便民热线等政务平台数据融合共享，建设统一的智能化政策问答平台，围绕高频事项更新解答内容、丰富解答形式，全面落实"简单咨询留言1个工作日答复"要求，提供智能、及时的政务问答服务，政府网站的平均回应时长为1.3天，能够尽可能做到有所回应。西藏自治区政府的工作重点更多在办事服务板块，信息公开板块整体所发布的政务信息浏览量与回复量都较少。且在公众参与性质更强的解读回应、互动交流模块数量较少，可见在公众参与治理的过程中仍旧存在信息不畅的问题。公众积极参与咨询投诉，页面上实时更新公众咨询的问题与反馈的意见，但门户平台回复不够及时，在互动交流部分西藏自治区政府的平均回应时长为38天，可见在参与渠道上浙江省政府建设更为畅通。

（二）非制度化参与

在非制度化参与方面，两省政务新媒体的建设速度都较快，涉及媒体都较广。内容多围绕党委和政府中心工作，通过栏目设置、主题策划和线上线下联动，深入推进政务决策公开、执行公开、管理公开、服务公开、结果公开。各个平台的推送信息多采用生动活泼、简明易懂的网络语言，以及图表图解、音频视频、数据实例等公众喜闻乐见的形式，提升传播能力。利用微博、微信的实时性和开放性的特点，通过微信、微博、抖音等软件帮助政府推动公众参与数字治理的过程。

数字治理是政府管理变革的重要方向，数字技术的参与门槛降低使越来越多的公众选择通过政民互动、民主参与等方式，表达自身利益诉求、参与公共讨论和公共事务管理与监督。

浙江省数字化改革推进了电子信息的公开，通过各种信息通信技术渠道，为公众提供其需要的信息，公众也可以通过信件或留言的方式，向政府机构表达自己的观点和诉求。在公众参与阶段，浙江省主要通过推进数字治理深度发展、建设合理化人性化的网络问政平台、非制度化形式创新等举措，吸纳社会公众主动参与到网上民主运作程序上，使得政府决策能够更好地汇集民情民意，推动公众积极参与数字治理。

西藏自治区数字治理的起步晚但建设速度快，整体水平较全国平均水平还有一定差距。西藏自治区基于网上政务平台、政务新媒体等数字平台构建，通过信息公开、公众监督、政民互动、数据共享等举措推动公众参与数字治理进程，并取得一定成效。但仍然存在基础设施建设、公众参与水平、政民互动仍待提升等情况，推动公众参与数字治理均衡性的工作仍有较大进步空间。

两省公众参与数字治理均衡性的相关经验对中国其他省份和地区的数字治理开展有重要的借鉴意义。从两省实际情况可以看出，浙江省应进一步提升公众政治文化素质、重视公众全体意见、完善数字治理相关规定。西藏自治区应继续加强基础设施建设、加强公众参与教育、不断建设完善网上政务平台。

第四章 公众参与数字治理均衡性分析

公众参与是指公众借助官方或其他渠道，采取合法化的策略或手段，参与或影响政府决策或公共事务的行为。然而，随着公共事务的跨域性、综合性特征的日益显著和治理环境的日趋复杂，传统的参与路径显现出效率低下、一定程度的形式主义等多重困境[1]。数字治理作为一种创新的治理模式，相比于传统模式下的公众参与，具有突出的互联网无边界、去中心化的特点，赋予了公众自由选择、传播、制造信息的能力，使得政府与公众之间的信息传递和双向互动得以实现由"静"向"动"的转变，为公众对话政府提供了强有力的工具，为公众参与提供了更便捷和广泛的机会[2]。但是，信息技术的广泛运用可能会造成信息不对称、数字鸿沟、权力不对等、数据隐私安全等一系列问题，也带来了公众参与数字治理均衡性的挑战。

---

[1] 孙永怡.我国公民参与公共政策过程的十大困境[J].中国行政管理，2006（1）：43-45.
[2] 戴长征，鲍静.数字政府治理——基于社会形态演变进程的考察[J].中国行政管理，2017（09）：21-27.

第一节 公众参与数字治理均衡性面临的挑战

21世纪以来，互联网、大数据、人工智能等新一代信息技术逐渐渗入到民众的生活中。中国互联网络信息中心发布的第51次《中国互联网络发展状况统计报告》显示，截至2022年12月，我国网民规模达10.67亿，较2021年12月增长3549万，互联网普及率达到了75.6%。为了顺应时代发展、提升行政效率、转变政府管理方式，各级政府也通过整合数据资源、建设数字管理平台、构建网格化管理系统等方式进行数字治理，并取得了一定的成效。但同时，公众参与数字治理仍存在着信息不对称、数字鸿沟、权力不对等、数据隐私安全等问题，这些困境可能会妨碍部分公众有效参与数字治理过程。

一、公众参与数字治理中的信息不对称挑战

在数字化时代，公众参与数字治理是建设开放、透明和公平的社会的重要环节。然而，公众参与数字治理的公平性受到信息不对称的影响。信息不对称指不同参与方在信息获取、理解和利用方面存在差异，从而导致公众在数字治理中的参与机会和效果不平等。

（一）信息不对称的问题

虽然信息技术具有搜索范围广、传播速度快、存储空间大的优势，但信息的传递是一个复杂且充满不确定性的过程，从信息的发出到接收可能会存在各种受干扰、扭曲的情况。在这种情况下，信息的发出者往往会掌握更多的信息，而接收者则处于相对劣势的地位。因此，公众在参与数字治理中会面临信息不对称所带来的一系列问题。

第一，信息不对称表现在信息获取的不平等上。不同个体和群体在获

取信息和数据的能力、机会上存在差异。一方面，一些公众可能由于技术能力、受教育水平、访问权限等原因，无法轻松获取相关信息。例如，在缺乏互联网接入或信息门槛过高的情况下。数字素养不足的人群就可能无法及时了解和参与数字治理的进展。另一方面，一些机构和组织可能会通过有意保留或限制信息的发布，以控制公众对决策过程的了解。这种在信息获取上的不平等导致一部分公众无法真实有效地获得相关信息，从而影响了他们参与公共事务的效果。

第二，信息不对称的问题还表现在信息理解和分析的困难上。即使公众能够获得相关的信息，他们在理解和解读这些信息时也可能存在一些问题。政府和组织通常会发布包括大量专业术语、复杂的技术数据等在内的政策文件，而一般公众如果缺乏相关的知识和背景是难以理解这些内容的。此外，信息的呈现方式和表达风格也可能不够"接地气"，例如使用复杂的图表、术语概念不清等，使公众难以从中获取有效的参与价值。这种信息理解的不对称不仅限制了公众的知情权，而且可能导致公众参与的内容和决策过程不够全面和有效。

第三，民众所接收到的政策信息都是由有关政府部门公布的，而这些信息往往已经经过多个部门的层层筛选，"理性人"假设导致筛选的标准必然会受到个人或部门的认知和主观感受的影响，许多被简化的有用信息可能被剔除，以致未能进入大众的视野。

（二）信息不对称形成的原因

在信息传递的过程中，人们掌握信息的渠道不同、获得信息能力的强弱不等、信息量的多少不一，都会对人们对信息的收集、理解等产生不同的影响。

一方面，不同个体和群体在获取信息和数据的能力和机会上存在差异。技术能力、教育水平、经济条件等因素可能导致一部分公众无法轻松获取到相关信息。这种信息获取不平等导致了公众在数字治理中的参与机会的不平等，从而影响了公平性的实现。

另一方面，信息的质量和真实性也是造成信息不对称的原因。在数字时代，信息的快速传播和广泛流通使得人们面临大量的信息，但信息的真实性和可信度不尽相同，存在着大量的虚假和误导性信息。公众在获取信息时面临着识别和评估真假信息的挑战。虚假信息可能会误导公众的判断和决策，从而影响公众参与数字治理的公平性和有效性。

（三）信息不对称引发的风险

信息不对称问题对公众参与数字治理的影响不仅局限于个体层面，还延伸到社会和公共领域。

首先，信息不对称可能导致社会中的信息强权和信息孤岛现象。一些权力机构和组织掌握着大量庞杂的信息和数据，而普通公众往往处于被动接受的状态，无法有效参与和辩论。这种信息分配和利用的不平衡加剧了社会中信息的集中和垄断，削弱了公众的主动性和参与能力，阻碍了民众形成理性的共识和决策支持。

第二，信息不对称可能破坏公共领域的开放性和透明度。公共事务的决策和管理应该基于公众的知情权和参与，以保障公共利益的实现。然而，信息不对称使得公共领域的信息通常掌握在少数权力机构和利益集团手中，缺乏透明和公开。这种不透明性削弱了公众对决策过程的信任和参与的动力，可能导致公共事务的决策出现偏差和不公正。

第三，信息不对称会进一步导致公众参与的影响力和话语权不平衡。在社会治理中，公众的参与作为一种对决策的有力影响，可以促使政府和组织更加负责地制定政策和管理公共事务。然而，由于信息不对称，一些公众可能无法有效地表达自己的观点和意见，并参与到决策过程中。这使得权力机构和组织在信息分析和决策制定中更容易偏向于一些特定利益，而忽视其他公众的声音和需求。这种权力不平衡的结果是部分公众的意见和利益被忽视，而导致决策结果的公正性和客观性受到质疑。

第四，信息不对称可能造成公众的隐私安全问题。在数字治理中，个人数据的采集、存储和使用是不可忽视的因素。如果公众不了解自己的数据被收集和使用的情况，或者无法控制自己的数据的流向和使用方式，个人隐私可能受到侵犯，数据安全面临风险。信息不对称可能导致个人数据的滥用和泄漏风险。

综上所述，公众参与数字治理是推动民主和社会进步的重要手段。然而，信息不对称的风险威胁着公众参与的公正性和有效性。为了防范这些风险，需要政府、机构和公众社会的共同努力。通过促进信息公开透明、提供信息素养教育、强化数据保护和隐私安全、推动参与的平等和多元化，以及倡导社会责任和伦理标准，可以实现更加公正和包容的数字治理。

二、公众参与数字治理中的数字鸿沟问题

数字鸿沟是政府推广数字服务过程中无法回避的难题之一。"数字鸿沟"这一概念源于国际上的"digital divide"，特指数字化时代不同群体在数字技术获取、使用能力、资源分配及机会获取等方面的不平等现象。

（一）数字鸿沟带来的问题

数字鸿沟涵盖了许多方面，包括访问和接触能力、使用能力、数字内容和信息获取能力、数字技术参与机会、数字服务和公共服务等，以及获取数字信息的动机、物理方式、利用数字服务的技能与获得数字信息之后对信息的应用等方面[①]。

其一，数字鸿沟的特征之一是访问和接触能力的差异。随着数字技术的普及和互联网的发展，访问和接触网络成为获取数字资源的基本前提。互联网在最初诞生时，入手价格高、弱应用场景是它的标签，导致了消费者对其需求不高。然而随着数字技术的研发越来越成熟，技术壁垒逐渐被打破，且其应用场景开始遍布于社会运行的各个领域，从某种程度上说，互联网已逐渐从一件奢侈品变成了必需品。而有些人由于地理、经济或社会原因，无法获得稳定的互联网连接或拥有足够的数字设备，这使得他们无法平等地接触和使用数字技术。从全球范围来看，在发达国家，互联网

---

① Dijk, J.A.G.M.V. Digital divide research, achievements and shortcomings[J].Poetics, 2006, 34（4-5）：221-235.

覆盖率普遍较高，但仍有一些偏远地区或社区面临互联网连接的困难；而在发展中国家，许多人仍然无法承担购买计算机或智能手机的成本，也无法享受到高速、稳定的互联网服务。

其二，数字鸿沟表现为数字技术和工具的使用能力的差异。虽然许多人拥有数字设备和互联网接入，但他们的使用能力却有很大的差异。一些人由于缺乏相关的培训和教育，或者面临技术障碍和认知障碍，而无法充分利用数字技术和工具。这种技术能力的差异导致他们在数字化时代面临着更大的挑战。例如，一些人可能缺乏基本的数字素养，无法使用电子邮件、网络搜索、社交媒体等常见的数字工具和应用程序。这使得他们在就业、教育和日常生活中面临更多的障碍。

第三，数字鸿沟还体现为对数字内容和信息获取的不平等。互联网上的信息数量庞大且多样，但对于那些信息获取能力有限的人来说，可能无法顺利获取到优质、准确、可靠的信息。由于语言、文化或受教育水平的差异，一些人无法充分理解和获取数字内容和信息。这种信息获取的不平等导致一些人在获取知识、学习和决策中处于不利地位。与此同时，信息不对称还可能导致市场不公平、财富不平等等问题。

除了信息获取的不平等，数字鸿沟还表现为数字技术参与和决策机会的不平等。由于社会地位、性别、年龄等因素，一些人面临数字技术参与机会的限制。他们可能无法进入数字化决策和治理的平台，无法发表意见和参与决策。这导致一些群体在数字化时代中的代表性不足，社会参与的不平等问题凸显。在数字化决策和治理中缺乏多样性和包容性可能导致决策的不公正和偏差，无法充分考虑到广大人民群众的权益和需求。

最后，数字鸿沟还涉及数字服务和公共服务的不平等。数字化带来了许多便利和优势，如在线教育、电子医疗和电子政务等。然而，一些人由于各种原因无法享受到这些数字服务和公共服务，导致社会和经济福利分配的不平等。这种不平等不仅在国家层面上存在，也在社区和个人层面上存在。例如，在偏远地区或边缘化社区，可能数字服务和公共服务的提供有限，使得人们无法享受到数字化带来的机会和福利。

（二）数字鸿沟形成的原因

数字鸿沟可能存在于不同的国家之间、国家内部的不同地区之间，还可能存在于不同性别、不同职业以及不同年龄结构的人群之间[①]。

第一，地理条件对访问和接触能力的差异具有重要影响。在发达地区，城市互联网覆盖率相对较高，具备高速、稳定的网络连接。然而，偏远地区的互联网覆盖率较低，或者由于地理条件复杂而难以获得稳定的网络连接。这导致城乡之间存在数字鸿沟，一些偏远农村地区的居民难以享受到与城市居民相同的网络资源和数字服务。

第二，经济因素也是影响访问和接触能力差异的重要因素。数字化需要相应的硬件设备和互联网接入，例如个人电脑、智能手机、宽带服务等。然而，这些设备和服务的成本对一些人来说是负担过重的。在低收入群体中，还无力购买数字设备和支付互联网接入费用。即使有些地区提供廉价设备和互联网计划，但低收入仍会成为访问和接触能力差距的主要原因。经济上的不平等导致了数字鸿沟的进一步扩大。

第三，社会差异也是访问和接触能力差异的一个重要方面。不同社会群体在获取数字技术和接触数字资源的机会上存在不平等。例如，年龄和性别是影响数字鸿沟的两个重要因素。老年人可能由于技术意识相对较低或偏好传统方式，而对数字技术的接触和使用能力相对较低。在性别方面，一些研究表明，在某些社区和文化中，女性可能面临更大的数字鸿沟障碍，受到社会规范和家庭责任的限制，无法充分利用数字技术[②]。

第四，受教育程度和技能水平是影响数字技术使用能力差异的重要因素。一些数字工具和应用程序可能在特定的语言环境中提供服务，而面对不同语言的使用者，可能存在理解和使用的障碍。同样，处在不同文化背

[①] 郑跃平，Schachter Hindy L.电子政务到数字治理的转型：政治、行政与全球化——评 Digital Governance：New Technologies for Improving Public Service and Participation[J].公共行政评论，2014，7（01）：170-177.

[②] Elena-Bucea A，Cruz-Jesus F，Oliveira T，et al.Assessing the Role of Age, Education, Gender and Income on the Digital Divide：Evidence for the European Union[J].Information Systems Frontiers，2023.

景之下的人对数字技术的看法和使用习惯也存在着差异，这在一定程度上同样会对人们的数字技术和工具的使用能力产生影响。

第五，年龄和经验也对数字技术使用能力产生影响。比如，年轻一代通常更容易适应和掌握新的数字技术和工具。他们在成长过程中接触到数字技术的机会更多，对于使用各种应用程序和社交媒体平台更加熟悉；相比之下，中老年人可能由于对新技术的陌生感和学习曲线较长而存在使用障碍①。此外，一些工作经验丰富但缺乏数字技术培训的人员也可能在面对新兴技术和工具时感到困惑。

最后，公众的受教育水平和技能水平是影响数字技术使用能力差异的重要因素。在一些发达地区，教育系统普遍注重培养学生的数字素养和技能，使他们具备使用数字技术和工具的能力。然而，在一些欠发达地区或农村地区，教育资源有限，缺乏数字技术培训的机会，导致人们在数字技术方面的知识和技能不足。这使得他们难以跟上数字社会的发展，从而加剧了数字鸿沟。

（三）数字鸿沟引发的风险

数字鸿沟的产生是技术发展与社会转型的结果，因此，数字鸿沟不仅仅是一个技术层面上的难题，还是一个结构性的社会问题。数字鸿沟所带来的影响在一定程度上阻碍了公众参与到数字治理当中，不利于提升我国社会治理的科学性与有效性。

首先，数字鸿沟削弱了公众的知情权。在数字时代，信息具有巨大的价值和影响力，它可以使公众了解政策、决策和社会问题，并能够做出自主的判断和决策。然而，信息鸿沟导致信息获取的不平等，一些公众无法获得相关信息，从而削弱了他们的知情权。这种情况下，公众无法了解决策的背景、原因和影响，无法全面地了解政策对自己和社会的影响，从而无法有效地参与决策过程，难以充分表达自己的意见和建议。缺乏知情权使公众处于信息被动的地位，无法对数字治理的决策进行有效的监督和

---

① 庞永红，舒招平.老年"数字鸿沟"的伦理考量[J].伦理学研究，2023（04）：111–117.

评估。

第二,数字鸿沟影响了公众参与权的行使。公众参与是民主社会的核心价值之一,包括对决策过程的参与和影响。然而,信息鸿沟导致了公众在数字治理中参与和发表意见的能力不平等。信息获取的不平等使一些公众无法及时了解相关信息,无法了解决策的进展和动态,从而无法有效地参与讨论和决策。此外,信息鸿沟还加剧了公众参与的不平等现象。具有技术能力、受教育水平较高和经济条件较好的人更容易获取和理解信息,因此他们更有可能参与到数字治理的讨论和行动中。这也导致了在决策过程中,一些特定群体的声音被放大,而其他群体的声音被忽视,造成了公众参与的不公平现象。

第三,数字鸿沟危害了公众的评估权。公众在数字治理中的参与不仅仅是发表意见和表达诉求,还包括对决策过程和结果的评估和监督。然而,信息鸿沟导致公众对决策过程和结果的评估缺乏全面和客观的依据。信息获取的不平等使公众无法全面了解决策过程的每一个环节,无法准确评估决策的合理性和有效性。此外,在信息鸿沟的背景下,虚假信息、误导性信息和不准确的信息可能会大量传播,使公众对数字治理的评估产生偏差和错误。缺乏评估权使公众无法对数字治理的有效性进行准确的判断和监督,降低了公众对决策的信任和参与的积极性。

最后,数字鸿沟可能会降低公众的社会参与感和社会正义感。公众参与数字治理不仅仅是个体层面的权利,也是社会正义的体现。信息鸿沟导致了参与的不平等,一些群体和边缘化的社区往往更难以获取和理解相关信息,更难以参与数字治理中的讨论和行动。这种情况下,公众的声音和利益可能被忽视或轻视。缺乏公平的信息获取和参与机会使社会的资源和权力更加集中,加剧了社会的不平等和不公正。

总的来说,数字鸿沟影响着公众参与数字治理的均衡性。首先,数字鸿沟导致一些人无法平等地参与到数字化决策和治理中,加剧了社会中的代表性不足。这可能导致决策的不公正,无法充分考虑到广大人民的权益和需求。其次,数字鸿沟可能导致社会和经济福利的不平等分配,无法享受数字服务和公共服务的公众可能会错失数字化带来的机会和便利，进一步加剧社会经济不平等。此外，信息不对称和信息贫困也是数字鸿沟的结果，导致部分公众无法全面了解社会和决策的多样性，限制了他们的发展和参与能力。

三、公众参与数字治理中的权力不对等问题

权力不对等指的是在社会或组织中存在的权力分配不平衡的情况[①]。在数字治理中，权力不对等导致一些公众无法有效参与决策过程，削弱了公平参与的实现。从政府角度来看，资源优势、决策垄断和信息控制都可能导致公众在数字治理中的权力不平等。而私营部门的资本垄断、商业利益驱动和数据垄断进一步加剧了公众参与数字治理的不公平。公众自身的数字素养、信息不对称和参与机会受限等也是造成权力不对等的因素。

（一）权力不对等带来的问题

在数字领域中，某些个体、组织或国家等拥有比其他主体更大的权力和控制权，这就会造成权力不对等困境。在公众参与数字治理中，权力不对等会造成公众在获取信息时受到阻碍，进而影响到公众参与到数字治理当中。

首先，权力不对等表现为信息获取的不平等。在数字时代，信息具有巨大的权力和影响力。然而，许多公众面临着信息获取的不平等问题。有些公众由于经济、技术或教育条件的限制，无法获得与数字治理相关的重要信息。这种信息获取的不平等导致了权力的不平衡，使得一些群体能够更好地了解决策的背景和影响，从而能够更有效地参与决策过程。相比之下，其他公众可能无法了解决策的全部信息，因而无法做出知情且有效的贡献。

---

① Jimenez-Pernett J; Lehoux P; Olry-de-Labry A; Bermudez-Tamayo C. Accounting for power imbalances in online public deliberations–A systematic review of asymmetry measures[J]. *Health Policy and Technology*, 2023, 12（1）.

其次,权力不对等影响公众参与的机会和渠道。在数字治理中,公众的参与反映了一种公平和包容的价值观。然而,由于权力的不平等,一些公众无法获得真正意义上的参与机会。权力集中在少数特权群体手中,他们更容易进入和影响决策的过程,使他们的声音更加凸出,从而在决策中有更大的影响力。相反,其他公众面临着参与的障碍,他们的意见和诉求可能被忽视或边缘化。这种不对等的权力分配状况,使得一些特定的权益和观点无法得到充分的表达和正当的关注,从而妨碍了公平参与的实现。

(二)权力不对等产生的原因

公众参与数字治理的公平性困境中,权力不对等的产生原因涉及社会、政治、经济和技术等多个层面。

首先,社会经济差距是导致权力不对等的重要原因之一。社会经济差距是指社会中不同群体之间在经济资源、收入分配和社会地位等方面存在的差异。在数字治理中,拥有更多经济资源和社会地位的人群更容易获得相关信息和参与机会,从而在决策过程中有更大的影响力。例如,那些有财务实力的组织或个人更有可能投入数字治理平台的建设和运营,使得他们在数字治理中拥有更多的话语权和决策权。相反,经济地位较低的人群可能因为缺乏资源和渠道而无法有效参与决策,导致权力不对等的产生。

其次,决策过程的不完善也会造成权力不对等。在数字治理中,政府和组织在决策过程中扮演着重要角色,他们的决策将直接影响公众的权益和利益。然而,如果决策过程不够透明和民主,就容易产生权力的集中和不对等。一些决策者可能更倾向于听从特定利益集团或少数人的声音,而忽视其他公众的意见和需求。此外,决策的过程和结果可能缺乏公开和透明,导致公众无法有效监督和参与,进一步加剧了权力的不对等。

再次,信息垄断和算法偏见也是产生权力不对等问题的原因之一。在数字时代,信息的获取和传播由少数互联网巨头垄断,他们掌握了庞大的用户数据和算法技术,能够干预信息的流动和传播方式。这种信息垄断和算法偏见使得一些特定利益集团能够更容易塑造舆论和引导公众的意见,从而影响决策的过程和结果①。公众在数字平台上的参与和表达容易受到这些垄断者和算法决策的影响，导致权力的不对等和公平性受破坏。

最后，文化和社会价值观的差异也在一定程度上对权力不对等产生影响。在数字治理中，不同文化和社会群体对于政策和决策问题的看法和需求可能存在差异。一些文化和社会群体可能由于历史、传统等原因持有不同的观点和权益诉求。如果在决策中忽视了这些差异，只重视特定观点和权益，就容易导致权力的不对等。公众的身份认同、文化背景和社会地位等因素会影响他们在数字治理中的参与和受益情况。

综上所述，公众参与数字治理公平性困境中的权力不对等是由多种因素共同作用所致。社会经济差距、体制不完善、数字鸿沟、信息垄断和算法偏见，以及文化和社会价值观的差异都是导致权力不对等的重要原因。

（三）权力不对等引发的风险

权力不对等不仅影响公众参与到数字治理当中，还影响了社会治理体系的构建。

首先，权力不对等导致公众的参与权利受到剥夺和压制。在数字治理中，公众的参与权利是其基本权益之一。然而，当权力不均衡时，少数特定利益集团或权力机构可能会垄断决策过程，限制其他公众的参与。这种情况下，普通公众无法有效表达自己的需求和意见，无法参与政策讨论和决策制定，陷入被动和被忽视的境地。这不仅削弱了公众的参与意愿，也损害了民主社会的基础。

其次，权力不对等阻碍了公众的信息获取和传播。在数字治理中，信息的获取和传播对于公众的参与至关重要。然而，权力不对等导致信息的垄断和扭曲。少数特定利益集团或权力机构可以通过控制和影响信息的流动和传播方式，选择性地向公众传递信息，扭曲事实真相，以实现自身的利益和目的。公众由于缺乏获取多元信息的途径，难以了解真实状况，容易受到误导和欺骗。这进一步加剧了信息的不对称性和公众的信息贫困，

---

① DEWAN S, RIGGINS F J. The Digital Divide: Current and Future Research Directions[J]. *Journal of the Association for Information Systems*, 2005, 6（12）: 298-337.

阻碍了公众的自主思考和正确决策。

再次，权力不对等会加剧社会经济差距。在数字治理中，拥有权力和资源的人群更容易参与和影响决策过程，从而进一步巩固他们的特权地位。这种特权累积会进一步加剧社会经济差距，使得贫困和弱势群体无法平等参与数字治理，失去了改善自身处境的机会。这种特权和差距的存在将使社会陷入更加不公平和不稳定的状态，增加社会矛盾和不满情绪。

此外，权力不对等可能导致公共服务不均衡。在数字治理中，政府和组织是公共服务的提供者和决策者。然而，如果存在权力不对等，少数特定利益集团往往能够通过影响决策过程来获取更多的资源和利益，而忽视了其他公众的需求和权益。这将导致公共服务的不均衡分配，使得特定地区或特定群体的公众无法享受到公平和优质的服务，进一步加剧社会的不平等。

最后，权力不对等会对社会信任和稳定造成负面影响。公众对数字治理的信任是其顺利进行的基础。然而，权力不对等会破坏公众对政府和权力机构的信任，进而削弱社会的凝聚力和稳定性。公众会对决策的公正性和合法性产生怀疑，对社会秩序和公共机构的效力产生怀疑。这种社会信任的破裂将加剧社会分歧，增加社会冲突和不稳定的风险。

综上所述，权力不对等影响了公众的参与权利，加剧了社会经济差距，阻碍了信息的自由流动，导致公共服务提供的不平等，以及影响社会信任和稳定性。为解决这个问题，我们需要政府、组织和公众共同努力，建立公平、透明和民主的数字治理机制，促进公众的平等参与，实现社会公正和可持续发展。

四、公众参与数字治理中的数据隐私安全问题

数据隐私是个体对其个人信息的控制权和隐私权的体现。在数字治理中，公众需要提供个人数据，如姓名、地址、身份证号码等，以参与政府服务或互动。因此，数据隐私的保护至关重要，以确保公众的权益和隐私

不受侵犯。

（一）数据隐私安全带来的问题

在公众参与数字治理的公平性问题中，数据隐私安全困境存在着个人数据收集、数据共享、数据使用、技术限制与数据安全、数据使用的透明度和知情权等表现。

第一，在公众的个人数据收集中存在着数据隐私安全的问题。为了实现数字治理的目标，政府需要收集一定数量的个人数据，以完成身份认证、提供个性化服务和满足公众需求。政府可能通过各种渠道（例如社交媒体、移动应用程序、传感器）大规模收集公众的个人数据，包括身份信息、地理位置、健康记录等，但公众对于这些数据的具体用途和目的缺乏透明度和掌握，无法充分了解其数据被如何使用。这种数据收集与数据隐私之间常常存在冲突，导致了数据隐私困境的出现。

第二，在数字治理的过程中，公众的数据被大量共享。政府不同部门之间可能共享公众数据，但这种共享可能涉及敏感信息，如医疗记录、税务信息等，容易引发隐私风险。同时，在数字治理的实践中，政府可能与科技公司和数据企业合作，积累了大量的公众数据。这些数据往往包含了个人的敏感信息，如果不加以妥善保护，可能会引发数据隐私风险。政府如果与第三方组织合作进行政策的制定或者服务的提供，可能会引发公众数据的滥用问题[1]。

第三，政府使用公众个人数据来为公众提供个性化的政策建议，也可能导致信息过度滥用的潜在风险。开放的数据与访问有助于项目和目标的具体化，但开放数据与访问的行为本身并不是中立的活动[2]。如果在未经公众明示同意的情况下，政府使用了公众的个人数据，这可能会侵犯公众的隐私权。

第四，目前的技术对于大规模数据的安全存储和传输还存在着一定的

---

[1] 王利明.数据共享与个人信息保护[J].现代法学，2019，41（01）：45-57.

[2] Glenna L, Hesse A, Hinrichs C, et al.Qualitative Research Ethics in the Big-Data Era[J]. *American Behavioral Scientist t*, 2019, 63（5）: 560-583.

局限性。如果政府数据库不够安全，数据泄露和黑客攻击可能导致公众个人数据的泄露，从而使他们容易受到身份盗窃等威胁[1]。政府内部工作人员也可能会滥用其权限，未经授权地访问或共享公众数据，造成数据隐私风险。

（二）数据隐私安全产生的原因

随着我国政府数据开放实践的不断推进，政府数据开放平台所面临的隐私保护问题逐渐显现，突显出数据开放与隐私保护的矛盾[2]。

第一，广泛性的数据收集是造成数据隐私安全困境的一个主要原因。数字治理通常需要大量的数据来制定政策、做出决策或提供服务。公众参与数字治理又通常需要提供个人信息，以确保身份识别、参与资格等。政府和其他治理机构为了实现这些目标，广泛地收集各类数据，包括个人和敏感信息。这导致了对数据的大规模收集，使得隐私问题凸显。

第二，对数据隐私问题的监督和制衡存在不足会导致数据隐私安全困境。在某些情况下，政府和监管机构可能未能有效监管数字治理中的数据隐私问题。公众也可能缺乏合理合法的途径来监督政府在数据收集和数据处理中的行为，很难去确保政府和第三方组织在数据处理方面遵守隐私法规。缺乏强有力的监管可能导致公众数据被滥用，进一步损害公众参与数字治理的公平性。

第三，公众的数据隐私安全意识与受教育程度也会影响到公众对数据隐私安全问题的重视程度。受到经济、文化、受教育程度等因素的影响，不是每个公众都具备足够的技术知识来保护自己的数据隐私。也有公众对数字治理和数据隐私的认知和理解程度不足，缺乏对个人数据权益的保护意识和知识。这可能导致公众在参与数字治理过程中对个人数据的保护不够重视，无法有效地采取措施来保护自己的数据，更容易成为数据隐私困

---

[1] Getaneh Berie Tarekegn, Yirga Yayeh Munaye. Big Data: Security Issues, Challenges and Future Scope[J].*International Journal of Computer Engineering & Technology*，2016（3）：1-11.

[2] 张聪丛，邰颖颖，赵畅，等.开放政府数据共享与使用中的隐私保护问题研究——基于开放政府数据生命周期理论[J].电子政务，2018,（9）：24-36.

境的受害者。

第四，现行的法律和伦理框架存在不足，可能无法完全应对数字治理带来的在数据隐私安全上的挑战和问题。数字治理平台可能存在数据泄露的风险，可能导致个人隐私和敏感信息的泄露。数据泄露不仅损害公众的权益，也对社会稳定和公共信任造成负面影响。随着数字化技术的不断进步和发展，法律法规可能滞后于技术和社会变革的步伐。这导致现有的法律框架在数据隐私保护方面存在不足，无法完全针对数字治理中的数据隐私困境进行规范和引导[1]。数字治理涉及大量的信息技术和数据处理技术，这些技术在一定程度上存在安全风险和隐私风险。

（三）数据隐私安全引发的风险

在政府数据开放的过程中，如果个人的隐私数据遭到泄露，会引发隐私侵害的风险，甚至危害到自然人的人身及财产安全，阻碍公众参与到数字治理当中。

第一，数据隐私安全的困境会影响公众对政府数字治理的信任程度。涉及数字治理中的数据收集、处理和分享时，公众的信任至关重要。当个人数据频繁泄露或被滥用时，公众会对数字治理过程中的数据收集、处理和分享持怀疑态度，降低他们积极参与的意愿。公众对数字治理的信任缺失会导致公共参与的减少，从而影响到决策的代表性和合法性。

第二，数据隐私安全困境可能导致某些公众无法平等地访问和掌握数字治理中的数据资源。由于担心个人隐私泄漏风险，一些公众可能选择保持数据私密，从而导致数据不对称的情况出现，削弱了数字治理的公平性。在数字治理中，数据被视为一种重要的资源，对于制定政策、提供公共服务和资源分配具有重要意义。然而，数据隐私安全困境使得一部分公众无法或不愿意将个人数据分享给政府或其他组织，造成数字鸿沟的加剧、数据不对称的情况出现；部分公众由于技术或经济条件的限制，或者由于访问权限的缺失，可能无法获取到数字治理所需要的信息和服务，从

---

[1] 孟天广.政府数字化转型的要素、机制与路径——兼论"技术赋能"与"技术赋权"的双向驱动[J].治理研究，2021，37（01）：5-14+2.

而造成不平等的数据访问权①。

第三，数据隐私安全困境可能导致个人隐私被侵犯、个人信息被滥用。这可能带来各种后果，如个人信息泄露、身份盗窃、个人数据被用于歧视和骚扰等。这些情况不仅严重侵犯了公众的隐私权，还可能给公众个人带来实际经济和心理上的伤害。如果数据隐私安全无法得到保障，公众的数据被恶意地操纵和滥用，一些假信息、误导性的数据分析等可能会影响公众舆论和政策的制定，从而影响公众的参与和数字治理的公平性，损害公众的利益。

第四，数字治理所依赖的大规模数据分析可能带来潜在的社会不公与歧视。如果数据采集和分析中存在偏见、歧视性算法或不完善的数据样本，就有可能导致部分公众在数字治理中受到歧视、权益受损，无法享受公平和平等的待遇。同时，数据隐私安全困境可能导致数字鸿沟的加剧，即信息和通信技术的使用和接触不平等。对于那些由于技术或经济条件的限制而无法获取到数字治理所需信息和服务的群体，他们可能会被排除在数字治理的资源分配和决策之外，进一步加剧社会不公平。

总之，在数字治理中，数据隐私安全困境需要引起广泛关注。数据隐私安全困境对公众参与数字治理公平性问题产生了重大影响。从公众信任缺失、不平等的数据访问权、信息操纵和舆论操控、个人权益受损以及社会不公与歧视风险等方面分析可知，解决数据隐私安全困境，保障公众参与数字治理的公平性迫在眉睫。通过加强数据隐私保护、确保算法公正和透明、提高公众数字素养，能有效解决社会不公与歧视风险，实现数字治理的公平和可持续发展。

---

① 李剑，王轩，林秀芹.数据访问和共享的规制路径研究——以欧盟《数据法案（草案）》为视角[J].情报理论与实践，2022，45（07）：102-108+101.

第二节　公众参与数字治理均衡性面临挑战的原因分析

目前我国公众参与数字政府治理取得了良好的进展，政府"主导者"的作用日益显著，公众参与的渠道也得到创新，网络形式让公众参与社会治理更加便捷，政府听取民意也更加高效。但我国公众参与数字治理中仍存在着一定的信息不对称、数字鸿沟、数据隐私安全等问题。从宏观角度研究相关问题的成因有助于我们更好地把握我国公众参与数字治理的现状，从而对症下药，找出解决问题的方法，提高公众参与数字治理的积极性，打造共建共治共享的社会治理格局。

一、政策举措对公众参与数字治理均衡性的影响

政策举措对公众参与数字治理均衡性具有重要的影响。技术赋能不等于技术万能，政府在数字治理领域的角色和行为直接关系到公众在决策制定和实施过程中的权益和机会[1]。

首先，政策举措对公众参与数字治理均衡性的影响体现在透明度方面。政府应该确保数字治理过程的透明度，及时、公开地向公众提供关于决策制定、政策依据及实施进展等方面的信息。透明度可以提高公众对决策的信任度，促进公众参与的主动性和积极性。如果政府在数字治理中缺乏透明度，公众的信息获取与参与能力将受到限制，有可能导致公平性问题的出现[2]。

---

[1] 郑磊.数字治理的效度、温度和尺度[J].治理研究，2021，37（02）：5-16+2.
[2] 文宏，黄之玦.网络反腐事件中的政府回应及其影响因素——基于170个网络反腐案例的实证分析[J].公共管理学报，2016，13（01）：21-30+152-153.

其次，政府的参与机制对公众参与数字治理均衡性也起到至关重要的作用。政府应当建立和完善多样化、包容性的参与机制，确保公众可以在决策过程中发表意见、表达关切和建议，并接受公平和公正的回应[1]。政府应当鼓励积极构建和发展公众参与平台，为不同群体提供平等的参与机会和资源，避免利益集团的垄断和独裁。然而，如果政府在参与机制的设计和实施中存在瑕疵，如信息不全面、决策过程不透明、反馈渠道不畅通等问题，将导致公众参与的不公平和不均衡。

再次，政府对公众权利的保障对于公众参与数字治理均衡性具有重要作用。政府应当承认和尊重公众的权利，包括言论自由、信息获取、参与决策等权利。政府应当制定和实施合适的法律法规，确保公众可以自由表达意见，并有权保护自己的利益和权益。政府还应建立有效的监督和维权机制，对违法行为和不公正行为进行监督和惩戒，保护公众参与数字治理的权益和公平性[2]。如果政府在权利保障方面存在缺陷，如言论管制、信息审查、惩罚异议者等行为，将导致公众的自由参与受到限制，公平性问题将进一步恶化。

最后，政府的数据隐私保护措施也影响着公众参与数字治理均衡性。政府应当制定健全的数据隐私法律法规，保护公众的个人信息免受滥用和未经授权的访问。政府还应建立数据使用和共享的规范，确保数据的安全性和合法性，并明确界定数据使用的目的和范围。如果政府在数据隐私保护方面存在不足，个人信息的泄露和滥用将对公众产生不利影响，公众参与数字治理的积极性和信任度将受到损害，公平性问题将愈发凸显[3]。

综上所述，政策举措对公众参与数字治理均衡性具有深远影响。政府应当确保数字治理透明、建立合理的参与机制、保障公众权利和数据隐

---

[1] 朱玲.我国数字政府治理的现实困境与突破路径[J].人民论坛，2019（32）：72-73.

[2] 崔靖梓.算法歧视挑战下平等权保护的危机与应对[J].法律科学（西北政法大学学报），2019，37（03）：29-42.

[3] 李延舜.公共视频监控中的公民隐私权保护研究[J].法律科学（西北政法大学学报），2019，37（03）：54-63.

私，以提升公众参与数字治理的公平性。政府应当积极倾听公众声音，回应公众需求，构建开放、公正、平等的数字治理环境，最终实现数字治理的民主化、公正化和可持续发展。

二、技术因素对公众参与数字治理均衡性的影响

在数字时代，技术对社会和治理产生了深远的影响，数字治理的实践越来越离不开各种科技工具和平台的支持[1]。

首先，技术因素对公众参与数字治理均衡性的影响体现在数字鸿沟方面。数字鸿沟指的是信息和通信技术的普及和使用在不同群体之间所存在的差异。如果某些群体无法获得适当的技术设备、网络连接和数字技能，将限制他们参与数字治理的机会和能力，进而影响公平性。政府应当积极推动数字包容政策，提供基础设施和培训，确保每个公众都能够享有平等的数字参与权利，缩小数字鸿沟，提升数字治理公平性。

其次，技术因素对公众参与数字治理均衡性的影响还表现在数字包容方面。数字包容指的是在数字治理过程中，确保公众具有平等的机会和资源参与决策和实施[2]。为了实现数字包容，政府和相关机构需要采取措施，促进数字技术的普及和使用，将数字技术作为一种工具，帮助公众表达意见、参与投票、监督决策和提供公共服务等行为。此外，政府还应在设计和开发数字化服务时，充分考虑不同群体的需求和使用习惯，确保数字服务的易用性和普及性。通过数字包容的措施，可以增加公众参与数字治理的机会和能力，提高公平性水平。

再次，技术因素对公众参与数字治理均衡性的影响体现在数据访问方面。数据在数字治理中具有极大的价值，因为它为政府决策提供了基础和依据。然而，如果公众无法访问和掌握相关数据，将限制他们参与决策和

---

[1] 刘淑春.数字政府战略意蕴、技术构架与路径设计——基于浙江改革的实践与探索[J].中国行政管理，2018（09）：37-45.

[2] 杜鹏，韩文婷.互联网与老年生活：挑战与机遇[J].人口研究，2021，45（03）：3-16.

监督的能力，影响公平性。政府应当采取措施确保数据开放和透明，为公众提供便捷的途径获取和使用相关数据。政府应当建立开放数据平台，提供易于理解的数据接口和工具，帮助公众参与到数据分析、可视化和共享中。此外，政府还应制定数据隐私保护政策，平衡公众参与和个人隐私的关系，确保数据访问的公平性和安全性。

最后，技术因素对公众参与数字治理均衡性的影响还体现在算法公正性方面。在数字治理中，算法被广泛应用于数据分析、个性化推荐、决策支持等领域。然而，如果算法存在偏见、歧视或不透明等问题，将直接影响公众参与数字治理的公平性[1]。政府应该推动算法公正性的研究和实践，确保算法的设计和实施不歧视任何群体，避免损害公众的权益和利益。政府也应当加强对算法决策的监督和审查，确保算法的公平性和透明度。此外，政府还应促进公众对算法的理解和参与，加强算法决策的民主化和合法性。

综上所述，技术因素对公众参与数字治理均衡性具有重要的影响。政府应当致力于缩小数字鸿沟，促进数字包容，确保公众能够访问和使用相关数据，并保证算法的公正性和透明度。通过不断改进和创新技术，政府可以提高数字治理的公平性，构建民主、参与和可持续发展的数字治理体系。

三、经济因素对公众参与数字治理均衡性的影响

在数字时代，经济因素在数字治理中发挥着关键的作用，影响着公众的参与程度和机会[2]。因此，经济因素对公众参与数字治理均衡性具有重要的影响。

---

[1] 张凌寒.算法自动化决策与行政正当程序制度的冲突与调和[J].东方法学，2020（06）：4-17.DOI：10.19404/j.cnki.dffx.20200928.001.

[2] 李琴，岳经纶.信息技术应用如何影响社会福利权的实现？——基于贫困治理的实证研究[J].公共行政评论，2021，14（03）：79-97+198.

首先，经济不平等对公众参与数字治理均衡性产生直接影响。经济不平等指的是社会中财富、收入和资源的不平均分配。如果存在宽广的贫富差距，少数富裕阶层将更容易参与数字治理，而较为贫困的群体则可能面临参与的障碍，从而影响公众的公平参与。为了提升公众参与数字治理的公平性，政府应该积极推动经济公平和社会公正，减少贫富差距，缩小收入分配差异。这可以通过实施积极的福利政策、税收政策和社会保障措施来实现，以确保每个公众都有平等的经济基础，从而有机会参与数字治理。

其次，数字经济的发展对公众参与数字治理均衡性产生深远影响。数字经济指的是以信息和通信技术为基础，以数字化产品、服务和商业模式为驱动力的经济形态。数字经济的快速发展为公众提供了更多的数字参与渠道，并为公众参与数字治理提供了更多机会。然而，数字经济也带来了新的经济不平等和社会排除的风险。在数字经济中，拥有技术、资源和数据的力量更容易获取更多的影响力和话语权。为了确保公众参与数字治理的公平性，政府应积极参与和引导数字经济的发展，制定相关政策和规则，确保数字经济的公平竞争和公共利益的平衡。

最后，数据所有权对公众参与数字治理均衡性产生影响。在数字治理中，数据被视为一种重要的资产，影响着公众的权益和利益。然而，数据的所有权往往掌握在企业、机构和政府等小部分人手中，公众对数据的掌握和管理权利受到限制，从而影响公众的公平参与。政府应推动数据所有权的合理分配和管理，制定相关的法律法规和规范，保护公众的数据权益，确保数据的开放和透明，鼓励公众参与数据的收集、分析和利用过程，提高公众参与数字治理的公平性和正义性。

综上所述，经济因素对公众参与数字治理均衡性具有重要的影响。政府应努力减少经济不平等，推动数字经济的发展，缩小数字鸿沟，并保障公众对数据的所有权和控制权。通过这些措施，可以提升公众参与数字治理的公平性，建立更加包容和公正的数字治理体系。

四、社会因素对公众参与数字治理均衡性的影响

在数字时代，社会信任、社会互动、社会的参与文化、社会正义等社会因素影响公众参与数字治理的机会和程度。

首先，社会信任对公众参与数字治理均衡性产生重要影响。社会信任是指社会成员对他人、组织和制度的信任程度。在数字治理中，公众对政府和相关机构的信任关系到他们参与数字治理的意愿和机会。如果公众对数字治理机构缺乏信任，他们可能会对数字治理过程持怀疑态度[1]。政府和相关机构应建立透明、负责任的数字治理机制，积极消除信息不对称和行为不确定性，加强社会与公众之间的信任关系，提升公众对数字治理的信任度，以促进公平的参与。

其次，社会互动对公众参与数字治理均衡性产生影响。社会互动是指个体与他人和社会机构之间的交流和互动过程。在数字治理中，社会互动对信息的获取、意见的表达和决策的影响起着重要作用。如果社会互动缺乏公平和民主原则，意见的表达受到限制，参与机会不平等，就会影响公众参与数字治理的公平性[2]。政府和相关机构应鼓励公开、透明的社会互动，建立广泛的参与渠道，提供充分的信息和意见反馈机制，确保公众能够平等参与数字治理的各个环节，确保公平性。

再次，社会的参与文化对公众参与数字治理均衡性产生影响。参与文化是指社会对参与公共事务和决策过程的态度和文化观念。如果社会存在低参与文化，公众可能对参与数字治理缺乏兴趣和意愿，从而影响公平性；而集体性参与则会强化公众的网络参与意识[3]。政府应该通过教育、宣传和参与机制的建立，培养公众参与意识和文化，鼓励公众积极参与数

---

[1] 乔立娜.电子政务发展与公众信任——国际行政科学学会（IIAS）第30届大会"电子政务平台，加强公众信任"分议题观点综述[J].电子政务，2012（12）：81-87.

[2] 陈丹引，闵学勤.线上社区参与的邻里效应——基于社区微信群的实证分析[J].社会发展研究，2021，8（03）：88-108+243-244.

[3] 孟天广，季程远.重访数字民主：互联网介入与网络政治参与——基于列举实验的发现[J].清华大学学报（哲学社会科学版），2016，31（04）：43-54+194-195.

字治理的讨论、决策和实施。同时，政府还应提供支持和资源，让更多社会群体能够充分参与和发言，确保公众参与数字治理的包容性和多样性，增强公平性。

最后，社会正义对公众参与数字治理均衡性产生影响。社会正义是指社会中资源、权利和机会的合理分配。在数字治理中，社会正义的实现与公众参与的公平性密切相关。如果社会存在结构性不平等、歧视和排斥现象，部分社会群体可能无法获得公平的参与机会，从而影响公众参与数字治理的公平性[1]。政府应关注社会正义问题，积极推动社会公平和公正，减少社会不平等，消除歧视和排斥，提供平等的参与条件和机会，确保所有公众能够平等参与数字治理的过程和决策。

综上所述，社会因素对公众参与数字治理均衡性具有重要影响。政府应重视和尊重社会文化多样性，建立信任关系，培养参与文化和追求社会正义，以促进公众参与数字治理的公平性和包容性。通过这些努力，可以建立一个更加公正和公平的数字治理环境，实现广大公众的有效参与和贡献。

五、文化因素对公众参与数字治理均衡性的影响

文化因素对公众参与数字治理均衡性具有重要的影响。社会文化的多样性、文化认同、不同文化群体的价值观念和习惯等因素影响着公众对数字治理的理解、参与意愿以及参与机会。

首先，社会文化多样性对公众参与数字治理均衡性产生影响。社会文化多样性指的是不同的社会群体拥有不同的语言、宗教、价值观念和习俗等特征。在数字治理中，社会文化多样性可能导致信息传播的不平等和沟通的障碍。不同社会群体由于语言、文化和认知差异，可能会在信息获取、知识理解和参与机会方面存在差异。为了提升公众参与数字治理的公

---

[1] 孟庆国，崔萌，吴晶妹等.政府公信力的伦理解释与建构——数字治理价值实现的基础理论[J].中国行政管理，2021（02）：14-20.

平性，政府和相关机构需要关注并尊重社会文化多样性，提供多样化的信息传播渠道，提供多语言、多文化的参与机会，确保每个公众都能够平等参与数字治理的过程。

其次，文化认同是影响公众参与数字治理均衡性的重要因素之一。文化认同是指个体对所属社群的认同感和归属感。如果公众对数字治理所代表的价值观和文化认同感较弱，他们可能会对数字治理过程持保留态度，缺乏积极参与的意愿，从而影响其公平性[1]。政府和相关机构应重视文化多样性，尊重不同文化群体的价值观念和利益诉求，建立包容性的数字治理机制，确保不同文化认同的公众都能平等参与数字治理的决策和实施过程，提升公平性。

再次，信息传播对公众参与数字治理均衡性产生重要影响。不同文化群体对于信息的获取和理解方式存在差异，这可能导致信息传播的不平等性。如果信息的流通受到限制，或者只有少数特定文化群体能够理解和参与，就会造成公众参与数字治理的不均衡[2]。政府和相关机构应采取多元化的信息传播策略，结合不同文化群体的特点和需求，提供多样化的信息渠道和内容，确保公众都有机会获取并理解相关信息，促进公众在数字治理中的平等参与。

最后，决策制定的过程和结果往往受到文化因素的影响。如果决策过程缺乏公正和民主原则，决策结果偏向特定文化价值观或利益集团，就会影响公众对数字治理公平性的认知和参与意愿。政府和相关机构应倡导决策的多元化和民主化，包容不同文化群体的声音和利益，确保决策的公正性和公平性，并提供透明的决策过程，让公众能够参与并监督决策的制定和实施。

综上所述，文化因素对公众参与数字治理均衡性产生重要影响。为了

---

[1] 仲利娟.社会治理效能感对政治认同的影响——基于对河南省居民的调查分析[J].领导科学，2018（14）：56-58.

[2] 段京肃.社会的阶层分化与媒介的控制权和使用权[J].厦门大学学报（哲学社会科学版），2004（01）：44-51.

提升公众参与数字治理均衡性，政府和相关机构应重视文化认同，鼓励包容性的社会互动，推动多渠道的信息传播，以及保障决策公正和多元化。通过这些举措，可以建立一个更加公正和包容的数字治理环境，实现公众在数字治理中的公平参与和共同治理。

第五章　国外公众参与数字化治理的经验借鉴

在当今数字技术迅速发展的时代背景下，各国政府都在积极推动国家治理的数字化转型。与部分数字化治理发展较为成熟的国家相比，我国的数字化治理还存在一定的差距，特别是公众参与的深度和广度仍显不足。为了进一步促进我国公众参与到数字化治理中，研究学习他国的有益经验尤为关键。国外发展数字化治理的时间更长，已经积累了相当丰富的实践经验，其中以丹麦的成就最为突出，具有良好的借鉴意义。新加坡的数字化治理在亚洲地区遥遥领先，其实现方式对我国也具有很好的可借鉴性。因此，本章节将以丹麦和新加坡两国为例，介绍他们在公众参与数字化治理方面的成功经验，从中获得提高我国公众参与数字化治理均衡性的重要启示。

第一节　丹麦公众参与数字化治理的实践案例

丹麦作为北欧的高福利发达国家，在数字化治理方面取得了显著成就。政府通过多项技术创新，为公众提供了一站式数字化公共服务，不断鼓励公众参与到数字化治理过程中，提高了公众参与的广度和深度。本节主要介绍丹麦促进公众参与数字化治理的技术手段和丹麦提升公众参与数字化治理均衡性的重要措施，由此总结出其在数字化治理方面实现高度公众参与的相关经验，为我国数字治理的发展提供借鉴。

一、丹麦公众参与数字化治理的基本情况

丹麦位于欧洲北部，是一个仅有594.7万人口的高福利国家。为了提高公共服务水平，早在20世纪90年代丹麦就开始关注政府服务的数字化建设[1]。在二十多年的实践探索中，由于政府的高度重视以及各地区部门之间的密切合作，丹麦建立起强大的数字基础设施，在数字化治理方面取得了世界瞩目的成就，成为数字国家建设的国际领跑者。在欧盟委员会测算的数字经济与社会指数（DESI）国际排名中，丹麦从2014年开始就位居榜首，在人力资本、数字基础设施、数字技术集成和数字公共服务四个方面的测评都有着不错的表现。此外，《2022联合国电子政务调查报告》显示，丹麦以0.9717的超高EGDI（E-Government Development index）值（电子政务发展指数）名列全球第一，超越英美等国。

在所有的欧盟国家中，丹麦民众使用电子政务的比例最高。调查数据显示，2021年有91.8%的丹麦公众使用过在线公共服务，约有90%的公众使用电子邮件与政府部门进行过沟通。不仅是年轻群体，丹麦的老年人同样也参与了数字化公共服务，国家养老金的在线申请率高达95%，体现出数字服务在老年群体内的普及程度[2]。丹麦全社会都对数字技术高度接受，并将数字技术广泛应用于公共部门服务的方方面面，这主要是因为从1999年开始，丹麦就为公共部门的数字化建设制定了明确的目标，包括通过网络社会确保公众实现终身学习、借助数字行政为公众提供高效满意的公共服务以及让所有公众都能在线参与民主开放的决策过程和丰富多

---

[1] 徐国冲，吴筱薇."数字丹麦"建设：战略、特点与启示[J].学习论坛，2021（02）：70-78.

[2] How Denmark Became a Global Digital Frontrunner[EB/OL].[2022-09-03].https://digitaldenmark.dk/.

彩的丹麦文化活动，这些目标为丹麦政府未来二十多年的发展奠定了基础[1]。

在数字化建设的初始阶段，丹麦仅在部分公共部门的内部实现了办公信息化，政府工作人员只是使用电子设备进行简单的数据处理，后来才逐渐从少数部门推广到多数部门，由部门内部逐渐向外部扩展。到了2004年，伴随电子政务战略的提出，丹麦开始建立专门的信息网络平台，在政府门户网站上为公众和企业提供同等高质量水平的数字公共服务，注重服务的高效率和公平性。丹麦的数字化发展速度和规模都发生了质的变化，从2011年至今，丹麦的数字化建设已经进入到成熟阶段，实现了信息资源的共享，在公共部门内部实行无纸化办公，做到了电子化全覆盖。在此基础上，丹麦进一步探索高质量数字化方案，加强公共部门之间的联系与合作，开放政府的基本数据，利用电子服务平台畅通公众、企业和政府工作人员的交流渠道，同时重视网络信息安全，以公众、企业和部门的多方合作来抵御数字风险，保护整个网络信息系统乃至国家信息系统的安全[2]。

二、丹麦促进公众参与数字化治理的技术手段

丹麦在数字化建设方面处于世界领先地位，通过多种创新性技术手段，丹麦成功实现公众对数字化治理的广泛参与，从为小孩报名幼儿园再到支付个人银行账单，公众能够安全地享受到一百多种不同的公共服务和私人服务。为实现多种多样的服务功能，丹麦主要依靠了六种信息化工具，分别是中央数据库（CPR）、数字身份证（NemID）、数字邮政（Digital Post）、数字银行账户（NemKonto）、一站式政府服务网站

---

[1] 李德升.丹麦电子政务建设的思路和措施[J].信息化建设，2005（11）：40-43.
[2] 徐国冲，吴筱薇."数字丹麦"建设：战略、特点与启示[J].学习论坛，2021（02）：70-78.

（Borger.dk）以及包含各种服务的移动应用程序（APP）[①]，它们为提升服务可及性和促进公众参与提供了关键的技术保障。

（一）中央数据库（CPR）

1968年，丹麦政府建立了中央数据库（CPR），数据库内包含了每个丹麦居民的个人信息。通过使用中央数据库，丹麦居民可以完成诸如登记儿童日托等候名单、报告住址变更、申请儿童福利、选择或更换主治医师、申请税务卡和个人税务号码、退税、索要假期津贴、申请离婚、申请驾照、订购新的健康保险、申请居家护理、获取考试成绩等多种操作。中央数据库的建立标志着丹麦数字化时代的到来，从此以后数据信息开始被收集和测量，对丹麦之后的数字化转型产生了深远的影响。

（二）数字身份证（NemID）

1999年，丹麦开展了第一个数字签名试点项目，11年后，数字身份证（NemID）问世。数字身份证（NemID），也被叫做"简易身份证"，是丹麦数字化建设过程中重要的电子身份信息识别服务，通过双因素身份验证的形式，居民可以使用NemID卡验证自己的身份。数字身份证（NemID）如同一把安全的数字钥匙，可以跨政府部门使用，在公共部门和私营部门都能发挥作用，使得丹麦居民和企业能够在所有公共和私人数字服务中以电子方式进行身份识别，以便于签署文件和登录数字银行、医疗服务以及税务账号等。

2018年，丹麦政府发布了一款用户友好型移动应用程序，允许居民在没有实体NemID卡的情况下进行身份识别。如今，丹麦90%以上的公众都在使用NemID进行数字识别，并将NemID与NemLog-in这种通用的登录页面结合使用，所有的公共服务都有相应的为人熟知的登录页面，居民们只需要记住一个身份号码和一个登录密码就可以访问几乎所有内容，减少了信息传递的摩擦，有利于数据信息在不同部门间互通。

尽管NemID的使用率和效率已经达到了较高水平，丹麦仍在继续开

[①] How Denmark Became a Global leader in Digital Government[EB/OL].[2023-02-16].https://queue-it.com/blog/government-digital-transformation-denmark/.

发数字身份证服务，2022年，丹麦政府与丹麦银行合作，共同推出了第三代数字身份证，名为MitID（"我的ID"），进一步增强了数据安全性，以应对日益严重的网络欺诈和网络钓鱼问题。

（三）数字邮政（Digital Post）

数字邮箱并非新鲜事物，日常工作和生活中使用的各类电子邮箱都属于数字邮箱，但丹麦的数字邮政（Digital Post）却使政府部门能够安全可靠地与公众和企业沟通。丹麦的数字邮政（Digital Post）具备的一个关键特征就是丹麦的法律要求公民和企业必须阅读数字邮政内收到的邮件，这也就意味着政府部门通过数字邮政发送出的信息都具有法律效力。

如今，丹麦公众在接收安全的数字邮件时有几种不同的模式选择，最常用的数字邮政（Digital Post）指的是由政府部门向公众发送信息的服务模式，此外还有电子图书（E-Boks）和政务信息门户（mit.dk）是在公司伙伴关系中创建的补充服务。它们都属于数字邮箱，让公共部门机构和私营部门企业能够安全地与公民、员工、合作伙伴和客户进行在线通信。与其他所有的数字公共服务一样，公民通过NemID数字身份证即可访问数字邮政平台，以此确保数据信息的安全可靠。调查显示，目前约有94%的丹麦公众使用数字邮政服务，通过数字邮政平台与政府部门沟通交流，并且有92%的用户认为数字邮政值得信赖。

（四）数字银行账户（NemKonto）

数字银行账户（NemKonto），又可译为"轻松账户"，是一个常规的银行账户，从2004年开始在丹麦推广，这种账户与公众的个人银行账户强制绑定，政府要求所有18岁以上的丹麦公众和企业都必须注册。NemKonto看似普通，却具备诸多重要功能，为政府和企业向公众支付款项提供了便捷途径。例如，当政府发放失业救济金、提供学业支持或处理纳税申报单时，凭借该账户便能获取每一家企业和每一位公众的详细账户信息。NemKonto数字银行账户与个人的身份号码相关联，意味着单一的政府部门不需要掌握银行的详细信息，当个人或企业更新NemKondo时，相关信息会在整个公共部门系统内自动同步。对于公众而言，获取

NemKonto数字银行账户也是非常轻松简单的,因为当在丹麦开立银行账户时,NemKondo也会随之自动生成,不会给公众造成额外负担。

(五)政府服务网站(Borger.dk)

在丹麦,无论公众需要什么样的公共服务,都可以在政府服务网站(Borger.dk)上获得。Borger.dk是丹麦的一站式政府服务网站,"Borger"是"公众"的意思,在这个网站中,公众可以申请失业、办理新的健康证、登记结婚、登记住址变更、缴纳税款,甚至是申报自行车被盗等,几乎每一项服务都可以通过数字化的方式完成,指导着丹麦公众在关键的生活事件方面与政府部门交流互动。为了具体呈现这些数字公共服务的工作流程,以缴纳税款这项事务为例,首先,丹麦公众会在数字邮政(Digital Post)上收到通知纳税时间的邮件,然后他可以在Borger.dk网站上找到税务网站的入口链接,进入税务网站后通过NemID和NemLog进行登录并填写纳税申报表,之后将纳税申报表存入到NemKonto中。除了为丹麦公众提供的"内向型"数字化服务外,丹麦践行"公众无国界"的服务理念,还制作了一个英文版的Denmark.dk政府信息网站,向外界展示丹麦的良好形象,为国外人民和企业提供精准分类的数字公共服务[1]。

(六)移动应用程序(APP)

与许多私营企业一样,丹麦政府并不满足于现有的数字公共服务,相反,政府部门不断采取优化策略以提高服务的可用性和用户体验。为此,丹麦持续开发各种公共服务的移动应用程序(APP),注重提升公众的使用体验,这也是丹麦公众数字服务使用率高的关键所在。例如,丹麦有一个驾驶执照移动应用程序,它与实体驾驶执照的功能完全一样,内含一个用来验证身份的动态二维码,还能接收驾照需要审查时的通知信息;还有关于健康保险的移动应用程序,能让公众更加便捷地享受医疗保健服务;另外有一些应用程序可以访问数字邮政(Digital Post),通过使用数字身份证(NemID),只需要一个电话号码就可以在不同帐户之间汇款,简化

---

[1] 徐国冲,吴筱薇."数字丹麦"建设:战略、特点与启示[J].学习论坛,2021(02):70-78.

了烦琐的支付流程。

三、丹麦提升公众参与数字化治理均衡性的重要措施

发展数字化治理有助于加快经济增长速度，提高公众的生活质量，但如果想要让数字化建设真正意义上造福于民，就需要我们特别关注提升公众参与数字化治理均衡性的问题。作为全球数字化治理的领导者，除了创新发展数字技术之外，丹麦成功的最主要因素就是公众对彼此以及国家的高度信任。丹麦以公众需求为中心，高度重视公众利益，构建值得信赖的解决方案满足公众需要，推动公众的数字参与；推进数据开放共享，减少信息差，为公众提供平等的数字参与机会；注重保护数据信息安全，以立法形式建立强大的数字安全保障体系，提高民众对公共部门数据管理的信任度。

（一）以公众需求为中心

"以公众需求为中心"是丹麦数字化建设贯穿始终的基本性原则，这就意味着丹麦的公共部门在提供服务时需要以公众的需求和利益作为出发点，不断提升服务质量，而且不仅要关注大多数人的需求和利益，还不能忽视数字边缘群体的公共利益和服务需求，公共部门需及时解决每个公众的问题。从政府信息网站的设计上，丹麦就遵循着用户友好的原则，设计风格趋于简约，服务标题简洁明了，便于公众快速找到自己需要的公共服务，在办理具体业务时，网页上还附有易于理解的办事攻略，为公众提供简明易懂的操作指南。为了降低公众和政府部门之间的沟通成本，让政府更好地了解公众需求，丹麦强制要求公众注册数字邮政，保证公众与政府公共机构之间能够直接沟通往来。丹麦还致力于打造无缝隙的互动型数字政务，公众在政府网站上传达需求时，网站按照需求类型设置不同的时间节点，限制公共部门在截止时间前完成回应，保证需求反馈的及时性[①]。

---

① 徐国冲，吴筱薇."数字丹麦"建设：战略、特点与启示[J].学习论坛，2021（02）：70-78.

虽然70%的丹麦成年公众具备基本的数字技能，但仍有部分群体面临着数字化挑战，这些群体包括老年人、残疾人、移民群体等。为了解决这个问题，丹麦在《2016—2020数字化战略》中指出，要最大限度地关注数字边缘群体的公共利益和服务需求，建立多方群体利益表达的补充渠道[①]。因此，丹麦不断加强政府部门网站的可访问性和技术的可获得性，并对有特殊需要的公众进行针对性的沟通和援助，帮助他们获得使用数字服务的技能，以此来减少数字排斥，提升数字包容度。从2015年开始，丹麦数字政府机构就建立了一个全国性的数字包容网络，由约70个不同的政府机构、社会组织以及与数字挑战居民相关的其他实体组成，其目标是增强面临数字挑战的居民参与数字化社会治理的可能性。该网络每半年一次会提出各种提高弱势群体数字化能力的想法和倡议，比如他们通过调研分析为有数字化障碍的人群制作了特殊的教育材料，开发了沙盒平台以供人们练习使用数字身份证（MitID）和数字邮政（Digital Post）。

伴随数字化建设的深入推进，丹麦政府更加及时主动地为公众提供数字化服务，公众也逐渐提高对公共部门的信任程度，公众和公共部门之间形成了牢固的信任网络，更加有助于公众对数字化治理的积极参与。高度的信任基础促使公众在遇到问题时更愿意去向公共部门寻求帮助，公众反映自身需求的自发程度持续提升，整个社会的运作也更加便捷、透明和高效，形成了公众参与数字化治理的良性循环。

（二）推进数据开放共享

数字化治理强调对数据信息的整合与应用，数据开放共享是将数据灵活应用于社会治理的重要前提。为了推动数字化治理的发展，提升公众对数字治理的参与度，需要减少公众获取公共部门基本数据的难度，以开放的数据信息来支撑各种各样的数字服务，通过数据共享来提高公众参与数字化治理的均衡性，为全体公众提供同等的数字参与机会。丹麦的政府数据开放工作起步较早，数据开放水平较高，根据《全球数据开放晴雨表

---

① 杨巧云，梁诗露，杨丹.国外政府数字化转型政策比较研究[J].情报杂志，2021，40（10）：128-138.

报告》，丹麦的整体数据开放水平在全世界排名第13位，而中国的排名靠后，仅排在了第71位[1]。与丹麦相比，我国的政府数据开放工作还有待加强，应学习丹麦先进成熟的建设经验，推动数据开放共享，以加速数字化进程。

丹麦最早的政府数据开放政策是2002年由丹麦财政部颁布的《促进公共数据免费开放协议》，当时是以提高公共部门工作效率和服务质量为主要目标，首次向外界免费开放政府的所有地址数据。后来在2011年，丹麦数字化机构作为财政部的下属机构成立，负责制定数据开放相关的战略、规划、政策等，并监督实施各项政策规划，贯彻落实丹麦政府在公共部门的数字化目标[2]。2012年10月，数字化机构在《基本数据项目》中提出公共部门应该免费开放那些关于丹麦和丹麦公众的基础数据，并明确了基础数据的范围，其中包括地理、地貌、道路、建筑、气候、水资源、企业和个人等方面的数据，还详细规划了不同类型数据的具体开放时间。《基本数据项目》提出了四个最重要的基本数据开放目标：一是基本数据应尽可能准确、全面、实时；二是所有公共部门应使用统一的公共基本数据；三是除了敏感的个人信息，所有基本数据都应对公众和企业免费开放；四是基本数据必须能够有效传递，以满足用户需求[3]。丹麦从基本数据开始逐步开放政府数据信息，到后来诸如政府开支等关键的公共信息数据也为公众免费提供。

丹麦将推进数据开放共享作为建设数字国家和保障社会福利的一项重要措施，数据开放的范围广泛而全面，开放的步骤清晰且明确，相关政策的制定和实施也具有连贯性。丹麦特别强调开放数据的高质量以及跨部门

---

[1] World Wide Web Foundation.Open Data Barometer Global Report Fourth Edition[EB/OL].[2017-05-23].https：//opendatabarometer.org/doc/4thEdition/ODB-4thEdition-GlobalReport.pdf.

[2] 黄雨婷，黄如花.丹麦政府数据开放的政策法规保障及对我国的启示[J].图书与情报，2017（01）：27-36.

[3] Danish Agency for Digital Government.Good Basic Data for Everyone-A Driver for Growth and Efficiency[EB/OL].[2012-10-08].https：//en.digst.dk/media/14139/grunddata_uk_web_05102012_publication.pdf.

的数据共享，要求提高数据的准确性，减少隐藏数据和错误数据，消除冗余数据，建立跨部门的统一数据开放平台，确保各机构间数据的一致性[1]。通过政府数据的开放共享，公共部门的服务效率和服务质量都得到提升，公众能够更加轻松快捷地获取数据信息，实现与公共部门的无障碍沟通，由此提高对数字公共服务的满意程度和参与意愿，带动更多公众参与到数字化治理中。

（三）保护数据信息安全

在促进数据开放共享的同时，丹麦同样也意识到数据的安全与保密问题，数字化建设不仅要挖掘数据价值、拓展数据的使用范围，还要做好数据的存储和管理工作，确保个人隐私数据和机密数据不被泄露，保护数据信息安全，为数字化服务建立安全网，从而保护数据相关对象的权益，使公众没有后顾之忧地与公共部门共享数据信息，实现数据的高效应用。

目前，丹麦主要通过制度建立和技术创新两种方式来保护数据信息安全。在制度层面，丹麦于2000年颁布了《关于处理个人数据的法案》，该法案从2000年到2013年经过了多次修正，对不同类型的个人数据的获取、保存、传播和使用进行了规范，避免个人隐私泄露，保护了公众的合法权益。2005年6月，丹麦制定了《公共部门信息再利用法案》，并在2008年和2014年对该法案进行两次修正，为公共部门文件和数据的再利用建立了统一的规则，对政府数据的获取程序、使用范围、格式和费用等问题进行规定。值得注意的是，这部法案还没有将公布文件与数据确定为公共部门的一项义务，只是要求公共部门在开放数据时必须采取非歧视性、无限制性的手段。2016年5月，丹麦在《2016—2020数字化战略》中指出公共部门有义务有根据地收集、存储和使用个人隐私数据和机密数据，要求对访问敏感数据的权限进行控制，公共部门应对企业和公众的隐私数据建立安全等级，并且公职人员在工作中必须严格遵守ISO27001国际信息安全标准。此外，丹麦还明确提出要强化相关法律建设，计划继续完善关于

---

[1] 黄雨婷，黄如花.丹麦政府数据开放的政策法规保障及对我国的启示[J].图书与情报，2017（01）：27-36.

数据开放共享的法律体系。

在技术层面，数字身份证（NemID）和电子签名为丹麦保护数据隐私安全提供了重要的技术支持。目前，数字身份证（NemID）已被完全纳入公共部门的数字解决方案，并已融入跨部门合作的各个环节，公众仅需使用数字身份号码及登录密码即可完成身份识别，利用NemID访问公共部门的各种数据信息，申请多项数字服务[1]。电子签名来源于丹麦政府的官方数字签名计划，根据该计划，每个丹麦公众都可以得到一个免费的基于软件的电子签名，在大部分公共部门和私人部门的交易中使用。电子签名已获得立法保障[2]，基于技术和法律的双重层面保护数据信息安全。

保护数据隐私安全是数据共享时代提高公众对数字化治理信任度与满意度的重要前提，只有规范管理公众数据信息，才能提高公众对数字技术的接受度，促使公众更愿意学习并使用数字化服务，进而提升公众参与数字化治理的均衡性，构建全民共享的数字化社会。

四、丹麦公众参与数字化治理的经验

丹麦常常被誉为是数字化建设的佼佼者，其政府的数字化转型取得了巨大的成功，令丹麦公众广泛参与到数字化治理中并对数字化服务颇为满意，梳理其数字化发展的过程，可以发现丹麦之所以能实现数字化治理的高度公众参与，主要是依靠了以下三点经验。

（一）推进国家顶层设计战略规划

丹麦非常重视数字化发展过程中的国家顶层设计和战略规划，这些战略具有很强的前瞻性，常常走在时代前列，对现实实践极具指导意义。从1994年开始，丹麦政府发布的《信息社会2000战略》就为丹麦的信息化

---

[1] 杨巧云，梁诗露，杨丹.国外政府数字化转型政策比较研究[J].情报杂志，2021，40（10）：128-138.

[2] 陈士俊，柏高原.瑞典、丹麦和挪威电子政务立法及启示[J].电子政务，2010（05）：108-112.

和数字政务的发展奠定了基础，之后，根据数字化发展的实际需要，政府及时推出新的战略规划，《迈向电子政务：丹麦公共部门的抱负和战略》《2011到2015年数字政府战略》《2016—2020年数字化战略》《2018—2021年丹麦网络和信息安全战略》相继出台。

丹麦不仅重视战略规划的制定，还注重保持战略的持续连贯性，这种持续连贯并非停留于时间概念上的及时和高频率，更关键的是战略内容的延续和发展，后出台的政策是对之前的修正与改进，不会出现政策之间的跳跃脱节。与中国的"先试点，后推广"不同，丹麦主要采取"自上而下"的方式推进数字国家建设，中央政府在顶层设计上下功夫，先行制定国家整体的数字化建设战略，然后地方政府和有关机构再发挥积极性、主动性和创造性，针对实际情况采取具体的措施，中央与地方共同协作、形成合力，双向推进"数字丹麦"的发展。

（二）遵循公众需求导向拓展服务

丹麦一直把公众的需求和利益放在首位，遵循公众需求导向拓展服务，"以公众需求为中心"的思想贯穿了丹麦数字化建设的全部历程。首先，丹麦通过建立政府信息网站，提供易操作的精准分类服务，帮助公众以最快速度获取所需的公共服务，使公众的服务需求得到满足。信息门户网站大大提高了政府提供公共服务的效率，政府与公众之间的沟通成本随之降低。同时，该网站还为在丹麦居住生活的外籍人员提供了英文版本，非丹麦公众同样能享受到个性化的数字公共服务，这充分体现了丹麦的"公众无国界"观点[1]。

其次，丹麦充分考虑了不同阶级、不同年龄的人群之间受教育程度和数字素养水平的差异，政府网站上与公共服务相关的信息都尽可能以简单日常的方式呈现，方便公众解读信息并快速找到数字服务入口，增加了一部分受教育程度不高的公众接受服务的机会，降低了公众与政府互动的门槛。

---

[1] 徐国冲，吴筱薇."数字丹麦"建设：战略、特点与启示[J].学习论坛，2021（02）：70-78.

最后，丹麦所遵循的公众需求导向并不是指完全地顺从民意，而是在实施政府强制性政策的基础上，给予公众可灵活选择的弹性空间，先推行"自上而下"的政策，再获取"自下而上"的反馈，实现政民之间的良好互动，由此不断拓展与公众需求相匹配的数字公共服务。

（三）注重技术创新优化服务质量

在推进数字化治理的过程中，丹麦同样重视数字技术的创新，并且始终强调通过探索新的技术手段和应用模式来不断提高数字化服务的效率和质量。这种创新精神使得数字技术渗透到公众日常生活的多个方面，进一步提升了公众的生活质量。早在20世纪90年代，丹麦就已经成立科技创新部，以推动数字技术创新，为数字技术的发展指引方向。

丹麦在数字技术上的投入也非常大，以2019年为例，丹麦政府预算拨款2700万欧元用于新技术研发、1070万欧元用于包括人工智能在内的数字技术研究[1]。伴随对数字技术的高水平资金投入，丹麦朝着智能化方向迅猛发展，网络基础设施日益完善，网络覆盖率世界第一。在此基础上，丹麦积极采用云计算、大数据和人工智能等技术，对公共服务进行优化，并已具备广泛的应用。在农业、运输业、能源、医疗保健等多个领域，丹麦运用人工智能技术升级优化原有服务，为公众提供更多便利。同时，政府积极鼓励公共部门采用云计算技术，整合处理从多种渠道搜集的数据，从而让信息技术解决方案更加经济高效。为了保护个人隐私数据，以及针对科学技术的应用做出规范，丹麦还制定了人工智能相关的道德和法律框架，为数字化治理提供安全保障。

---

[1] 杨巧云,梁诗露,杨丹.国外政府数字化转型政策比较研究[J].情报杂志,2021,40(10):128-138.

第二节　新加坡公众参与数字化治理的实践案例

新加坡是亚洲的发达国家，其数字化治理成就备受瞩目。政府通过实施数字化战略，为公众提供更加便捷的数字参与方式，提高了数字公共服务的效率。同样作为亚洲国家，新加坡的环境和国情与我国有相似之处，其推动公众参与数字化治理的经验对我国的数字化转型之路具有较强的借鉴意义。本节将介绍新加坡公众参与数字化治理的实践案例，为我国提供有益的经验借鉴与发展启示。

一、新加坡公众参与数字化治理的基本情况

新加坡是东南亚热带地区的一个岛国，国土面积仅为735.2平方公里。由于土地狭小以及自然资源匮乏，新加坡缺少发展的先天优势，但随着政府的不断改革，以及对数字化转型的不断探索，经过四十多年的发展，新加坡以其卓越的智慧国家建设，成了全球数字治理的领军者。

新加坡的数字治理探索之路最早可以追溯到20世纪80年代，四十多年来，新加坡一直坚持着"以公众为中心"的思想推动数字政府建设[①]。新加坡的数字治理发展过程可以分为四个阶段：第一阶段（1980—1990年）以信息技术普及为主，普及对象主要是各级公务员，从20世纪80年代初开始，新加坡政府为各级公务员普遍配备计算机，并对他们进行信息技术培训，以此来提高政府的工作效率，这一时期也是新加坡政府对电子政务的初级探索阶段；第二阶段（1990—2000年）致力于打通信息孤岛，不断在家庭、学校、公共图书馆和社区活动中心等居住场所或公共场

---

① 胡税根，杨竞楠.新加坡数字政府建设的实践与经验借鉴[J].治理研究，2019，35（06）：53-59.

所建设网络宽带等基础设施，向全民提供网络服务，旨在将新加坡建设成为"智慧"岛；第三阶段（2000—2006年）愈发重视将数字技术与政府治理工作相结合，出台了新加坡第一个电子政务行动计划，目标打造一个公众可以随时随地获得信息服务的高效能社会，同时，新加坡政府致力于消除数字鸿沟，确保所有社会阶层都能享受到信息通信服务的便利，提升大众的电子技术应用能力，以更好地融入数字化社会；第四阶段（2006年至今）则是智慧国家建设阶段，新加坡政府提出了首个政府统筹的智慧国家发展蓝图，使所有社会居民都能参与到数字治理中，通过建立全国性数据连接、收集、储存、分析体系，建立智能型国家，为公众提供更加优质的公共服务[1][2][3]。

目前，新加坡政府在城市建设和管理的多个领域广泛使用数字化技术，不断提升公众对数字化服务的参与度。政府部门有将近98%的公共服务是通过在线平台提供的，方便居民随时随地享受到政府的"一站式服务"。《2022联合国电子政务调查报告》显示，新加坡的电子政务发展指数（EGDI）为0.9133，位列全球第12名，其中电子参与指数（EPI）为0.9773，位列全球第3名，表现出新加坡公众对数字化公共服务的超高使用情况。不仅如此，根据调查，在民众反馈方面，新加坡有97%的用户对政府门户网站的易用性和有用性感到满意，满意程度比很多欧洲发达国家还要高[4]。新加坡在数字治理领域中表现出色，关于其如何动员公众广泛参与数字化治理的问题，我们有必要进行深入的思考，从而汲取他国的先进经验，以提升我国在公共服务、社会治理等方面的数字化智能水平。

---

[1] 胡税根，杨竞楠.新加坡数字政府建设的实践与经验借鉴[J].治理研究，2019，35（06）：53-59.

[2] 姚国章，胥家鸣.新加坡电子政务发展规划与典型项目解析[J].电子政务，2009（12）：34-51.

[3] 张新平，周艺晨，杨帆.数字法治政府建设：新加坡政府经验及其启示[J].行政管理改革，2023（03）：66-75.

[4] 沈霄，王国华.基于整体性政府视角的新加坡"智慧国"建设研究[J].情报杂志，2018，37（11）：69-75.

二、新加坡公众参与数字化治理的主要领域

新加坡的数字化治理发展正处于智慧国家建设阶段，主要目标是打造信息驱动的智能化国家。为了实现这个目标，新加坡政府广泛普及互联网、宽带和智能手机，截至2022年7月，新加坡5G网络已经覆盖全岛95%的地区，这为新加坡发展数字化治理打下了坚实基础。同时，新加坡依照不同时期信息技术发展的特点，不断制定和修改与数字化建设相配套的法律法规体系，在法律支撑下强化对数字化治理的制度保障[①]。在具备数字化网络基础设施和相关制度保障后，新加坡政府积极探索数字化治理的创新实践，在城市规划、公共卫生、社区服务等领域广泛应用数字化技术。这些实践举措让更多公众得以参与到数字化治理中，推动了新加坡数字治理建设的长期发展，为其他国家和地区提供了值得借鉴的经验与启示。

（一）城市规划领域

推动规划协调是对城市空间高效治理的核心所在，通过运用数字化技术，新加坡提升了城市规划、建设和管理的效率和质量，实现对城市空间的精细化治理，为公众提供更加舒适便捷的城市生活环境。在土地资源管理方面，新加坡国土资源和城市规划部门建立了与市民、组织机构和土地相关的三大数据中心，对城市规划方案进行灵活性的调整与完善。政府部门利用先进的3S地球测绘和影像处理技术、大数据的仿真模型和运筹预测技术以及GIS处理系统，实现对城市空间边界发展趋势的预测和对土地资源的数据化管理。同时，新加坡利用大数据终端设备收集市民的工作和生活定位信息，通过分析得出更科学、精确的城市规划，指导城市建设。此外，新加坡还建立了智能交通系统和交通信息处理平台，为公众提供

---

① 张新平，周艺晨，杨帆.数字法治政府建设：新加坡政府经验及其启示[J].行政管理改革，2023（03）：66–75.

准确的交通信息，优化交通路线，提高了公共交通的使用率[①]。例如，新加坡路交局推出了一个名为"My Transport"的手机应用程序，可以为居民提供实时的交通信息和建议，规划最优路线避免拥堵，提高居民出行的便利性。此外，新加坡政府还积极引导公众参与智能交通系统的设计和优化，通过数据分析和公众反馈，不断改进交通规划和公共交通服务，使城市交通更加便捷、高效和安全。

（二）公共卫生领域

公共卫生是城市健康发展的重要保证，在医疗卫生领域充分发挥信息技术的数据处理功能，有助于政府为公众提供更值得信赖的健康保障。目前，新加坡的医疗卫生部门已经建立了综合医疗信息平台等多款数字化应用平台，成功实现医疗病例信息的数字化记录与追踪[②]。通过平台间的信息共享，医生能够根据身份证号码快速获取患者的医疗档案与体检结果，提高了诊疗的效率。同时，在临床诊断及治疗中，数字化平台的搭建也实现了对患者病例数据的追踪与分析，从而帮助医生制定出更合适、更严谨的诊疗方案，提供更优质的医疗报务。例如新加坡政府推出的数字健康服务平台"Health Hub SG"，该平台向新加坡公众开放，系统数据直接来源于国家电子健康记录（National Electronic Healthcare Records）和学校保健系统（School Health System），记录着居民的健康档案，包括就诊记录、医疗报告和健康偏好等个人信息。就医时，居民可以直接在该系统上跨公共医疗机构预约医生、查询医疗账单、接收疫苗接种通知以及寻求在线医疗问诊等便捷服务，并且可以访问自己和亲人的个人健康记录，医生也可以根据患者的病历档案快速诊断病情。除此之外，居民还可以在平台上进行自我健康评估与疾病信息查询，包括健康问卷、健康教育材料和建议等等，用户可以根据这些功能完成自我健康评估与改善。

---

① 夏银平，刘伟.城市数字治理与治理能力现代化的行为互嵌——以新加坡为例[J].扬州大学学报（人文社会科学版），2020，24（06）：51-60.

② 马亮.大数据技术何以创新公共治理？——新加坡智慧国案例研究[J].电子政务，2015（05）：2-9.

（三）社区服务领域

新加坡的社区治理是其社会治理的核心环节，作为社会治理中离民众最近的一个环节，新加坡从国家层面出发，通过数字化的方式加强社区服务的力量整合，简化公众提出诉求的相关流程，拓宽公众利益表达的方式，建设了诸多数字化便民服务项目，如One inbox、One service和My Info等一站式政务服务网站，这些平台能帮助社区居民了解附近的社区活动、提交设施问题反馈、支付各种费用、申请各类在线服务以及获取停车系统收据等等，为居民提供更加便利和高效的生活服务。针对社区居民反馈的问题，新加坡社区事务署联合科技部门重新设计流程，争取让居民的所有问题都能上传，然后将问题分派到相应的部门，实现了政府部门间的信息共享与对接，减少了治理缝隙产生概率[①]。此外，新加坡社区事务署还在One service上开发了一站式求助平台，该平台面向全体社区居民，为他们提供及时和全面的求助服务，居民还可以通过平台社区向政府部门表达个人的诉求，系统会对民众诉求进行整合，向上级部门提出民众共性问题，联合政府的各个部门为民众提供及时的社会救助。

三、新加坡提升公众参与数字化治理均衡性的举措

自21世纪以来，新加坡为减少数字鸿沟，采取了一系列实践举措，主要分为三个方面：首先，新加坡强调数字包容，旨在让更多公众都能够平等地获取和使用数字服务；其次，新加坡注重数据开放共享，通过不同数字化平台间的数据对接实现数据的共用共享，提升公众参与数字化治理的便捷性；此外，在数字技术的普及过程中，新加坡也高度重视网络安全和数据隐私保护，确保公众在参与数字化治理时的隐私权得到尊重和保护，增强公众对数字化治理的信任和参与度。这些举措相互补充、相互促进，形成一个有机整体，有效地减少了新加坡数字鸿沟，提升了公众参与

---

① 夏银平，刘伟.城市数字治理与治理能力现代化的行为互嵌——以新加坡为例[J].扬州大学学报（人文社会科学版），2020，24（06）：51-60.

数字化治理的均衡性，进一步促进新加坡的数字化发展。

（一）数字包容性提升

数字包容是指所有人都有平等的机会和恰当的技能，通过连接网络和使用数字技术参与社会生活并从中受益[①]，是数字化治理的重要内容。伴随信息时代的到来，国家不断推进社会治理数字化转型，数字技术已经融入到政务、医疗、娱乐、交通和购物等各个领域，为公众提供便利的同时提高了社会的整体效益。然而，网络环境和电子支付正逐渐成为社会生活中不可或缺的一部分，这就导致了无法访问网络或不会使用数字化应用的人群处于弱势地位，无法参与到数字化生活中。数字连接和访问机会的不均等进一步加剧了数字鸿沟，导致社会不平等现象愈发严重。为提升公众参与数字治理的均衡性，制定和实施数字包容政策至关重要，这也是数字时代发展的必然要求。数字技术已经深入到日常生活的各个方面，公众能否充分利用和享受数字时代带来的便利和福利，对于国家发展和社会进步至关重要。这不仅关系到信息公平，更牵涉到社会公平的方方面面。因此，为弥合不同年龄不同阶级公众之间的数字鸿沟，新加坡针对老年人、青少年和弱势儿童进行数字素质培养，促进更多公众参与到数字化治理中，并提升他们在数字时代的幸福感和满足感。

1. 老年人数字融入

消除社会整体的数字鸿沟离不开每一位公众的努力，但随着年龄的增长，人的视力、听力、记忆力和注意力都会逐渐下降，这使得老年人在学习使用电子产品时难以上手，并可能存在一定的抵触心理，这些客观原因往往会阻碍老年群体的数字融入。然而，新加坡目前正面临着人口老龄化的问题，据2023年统计，新加坡65岁及以上人口占总人口的19.1%，到2030年该比例预计将达到24.1%。在这种情况下，新加坡意识到加强老年群体数字融入的必要性，智慧国家的建设需要充分考虑如何促进老年人口适应并融入到数字化新时代，并参与到数字化治理之中。

---

① 卜淼.国外数字包容政策与实践进展研究——以英国、新加坡、新西兰为例[J].数字图书馆论坛，2022（07）：51-58.

尊重、理解、满足老年群体的多维度发展需求是老年人数字融入的基础。基于此，新加坡通过组织各种教育和培训活动，帮助老年群体更好地适应数字时代，满足他们在数字融入过程中的整体性和发展性需求。例如在线学习课程、短视频课程、体验课、短期课程、免试课程、系列打包课程、代际学习项目以及"技能未来"系列课程等等，这些课程涵盖了多个领域，包括老龄化与生活技能、金融与商业、健康与保健、人文科学、媒体、信息技术与科学、艺术与设计等，同时也涉及与数字素养相关的数据分析、数字媒体、金融、网络安全、技术支持等多个主题，以满足老年群体的发展需求。此外，新加坡还采用"菜单式"的提供方式，让老年人能够更加便捷地获取所需信息，并给予他们更多的选择权。这不仅促进了老年群体接触和应用互联网，还帮助他们实现了心理和观念层面的转变，并在最终转化为实践。

从思想到实践的关键，在于老年人的数字素养和对使用数字技术的信心是否充足[①]。为此，政府需要不断鼓励、支持老年人积极接受并适应数字化时代所带来的变革。2016年，新加坡成立新加坡信息通信媒体发展局（Infocomm Media Development Authority，IMDA），IMDA又于2020年6月成立新加坡数字办公室（SG Digital Office，SDO），通过动员新加坡全体市民共同参与数字治理从而加快新加坡数字化进程。现阶段SDO重点负责帮助老年人掌握基本的数字技能，并已初见成效，SDO成立三年以来，已经为超过21万名老年人提供免费的数字技能培训，解决他们在数字生活中面临的实际困难。

2. 青少年网络素养教育

青少年在网络使用群体中占据了相当大的比例，然而由于青少年的心智尚未成熟，易受网络上的不良信息所影响。为此，新加坡从两个维度加强对青少年网络素养的教育。一方面，新加坡通过法律手段对网络内容进行严密的监管，旨在保护青少年的成长环境。另一方面，新加坡通过各种

---

① 张伶俐."智慧国家"背景下新加坡老年人数字融入的举措与启示[J].成人教育，2023，43（04）：73-80.

途径借助各界力量，对青少年进行网络素养教育，提升青少年的网络素养和网络安全意识。

在网络环境保护方面，新加坡通过立法对网络内容进行严格审查和监管。新加坡利用网络过滤技术，对网络进行监管和整顿，以封锁涉及网络色情、狂热教徒和违禁药品等不良内容的网站，旨在将网络健康与网络安全紧密联系起来，保护公众尤其是青少年免受不良网络内容的影响。

在网络素质教育方面，新加坡教育部门已经采取了一系列课程改革措施，将网络素养课程加入中小学教育体系，以提升青少年的网络素质和网络安全意识。通过这类课程，学生可以学习如何获取、甄别和制作与传播网络信息的相关技能。如今，网络素养和网络安全意识教育已经成为新加坡国民教育的重要组成部分，为培养具有良好网络素质的新一代公众贡献了重要力量[1]。

通过网络环境保护与网络素质教育，新加坡为青少年树立了正确的网络使用观念，同时也提高了他们的网络素养和网络安全意识。这种做法不仅有助于保护青少年的健康成长，也为提升数字包容性、推动公众参与数字化治理打下了坚实的基础。

3. 弱势儿童数字技能培养

数字技术的快速发展引发了数字鸿沟的产生，特别是对低收入家庭的孩子们来说，他们往往因为经济困难和学习资源有限而无法获得培养数字技能和数字素质的机会。针对弱势儿童的数字包容问题，新加坡政府和社会组织都做了许多工作，例如BYTE（bringing you technology empowerment）这个社会组织就一直致力于加强弱势群体的数字融入。BYTE成立于2020年，是由一群科技行业的专业人士组成的非营利组织，他们关注到数字时代中被忽视的人群，特别是低收入家庭的孩子们缺乏获取数字技能的机会。为了改变这一现状，BYTE决定利用自身的专业知识和资源，为这些孩子们提供必要的学习支持和引导，使他们建立起对数字

---

[1] 耿益群.新加坡网络舆情治理特色：重视提升民众的网络素养[J].中国广播电视学刊，2020（09）：30-33.

技术的兴趣和学习数字技术的信心，以切实提高其数字素养和技能。

为了让弱势儿童顺利学习数字技能，BYTE开展了丰富的课程，涵盖了科学、技术、工程和数学等四个方面，并围绕科学和技术两个核心展开。在科学方面，孩子们可以学习有关动物、星球和气候的主题；而在技术方面，他们会学习如何通过Python、Scratch等编程工具来创建聊天机器人、学习机器学习和制作数据网站。此外，他们还有机会接触到增强现实（AR）和人工智能（AI）等数字化前瞻技术，进一步提高数字技能水平。通过新加坡各界人士的努力，儿童群体之间的数字鸿沟逐渐缩小，这不仅有利于儿童个体的发展，更是推动了新加坡社会整体的数字包容性提升。

（二）数据开放共享

数据开放共享是数字化时代的重要趋势之一，它有助于促进数据的流通和利用，提高数据的价值和效益，并为公众的生活带来极大的便利。新加坡数字化建设最早在政府部门推行，当时新加坡主要面临着公共数据分散存储在不同单位、数据定义和解释不一致、数据类型和格式不一致、数据重复存储、数据完整性无法保证以及数据交付不及时等问题。如公众在办理政务时，往往需要在不同机构重复填写过多相同的资料，效率很低。为了解决这些问题，新加坡政府很早便成立了"数据中心委员会"，具体负责"指挥数据管理和监督数据质量"，对数据中心的具体职责做了五点规定，其中包含制定公共标准、建立数据共享平台、数据收集方式规范、思路交流分析、数据安全保护等。通过对数据的规范与统一管理，保证了新加坡数据传输和管理的可靠性，新加坡的数字化建设才真正进入快速发展阶段[1]。

随着数字化建设不断发展，新加坡不断完善法律条规来规范数据的收集、存储和使用，以确保数据的准确性和一致性。为了更好地整合数据资源，新加坡政府还成立新加坡信息通信媒体发展局（IMDA）制定了IMDA规范化标准。通过对无线电信类产品进行管控，确保数据的收

---

[1] 姚国章，胥家鸣.新加坡电子政务发展规划与典型项目解析[J].电子政务，2009（12）：34-51.

集、存储和使用都符合统一的标准和规范，使数据的共享和共用变得更加便捷。

在此基础上，新加坡建立了一站式平台，为公众提供了方便快捷的数据访问和使用服务。这些平台提供了多元化的数据查询和服务，包括公共服务、商业服务、社会服务和文化服务等。公众可以通过这些平台方便地获取所需的数据和信息，同时也可以进行反馈。例如，通过开放共享交通数据，人们可以了解交通拥堵的情况并制定出更好的路线规划方案；通过开放共享医疗数据，医生可以更好地了解病人的病情并制定出更有效的治疗方案。这些一站式平台通过数据开放共享，让公众的生活便捷又高效。

（三）数据隐私保护

在涉及个人隐私以及交易的过程中，安全性往往是民众的首要考虑因素。为确保公众的隐私数据不被泄露，新加坡从技术与制定法律法规体系两个角度出发，确保数字服务体系安全运作，增加公众对数字治理的信任。

从技术角度出发，为了确保民众能够安心地通过网络环境进行电子支付、手续办理和个人信息交换等操作，新加坡政府采取了SingPass双重认证系统等技术手段，要求用户在登录个人账户时，必须经过电子口令和手机密码生成器的双重认证，有效提高了数字交易的安全性，树立了民众对信息安全的信心，使他们信任互联网，并参与到数字治理当中。

从制定法律法规体系角度出发，早在2013年，新加坡就颁布实施了《个人资料保护法令》，旨在保护个人资料不被滥用和拒绝行销来电信息。根据这项法令，企业必须在收集用户个人信息之前先征求用户的意见，并且需要解释收集这些信息的原因。如果企业没有保护好个人资料，将会面临高额的罚款，从而严格限制了企业对于个人信息的滥用行为。同时，新加坡政府也设立了全国性的"谢绝来电"登记处，以防止公众收到来自私人机构的骚扰短信或邮件。这种措施有效地保护了公众的隐私权，减少了非法机构通过电话或邮件进行欺诈的可能性。在2017年，个人资料保护委员会计划修订该法案，意图放宽商家使用个人资料的条件，但这种平衡个人隐私保护和商业创新的做法还需对其进行严格的限制和管控，才能进一步推进数字化的发展[①]。

通过技术和法律体系建设的融合，新加坡在数据隐私保护方面取得了显著成效，使更多的人信任数字化并参与到数字化进程中来。

四、新加坡公众参与数字化治理的经验

总体来看，新加坡在公众参与数字化治理方面取得了显著的效果，其经验值得其他国家借鉴。通过加强政策法规建设、推动数字基础设施创新以及实施全面的数字包容策略，新加坡为各年龄、阶层的民众参与数字化治理提供了有力保障。这些经验为其他国家在提高公众参与数字化治理的均衡性方面提供了宝贵的启示。

（一）构建完备的政策法规细则

新加坡政府坚信，只有在安全的数字环境下，才能最大限度地发挥数字化治理的潜力。为了实现社会整体的数字化转型，企业和个人需要对数字化治理充满信心。因此，新加坡将数字化相关的法律法规建设作为政府工作的核心任务之一。通过制定完善的法律法规，新加坡政府致力于确保数字化治理的可靠性和安全性，从而使得企业和个人能够放心地参与数字化活动，实现社会整体的数字化转型。新加坡在数字化治理方面的成功，得益于其规范且完善的制度保障，从数字化转型之初就制定了全面、长远的发展规划，明确了数字化治理的目标、原则和责任主体。后来随着不断深入推进数字化建设，新加坡还针对未来可能出现的问题制定了相关的法律条文，确保网络安全与公众参与数字治理的均衡性。例如2012年新加坡个人数据保护的立法开端《个人数据保护法》、2013年新加坡个人数据保护委员会提出的促进企业和国家间数据共享的《可信数据共享框架》、2015年新加坡网络安全机构开发的"安全在线"网站、2018年2月针对

---

① 马亮.新加坡推进"互联网+政务服务"的经验与启示[J].电子政务，2017（11）：48-54.

关键数字基础设施和网络服务提供商而颁布的《网络安全法案》、2018年3月推出的网络安全创业加速器——Block 71创新网络安全生态系统等等[1]，对个人、企业、网络服务商等多主体加以限制和保护，巩固国家数字安全的同时也为公众参与数字化治理提供了良好的制度保障。此外，新加坡还对很多数字硬件与应用进行了标准化制定，这些标准保证了电子产品以及数字化应用的规范，也为新加坡数字交互与共享提供了极大的便利。

（二）拓展创新的数字基础设施

完善的数字基础设施是推动公众参与数字化治理的重要前提，这一点在新加坡得到了很好的体现。得益于国土面积小这一特点，新加坡的数字化设施在全国迅速推广，到2000年，几乎所有的家庭、学校、社区活动中心和商业大楼都覆盖了网络，这使得新加坡能够快速开始国家的数字化转型。进入21世纪以来，新加坡大力发展数字基础设施，并且非常重视数字基础设施的普及。例如2006年推出的Wireless@SG计划，旨在通过部署高速无线通信设备，为公众提供遍布全国的免费公共Wi-Fi服务；2008年实施的下一代全国宽带网络计划，加快了光纤网络的推广，为新加坡所有区域提供了高达1Gbps的高速网络；2014年启动的光纤就绪方案，政府拨款2亿美元帮助非住宅建筑安装光纤基础设施，降低光纤入户的成本。新加坡政府不断推进数字基础设施的全民可得性，从技术层面让公众都能获得参与数字化治理的机会，促进新加坡数字经济的增长，提高了居民的生活质量。

此外，新加坡在城市的各个区域部署了大量的传感器，通过对传感器设备进行数据采集，收集了大量的数据信息，构建了虚拟的数字孪生城市。这个数字孪生城市对城市的真实环境做出了还原，同时还对关键性指标做了分析，如城市基础数据、政务数据、动态实时数据、商业数据等等。这些数据可以开源给企业、科研院所，以及个人用户使用，公众可以

---

[1] 牛东芳，张宇宁，黄梅波.新加坡数字经济竞争力与全球治理贡献[J].亚太经济，2023（03）：95-108.

在该平台上看到一个由信息数据构成的虚拟城市，获得交通、环境、便民服务等各方面的信息，从而实现公共数据资源对于民众的数据赋能。

（三）推进全民化数字包容策略

数字包容是数字化治理中不可忽略的重要内容，数字包容旨在让所有年龄层和不同社会群体的公众都能够参与并受益于数字化治理。新加坡在这方面已经采取了行动并取得了一定的经验，他们不仅关注老年人的数字融入，还通过教育改革让儿童从小就接触到数字技术，培养他们的数字素养。这种全面覆盖的数字包容策略为新加坡的数字化进程提供了强大的推动力。

首先，政府设立了专门的机构，如国家乐龄学苑（NSA）、数字办公室（SDO）等，为弱势群体提供数字培训课程，帮助弱势人群掌握基本的数字技能，如使用电脑、网络浏览、电子邮件等。此外，政府还推出了一系列针对不同群体的项目，如为老年人提供上门信息技术服务，为残疾人提供无障碍数字设备等，帮助弱势群体更好地融入数字化时代。这些实践举措使得数字化治理不再是少数人的特权，而是所有公众都可以参与并从中受益的过程。

同时在教育方面，新加坡将数字型人才作为数字化治理持续发展的内生动力，通过教育改革培养青少年的数字素养。例如教育部发起了"未来技能"的全国性数字技能运动；针对非IT专业人员推出的"技术浸入和就业计划"；针对毕业生制定的"研究生行业准备计划"；针对中小学生实施的"趣味编码项目"等等，为不同年龄不同专业的青少年提供了提升数字素养的机会，让每一位青少年都能够掌握数字技能，参与到数字化治理当中，满足新加坡未来数字化发展的需要。

第三节　国外公众参与数字化治理的经验启示

近年来，我国正在加速推进国家整体的数字化转型升级，也在不同领域中取得了一定的成就，但与丹麦、新加坡等高度数字化国家相比仍存在一定差距，尤其是在法律体系、数字基础设施、公众数字参与以及数字化自主开发能力等方面，还有提升空间。从丹麦和新加坡的数字治理实践中学习经验，可以进一步提高我国公众参与数字化治理的均衡性。

一、以人为本的发展思想

发展数字化、让更多公众参与到数字化治理中，其出发点就是以人为本，旨在帮助更多公众追求更美好的生活，提升他们的幸福感与满足感。中国的数字化建设坚持以人民为中心的发展思想，为人民提供能够精准满足需求的高质量服务。首先，为了进一步提升数字公共服务质量，我国不断对在线服务流程进行创新改进，使其更加简便、透明和高效，让民众更加轻松地使用服务。当前，我国公共部门的门户网站、政务微博和微信公众号等还存在一定程度的更新不及时、响应力不足问题，为此我们需要采取切实有效的措施，通过畅通交流渠道、设计贴合用户需求的功能服务，对在线政务进行全面优化。其次，要加强数据开放与共享，特别是跨地区、跨部门和跨层级的信息互通，减少民众多跑腿和多费事的情况，提升民众获取信息的便捷性。目前，我国不同地区间数字化发展水平存在着一定的差距，因此需要加大数据开放共享的力度，加强数据信息的互联互通，避免形成信息孤岛。再次，要进一步推动公众参与，加强民众和政府之间的沟通交流。民众是政府的服务对象，同时也是数字治理的主要参与主体，对我国数字化治理中存在的问题和不足最有发言权，也最有可能提出切实可行的建议。因此，我国应进一步鼓励民众参与数字化治理并反馈相关意见建议，使民众与政府合作共创，打造高水平数字服务平台。总体而言，在数字化时代，政府需要积极拥抱变革，以人为本推动数字国家建设，不断提高民众参与数字化治理的均衡性，实现人民对美好生活的向往。

二、不断优化中国特色法律体系建设

在数字化治理的过程中,法律体系的完善对于保障公众权益和规范数字化应用至关重要。丹麦和新加坡都建立了完善的法律体系,涉及数据保护、网络安全、知识产权等方面,为公众参与数字化治理提供了制度保障。相比之下,我国数字化起步相对较晚,虽然在部分政策文件中涉及数字治理的内容,并且在推动公众参与数字治理方面做出了一定的提升,但总体来看,政策内容的针对性仍显不足,尚待加强政策体系性。首先,我国应该从国家整体布局出发,结合地方特点,因地制宜地制定数字治理的配套政策与框架。中央政府应发挥指导和支持功能,为各地区提供必要的政策指导和资源支持。各地区则应根据自身需求和条件,制定符合本地特色的数字治理政策和行动计划。其次,我国需要加强对数字治理相关法律的执行力度。建立健全监管机制和评估体系,对数字化应用进行全面监管和评估。对于违反法律法规的行为,要依法严肃处理,确保公众的合法权益不受侵犯。最后,我国需要加强对数字治理相关法律的普及和宣传。通过各种渠道和形式,向公众普及有关数字治理的法律知识,提高公众的法律意识和自我保护意识。同时,鼓励公众积极参与数字治理,通过多种渠道反映问题和建议,推动数字治理的发展和完善。

三、全面建设自主创新数字基础设施

全面建设自主创新数字基础设施是数字化发展的重要支撑。丹麦和新加坡在数字基础设施建设方面卓有成效,这也使得他们的数字化治理水平长年位居世界前列。然而,与丹麦和新加坡相比,中国地域广阔,数字基础设施的建设面临着更大的挑战。截至2022年,我国移动物联网终端用户数达18.45亿户,5G网络建设稳步推进,实现了"市市通千兆、县县通5G、村村通宽带"的目标,在取得阶段性成就的背后,不容忽视的是我国在数字基础设施方面仍然存在提升空间。尽管各地的网络已经普及,但在日常生活的各个领域中，仍有设备无法连接到互联网，一些生产与办事流程仍然采用人工方式进行。例如，在农村地区，看病挂号、停车缴费、基础设施维修和反馈等许多服务尚未实现数字化。数字基础设施决定了数字化应用能力的上限，目前我国的数字基础设施建设还存在着不均衡的问题，例如偏远地区的设备老旧，对数字技术的应用不足。为了解决这些问题，中国需要进一步加大对数字基础设施建设的投入力度。首先，中国需要加强对数字设备的技术研发，提高我国在数字技术领域的自主创新能力，减少对国外技术的依赖。其次，我国需要加大数字设备的推广力度，让更多公众能够享受到数字设备带来的便利，从而更好地参与到数字治理中来。

四、持续推进中国全民数字包容策略

在数字化时代，若想实现公众对数字治理的全面参与，非常关键的一点就是要推进数字包容以消弭数字鸿沟。丹麦和新加坡通过制定多种数字包容政策和计划，实现了数字化治理的高水平公众参与。相比之下，中国在数字包容方面还存在一定的差距。尽管我国的数字化建设在近年来取得了很大进步，但仍有部分人群，特别是老年人和一些偏远地区居民，接触和学习数字技术的机会相对较少。为了推进数字包容，中国需要采取一系列措施。首先，政府可以出台相关政策，通过与养老服务结合的方式为老人提供数字培训和教育服务，帮助老年人群提高数字素养。此外，学校也需要加强对学生的数字教育，让更多的孩子从小就接触和学习数字技术，提高他们的数字素养和技能水平。除了政府和学校的支持外，社区也可以发挥重要作用。社区可以组织数字培训课程和活动，帮助居民提高使用数字设备的能力。通过社会各界的共同努力，我们可以打造一个具有中国特色的、全民参与的数字素养教育环境，以推动数字治理的均衡参与和数字化进程的全面发展。这样的环境将为每个人提供提升数字技能水平的机会，促进公众全面参与到国家的数字化治理当中，并助力中国在数字化时代实现更加包容、公正和可持续的发展与进步。

五、建设完善的数字型人才闭环机制

数字型人才是推动数字化发展的核心力量，随着社会数字化进程的加速推进，当代社会对兼具专业技能和数字素养的复合型人才的需求急剧上升。然而，目前我国仍然比较依赖国外的数字科学技术，很多核心技术并未掌握于中国人的手中，这无疑制约了我国数字科技的发展。在局势日益动荡的今天，中国亟须拥有自己的自主创新技术，因此，培养数字型人才并形成一套有效的闭环机制已迫在眉睫。这一机制的首要环节是建立数字型人才培养机制。通过高等教育、职业教育以及继续教育等多种途径，着力培养具备数字素养和专业技能的人才。在课程设置上，应注重理论与实践的结合，强化学生的数字技能和实践能力培养，为他们的全面发展奠定坚实的基础。在此基础上，应形成数字型人才的闭环机制。这一机制包括持续的人才引进、培养、使用、更新和评价等环节，以实现数字型人才的一体化管理和持续优化。通过这种机制，我们可以有效地推动数字型人才的代际传承和良性循环，从而为中国打造独有的数字化技术提供源源不断的人才支持。这一闭环机制将为我国的数字化发展提供强大的内生动力，通过培养和引进优秀的数字型人才，我们可以推动中国在数字化领域的自主创新和发展，逐步减少对国外技术的依赖，从而增强国家的科技实力和竞争力。同时，这种机制也将有助于提高我国在全球数字化领域的地位和影响力，为实现可持续发展和国家的长治久安提供有力支撑。

第六章　公众参与数字治理均衡性发展路径

数字化技术的进一步发展可以帮助政府更好地掌握、分析和利用大数据资源，更加高效地实现公共管理和公共服务的目标。然而，这一过程中需要保证公众的权益和利益，避免出现由于技术进步而加剧社会现有不公的问题。因此，公众参与数字治理均衡性的路径研究具有重要的价值。它能够帮助政府和民间社会探索如何利用数字技术，在公开、透明、可靠和权责清晰的前提下，更加充分地发挥公众参与治理的作用，促进公共决策和政策制定过程的均衡性。同时，路径研究还可以揭示数字治理中可能存在的风险和不平等，为政策制定者提供指导和建议，确保数字治理在推动公共服务和治理的同时，不会损害公众的权益和利益。

第一节　公众层面

为不同群体提供适合的参与方式，包括线上和线下形式。考虑到数字鸿沟和社会差异的存在，可以利用互联网技术，开展线上参与活动，同时也要充分考虑到那些无法接触到互联网的人群，帮助他们采取线下方式参与。

一、为公众提供多元化数字治理参与方式

（一）组织公众听证会

政府和相关机构可以组织公众听证会，邀请公众和利益相关方参与讨论数字治理的议题。公众可以在听证会上发表意见和提出建议。公众听证会是一种公众多元化数字治理参与方式，它是政府和相关机构组织的一种公开会议形式，旨在邀请公众和利益相关方参与讨论特定议题，并就相关政策、法规或决策进行听证和征询意见。在数字治理领域，公众听证会可以用于讨论和决策与数字化相关的议题，如数据隐私保护、网络安全、人工智能应用等。公众听证会通常会公开公告，并邀请公众和利益相关方提前注册或申请参与。在公众听证会上，公众可以通过发言、提问或提交书面材料的方式，表达自己对数字治理相关议题的意见、建议和关切。政府和相关机构会聆听公众的观点，并将其纳入决策过程中。

（二）公众参与数字决策

政府和相关机构可以通过公众参与决策的方式，邀请公众参与数字治理相关决策的制定和执行过程。公众可以通过投票、意见征集等方式参与决策。在数字治理领域，公众参与决策可以用于涉及数字化议题的决策，如制定数据隐私保护政策、制定人工智能伦理准则、规划数字基础设施等。政府和相关机构可以通过公开征求意见的方式，邀请公众就特定决策议题提出意见和建议。公众可以通过在线平台、邮件、信函等方式参与。此外，政府还可以通过公开投票的方式，让公众直接参与决策。例如，利用电子投票系统让公众就某一数字治理议题进行投票表决。公众参与决策有助于确保决策的合法性、公正性和可接受性，增强公众对决策的参与感和认同感。

（三）公众使用在线论坛和社交媒体

政府和相关机构可以通过建立在线论坛和社交媒体平台，让公众能够在平台上发表意见、提出建议，并与其他公众进行讨论和交流。在线论坛和社交媒体是一种公众多元化数字治理参与方式，它提供了一个平台让公

众能够在数字空间中发表意见、提出建议，并与其他公众进行讨论和交流。在数字治理领域，在线论坛和社交媒体可以用于公众参与数字治理相关议题的讨论和信息共享，如政策制定、法规修订、项目规划等[①]。公众可以通过加入特定的在线论坛、社交媒体群组或参与相关话题的讨论，发表自己的观点和建议，并与其他公众进行交流和辩论。在线论坛和社交媒体的好处是它们提供了一个开放和包容的平台，让更多的公众能够参与到数字治理的讨论中来。公众可以通过文字、图片、视频等多种形式表达自己的观点和意见，与其他公众分享经验和知识，促进信息的传播和共享。此外，在线论坛和社交媒体也可以提供实时互动的机会，公众可以即时回应他人的观点和建议，进行讨论和辩论。这种实时性和互动性可以加强公众之间的交流和合作，促进共识的形成和决策的制定。

二、鼓励公众参与决策制定

鼓励公众参与决策制定需要政府提供积极的支持和创造条件。只有政府和公众的共同努力，才能建立起真正均衡和民主的决策制定机制，并实现数字治理的均衡性和有效性。

（一）举办以公众为主的公开论坛

政府可以定期组织公开的论坛和听证会，邀请公众、专家学者、社会组织等各方代表参与。这些活动为公众提供了表达意见和建议的平台，可以就重大决策进行广泛的讨论和征集意见。公开论坛和听证会是政府与公众、社会组织、学者专家之间进行交流，研究和决策相关问题的一种重要形式。通过公开论坛和听证会，政府能够更好地了解公众的需求和意见，并将公众的声音纳入到政策制定和实施过程中，提高政策的实效性和公正性。政府可以通过宣传、广告等方式将时间、地点、主题等信息传达给公众，邀请公众参加。政府可以通过设立听证委员会或听证小组等方式，组

---

① 郭亚军，张鑫迪，寇旭颖，庞义伟.元宇宙赋能公共图书馆无障碍服务：壁垒突破、体系构建与路径探究[J].图书馆论坛2024，44（02）：1–12.

织公开听证会议。听证程序应该明确，包含时间安排、发言规则、听取所有利益方的意见等内容。通过举办公开论坛和听证会，政府可以与公众建立更加亲密的联系，听取公众的声音，提高政策的公正性和实效性。同时，这种方式有助于提高政策制定的透明度和公正性，让公众的需求和意见得到充分表达。

（二）制定公众参与的指南和规范

政府可以制定明确的参与指南和规范，明确公众参与决策的程序和方式。通过建立制度化的参与机制，为公众提供参与决策的途径和保障，确保公众在决策过程中的平等权利。参与指南和规范是政府为了促进公众参与决策制定而制定的一系列政策、计划和工具。通过制定参与指南和规范，政府可以为公众提供更加明确和具体的参与方式和途径，确保公众在决策过程中享有平等权利，实现公正参与。政府可以颁布相应的法律和法规，明确公众参与决策的程序和方式。这些法律和法规可以规定公众参与的具体要求，包括公开透明、公正均衡、广泛征集意见、充分听取各方意见、及时反馈意见等。此外，政府可以制定参与指南和手册，帮助公众了解如何参与决策制定。这些指南和手册可以包括有关决策制定的相关知识和技巧，即如何了解政策、如何提出建议和意见、如何参加公共会议和听证会议等。通过制定参与指南和规范，政府可以为公众提供更为明确和具体的参与方式和途径，鼓励公众积极参与决策制定。同时，政府也可以借此机会提高公众的意识和理解，促进社会发展和治理的均衡性和有效性。

（三）建立社会协商机制

政府可以与社会组织、行业协会、专家学者等建立定期的协商机制，共同研究和探讨重大决策。这种协商机制能够充分利用各方的专业知识和经验，确保多元的声音被纳入到决策过程中。社会协商机制指政府与不同利益相关方，如公众、企业、非政府组织等进行深入交流和协商。该机制旨在通过各方面的协调和整合，形成多方共识，提高决策制定过程的公正性和实效性。政府应该选择与决策相关的各方，如企业、公众团体、专家学者等进行协商。筛选出合适的利益相关方，有助于确保会议的代表性和权威性。政府可以组织协商会议，提供开放、透明的环境，鼓励各方积极参与。在协商会议中，政府应该保持中立和公正，充分听取各方面的声音和建议。政府应该将协商结果纳入到决策制定过程中，并向公众公开相关协商报告。协商报告应该包括各方的意见和建议、协商结果和共识等，以便公众了解政策制定的过程和决策的理由。通过建立社会协商机制，政府可以倾听各方面的声音和意见，加强与公众和其他利益相关方之间的合作和沟通。同时，该机制能够增强政府的透明度和公正性，提高政策制定的质量和实效性，促进社会发展和治理的公正性和有效性。

三、推动公众数字素养教育

政府可以委托第三方机构提供培训和教育计划，以帮助公众了解数字技术、数据使用和隐私权等相关知识，提高他们的数字素养水平。

（一）整合公众数字素养教育课程

将数字素养教育纳入学校教育课程体系，从小学到高中阶段逐步培养学生的数字素养，包括信息搜索评估、信息安全与隐私保护、数字创造与合作等方面的知识和技能。首先，相关部门可以将数字素养教育纳入学校教育课程体系中，从小学到高中阶段逐步培养学生的数字素养。可以将数字素养相关的知识和技能融入到不同学科的教学中，如信息技术课程、社会科学课程等。设计与数字素养相关的教学内容，包括信息搜索和评估、信息安全与隐私保护、数字创造与合作等方面的知识和技能。教学内容应根据不同年龄段的学生特点和需求进行适当调整和深化。此外，机构为教师提供相关的培训和支持，使他们能够有效地教授数字素养教育。教师可以接受专业培训，了解最新的数字技术和相关政策，掌握教学方法和有效使用资源。通过整合数字素养教育课程，学生能够在学校中系统地学习和培养数字素养，掌握必要的知识和技能，为将来参与数字治理和应对数字社会带来的挑战做好准备。

（二）建立公众终身学习计划

建立终身学习计划，政府和多方机构提供公众数字素养的持续培训和学习机会，包括在线课程、研讨会、工作坊等形式，以满足不同年龄段和需求的公众。开展终身学习是非常重要的，可以确保公众在不同阶段都能够获取数字素养的持续培训和学习机会。通过提供如在线课程、研讨会、工作坊、培训班等学习形式，以满足不同年龄段和需求的公众。这样可以让公众根据自己的兴趣和时间安排参与学习，提高学习的灵活性和可持续性。还可以建立数字素养教育资源的共享平台，让公众可以自由获取和使用相关的学习资源。政府或相关机构开放教育资源，如教材、课件、案例分析等，以便公众自主学习和提升数字素养。通过宣传和推广活动，提高公众对终身学习计划的认知和兴趣。可以利用媒体、社交媒体、宣传册等渠道，宣传学习机会和学习成果，鼓励公众积极参与数字素养的终身学习。通过开展终身学习计划，可以为公众提供持续的数字素养培训和学习机会，使他们能够不断提升自己的数字技能和知识，适应日益发展的数字社会和数字治理需求。

（三）开展社区数字素养活动

组织社区数字素养活动，如讲座、培训班、工作坊等，向社区居民普及数字素养知识，提高公众对数字技术的认知和运用能力，使他们更好地适应数字化时代的需求。以下是一些建议开展的活动：有关机构请专家学者或从业人员举办讲座和演讲，介绍关于数字技术、网络安全、数据隐私等方面的知识，以及如何有效使用数字工具和资源[①]。组织实践性强的培训班和工作坊，教授基本的计算机操作技巧，即如何使用电子邮件、浏览器、社交媒体等，同时培养居民在网络环境下的安全意识。为社区居民提供个性化的数字技术指导和辅导服务，根据他们的需求和水平，提供一对一或小组形式的指导，解答问题，解决困惑。社区组织、学校或企业合作开展数字素养项目，共同制定课程和培训计划，分享资源和经验，为社区

---

① 关爽.数字不平等的治理逻辑与路径选择[J].学习与实践，2022，（08）：51-59.

居民提供更全面的数字素养支持。通过开展社区数字素养活动，可以提高社区居民对数字技术的认知和应用能力，帮助他们更好地融入数字化社会，并从中受益。

第二节　政府层面

在数字化时代，数字治理成了现代社会管理和决策的重要工具。为了确保数字治理的均衡性和可持续发展，公众的参与至关重要。政府在数字治理中扮演着关键角色，需要采取一系列措施，促进公众的参与，并确保其均衡性。

一、制定数字治理政策和规范

政府在数字治理中应制定明确的政策和规范，以保障公众参与的均衡性。

（一）制定数字治理的法律法规体系

政府要制定个人信息保护法等相关法律，明确公众对个人信息的所有权和控制权，加强对个人信息的安全和隐私保护，防范个人信息被滥用和泄露。此外，政府要制定数据治理和数据安全的法律法规，明确数据的产权、使用权和保护责任，建立健全的数据管理机制，加强数据的采集、存储、传输和处理的安全管理。通过制定数字治理的法律法规体系，明确公众参与数字治理的权利和义务，可以规范数字治理的行为，保障公众的合法权益，促进数字治理的均衡性、公正性和透明度。同时，也需要不断完善法律法规，跟进技术发展和社会需求的变化，确保法律的有效性和适应性。

（二）建立数字治理政策的制定和调整机制

政府可以定期或在重大决策前召开公众参与会议，邀请有关利益相关方、专家学者、社会组织和公众代表等各方面的人士参与，对数字治理政策进行深入讨论和研究。政府可以通过官方网站、媒体广告、社交媒体平台等形式，向公众征集对数字治理政策的意见和建议。同时，建立便捷的投诉渠道，接受公众的举报和反馈，并及时处理和回应。在制定和调整数字治理政策之前，可以选择一些地区或领域进行试点和实证研究，评估政策效果和社会影响，根据实际情况修订和完善政策。政府在制定数字治理政策时，应当确保决策过程的透明公开，公布政策制定的背景、目的、依据和程序，向公众展示政策的公正性和合理性。通过建立数字治理政策的制定和调整机制，并广泛征求公众的意见和建议，政府可以更好地听取公众声音，充分考虑各方利益和需求，确保政策的多元化和公众参与的合法性，提高数字治理政策的科学性、适应性和可行性。

（三）明确数字治理中的数据收集、使用和保护原则

政府应明确规定，数据收集和使用必须遵守国家法律法规，确保其合法性和合规性。采取最小化数据收集原则，仅收集必要的个人信息和数据，避免不必要的数据采集和使用。尊重数据主体的自主权，确保其有权选择是否提供个人信息，以及对个人信息的访问、更正和删除的权利。推动数据共享和开放，但必须确保数据匿名化和去敏感化，保护个人隐私，并建立明确的数据共享和开放机制。建立健全的数据安全管理制度，采取技术和组织措施，保护个人信息和数据的安全性和完整性。

二、推动数字技术普及，填平数字鸿沟

为了促进公众参与数字治理的均衡性，政府应致力于推动数字技术的普及和数字鸿沟的缩小。

（一）加大数字技术教育和培训的投入

在教育体系中，将数字技术纳入教学内容，从小学到高中阶段，逐步

推行计算机编程、数据分析、网络安全等相关课程，培养学生的数字技术素养和创新能力。加强对从业人员的数字技术培训，特别是面向公共部门和相关从业人员的培训计划，提升他们的数字治理能力和应对技术挑战的能力。为企事业单位的员工提供数字技术培训和继续教育机会，帮助他们适应数字化转型的需求，提升数字治理相关领域的知识和技能。建设和推广数字技术教育的在线资源，如开放式在线课程（MOOCs）、数字技术教育平台等，使更多人能够自主学习和提升数字技术能力。通过加大对数字技术教育和培训的投入，可以提升公众和从业人员的数字技术水平，增强数字治理的能力和应对挑战的能力。这将有助于推动数字经济发展，加强数据安全和个人信息保护，实现数字社会的可持续发展。

（二）建立覆盖全国的数字基础设施

加强宽带网络建设，特别是在未开发地区和经济欠发达地区，推广光纤、卫星等新技术，提高网络接入速度和质量。积极发展物联网技术，建立物联网基础设施，促进工业智能化和城市智慧化的发展。通过政策和金融支持，鼓励数字经济相关企业或组织进入数字基础设施建设领域，提升数字经济产业整体发展水平。加强对数字基础设施的监管，确保公共资源优先使用、服务质量达标和竞争机制有效。同时，加强网络安全保护和个人信息保护，避免数据泄露和滥用。参与国际数字基础设施建设的交流与合作，借鉴国际先进经验和技术，建立更高效的数字基础设施。通过建立覆盖全国各地的数字基础设施，可以让更多的公众平等地获得网络接入和信息资源，提高数字治理的效率和公正性，推动数字经济的发展，促进其可持续发展。

（三）推动数字社会创新

建立数字创新创业孵化体系，为创业者提供资金、技术、人才等支持，鼓励他们利用数字技术解决社会问题、提高生活质量。加强数字技术教育和培训，提升公众的数字素养和技能，让更多人能够适应数字时代的需求，参与到数字化发展中。鼓励和支持数字技术在农业、医疗等领域的应用，提高生产效率和服务质量，缩小城乡和地区间的发展差距。推动数字金融和电子商务的发展，为广大群众提供方便快捷的金融服务和购物体验，促进经济发展和消费升级。

三、建设开放和包容的数字治理平台

政府应建设开放和包容的数字治理平台，为公众提供参与的机会和渠道。

（一）建立数字治理相关信息的公开平台

政府机构可以建立专门的数字治理信息公开平台，定期发布数字化治理的政策文件、技术标准、数据统计和决策信息等，并向公众开放数据接口，方便公众获取和利用这些信息。此外，政府可以鼓励公众积极参与到数字治理的监督和评价中，例如通过开展数字治理的民意调查、听取公众意见和建议等形式。政府可以支持学术机构、社会组织、咨询公司等开展数字治理领域的研究，提高公众对数字治理的认知水平和参与度。通过建立数字治理相关信息的公开平台，及时发布政策文件、数据统计和决策信息，可以提高公众对数字治理的了解和信任度，增强公众参与数字治理的意愿和能力，进一步推动数字治理更加透明、公正、有效地进行。

（二）开展公众听证和咨询

政府可以组织公众听证会，邀请相关利益方、专家学者和公众代表等就特定政策进行讨论和发言。听证会可以提供一个公开、透明的平台，让公众表达对政策的看法、关切和建议。政府可以利用互联网和社交媒体等工具，开展在线调查和征求公众意见。通过在线平台，公众可以方便地参与到政策制定的过程中，就相关问题表达自己的观点和建议。政府可以积极邀请社会团体、行业协会和利益相关方参与政策制定过程，征求他们的意见和建议。这样可以更好地代表不同群体的利益，确保政策的公正性和全面性。政府在政策制定过程中，应当及时公开相关信息，包括政策背景、数据统计、决策依据等。同时，建立有效的沟通机制，回应公众关切，解答疑问，提供必要的解释和说明。通过开展公众听证和咨询，政府

可以收集到更广泛的意见和建议，充分考虑公众的利益和需求，提高政策的准确性、科学性和公共参与度。这将增强公众对政策制定过程的信任感，促进政策的合理性和可行性。

（三）建设在线参与平台

政府可以建立在线讨论平台，提供一个公开、透明的空间，供公众就各类议题进行讨论和交流。平台应当方便使用，允许用户发表观点、回复评论、提出问题等，同时设立专门的管理员负责管理内容和维护秩序。此外，政府可在平台上定期发布政策草案、规章制度等重要文件，鼓励公众提出意见和建议。平台还可以提供在线投票功能或调查表单，方便公众表达对政策的支持程度，了解意见分布情况。政府需要鼓励公众对政府工作进行监督和批评，通过在线平台，政府可以设立专门的批评监督渠道，允许公众自由表达对政策、政府行为的不满和批评意见。通过建立在线参与平台，政府能够更好地倾听公众的声音、理解公众需求，提高公众对政府事务的参与度和信任感。这将有助于形成更加民主、开放和负责任的政府决策环境。同时，政府还需确保平台的有效管理，加强与公众的互动沟通，将公众意见纳入政策制定的考量范围。

政府在数字治理中发挥着重要作用，为了确保公众参与的均衡性和可持续发展，政府应制定数字治理政策和规范，推动数字技术普及和数字鸿沟的缩小，建设开放和包容的数字治理平台，提供公正和独立的评估和监督机制，促进公众参与能力的提升和参与意识的培养。这些措施的实施需要政府内部的协调和合作，同时也需要政府与社会各界的广泛合作。只有这样，才能建立一个公正、均衡、可持续发展的数字治理体系，为社会的进步和繁荣做出贡献。

第三节　数据层面

在研究实现公众参与数字治理均衡性的路径时，需要在决策制定过程中广泛征求公众的意见和建议，尤其是针对关键议题和影响重大的决策。其中数据资源是决策的基础，因此，关注数据均衡也是非常重要的。只有确保数据的公正和平等，才能更好地推动数字治理的均衡性和可持续发展，确保公众利益的最大化。

评估数据采集、处理和使用的公正性，包括数据来源的可靠性、数据处理的公正性和数据使用的透明度，避免数据歧视和滥用的情况。

一、保障数据来源具有可靠性

（一）进行数据源验证

对数据源进行验证，确认数据的来源和可信度。验证数据源的信誉和专业性，确保数据来自可靠的机构、研究机构或官方统计机构。对提供数据的机构进行信誉验证，了解其背景、声誉和独立性。可以参考第三方评级机构或独立媒体对机构的评价和报道。了解数据采集的样本规模、采样方法和数据处理方式等，确保数据采集方法和过程科学、客观、可靠。获取数据时，尽量使用多个独立的数据来源进行对比和验证，这样可以减少单一数据源的偏见和误差。优先选择官方统计机构发布的数据，因为官方统计机构通常具有权威性和专业性，其数据质量较高。关注学术研究机构的数据发布，尤其是经过同行评审的研究成果，这些数据往往经过严格的科学研究和审核，具有较高的可信度。通过以上措施，可以确保数据来源的可靠性，提高数字治理过程中公众参与的数据质量和有效性，增强公众对数字治理决策的信任感和参与度。

（二）完善数据采集方法

了解数据采集的方法和过程，确保采集方法科学合理、符合行业标准，并且遵循数据采集伦理和法律规定。采样应当具有代表性，能够从整体中提取有效信息。选择合适的采样方法，如随机采样、分层采样等，并确保采样样本的规模足够大。制定标准化的数据采集流程，确保在不同时间、地点和操作人员的情况下能够保持一致性。这样可以减少因人为因素引起的偏差和误差。建立数据质量控制系统，包括数据清洗、校验和纠错等环节。对异常数据进行处理和筛选，确保数据的准确性和完整性。在数据采集过程中，遵守相关的伦理和法律规定，确保个人隐私和数据安全。建立专业的数据采集团队，包括专业人员、统计学家等，并在需要时委托独立的第三方机构进行数据审核和验证。保留原始数据和采集过程的记录，便于后续的审计和追溯。这样也可以确保数据的可信度和可靠性。通过以上措施，可以保障数据采集方法的科学合理性、符合行业标准，并且遵循数据采集伦理和法律规定，从而提高数据的可靠性和可信度。

（三）注重数据质量控制

建立数据质量控制机制，包括数据验证、清洗、标准化等，确保数据的准确性、完整性和一致性。对采集到的数据进行验证，确保其符合预期的数据范围和格式。例如，可以检查数据是否符合特定的校验规则、是否存在异常值或缺失值等。对数据进行清洗，处理异常值、缺失值和重复值等。通过填充缺失值、删除重复记录、纠正错误等操作，提升数据的质量。对数据进行标准化处理，包括单位转换、格式统一等[1]。这样可以确保不同来源的数据在分析和比较时具有一致性。识别和处理异常数据，如异常值、离群点等。可以采用统计方法或领域知识来检测异常数据，并根据具体情况进行处理或排除。在数据集合中进行一致性检查，确保不同数据字段之间的关联和逻辑关系的正确性。例如，检查日期字段与时间字段是否匹配，检查逻辑关系是否符合预期等。通过以上数据质量控制方法，

---

[1] 李若洋，钟亚平. 数据驱动体育治理现代化：理论框架、现实挑战与实施路径[J]. 体育科学，2022，42（05）：18-28.

可以确保数据的准确性、完整性和一致性，提高数据的质量和可信度。这对于数据分析、决策制定和业务运营都具有重要意义。

二、保证数据处理具有公正性

（一）进行数据验证和审核

通过独立的机构或专业团队对数据进行验证和审核，可以确保数据的准确性和可信度。负责对数据进行验证和审核的独立机构或专业团队，应该具备相关领域的专业知识和技能，并严格遵守行业标准和伦理规范。采用科学的数据验证方法，如对比分析、重复测量、抽样调查等，确保数据的准确性和一致性。公开数据验证和审核的过程和结果，保持透明度，并确保数据的可追溯性，这样可以增加公众对数据来源的信任。鼓励公众、学术界、专业机构等广泛参与数据的验证和审核过程。引入多方参与，能够提高数据验证和审核的公正性和客观性。及时发布数据验证和审核报告，对数据的来源、质量以及验证的过程和结果进行透明公开，让公众了解数据的来源和质量情况。通过以上措施，可以确保公众参与数字治理的数据来源具有公正性和可信度，增加公众对数据的信任度，促进数字治理的有效实施。

（二）公众参与数据监督

鼓励公众参与数据的监督和评估，通过公众的参与和反馈，增加数据的透明度和公正性。及时向公众公开相关数据，包括数据收集、处理和使用的过程，数据的来源和质量等信息。公众可以通过了解这些信息，对数据进行监督和评估。建立反馈渠道，鼓励公众就数据的准确性、完整性和公正性提供意见和反馈。可以设置在线反馈平台、举报邮箱等，方便公众进行投诉和申诉。邀请独立的第三方机构或专家组织对数据进行评估，包括数据来源的真实性和可信度等方面。他们的评估结果能够提供客观的参考和意见。加强数据伦理教育，提高公众对数据隐私和数据使用的认识。公众了解自己的数据权益和隐私保护，能够更有能力监督数据的公正性。

通过以上措施，可以促使公众积极参与数据的监督和评估，确保数据来源的公正性和可信度。这样能够建立起一个透明、公正的数字治理环境，提高公众对数字治理的信任和参与度[①]。

（三）独立专家评估数据

政府或相关部门邀请独立的专家或学者对数据来源的公正性进行评估，提供专业的意见和建议。选择具有相关领域知识和经验的权威专家或学者，确保他们具备评估数据来源公正性的专业背景。确保专家评估的独立性，避免利益冲突和潜在偏见。可以制定相关规定，明确专家评估的准则和程序。邀请多个独立专家进行评估，以获取不同观点和意见，这样可以增加评估的客观性和全面性。鼓励公众参与专家评估的过程，如向公众征求对评估问题的意见和建议，或组织听证会等，公众的参与可以提供更多的视角和反馈。建立专家认证机制，确保参与评估的专家具备一定的资质和能力。同时对专家进行监督和考核，确保评估的质量和公正性。通过以上措施，可以利用独立专家评估来确保公众参与数字治理的数据来源具有公正性。专家的专业意见和建议可以对决策提供参考和依据，增加公众对数据的信任和参与的积极性。

三、确保数据使用细节明晰

要确保公众参与数字治理的数据使用细节明晰，可以从以下几个方面着手：

（一）明确数据使用目的

明确数据使用的具体目的，确保数据只用于数字治理相关的目标和活动，避免滥用或超出授权范围的数据使用。在收集数据的过程中，向公众明确说明数据的使用目的，并取得公众的同意。可以通过隐私政策、用户协议等方式告知公众数据的具体用途和范围。对于不同级别或岗位的工作

---

① 王协舟，盛志喜. 政府信息资源公共获取的基本认知及价值取向——基于政府与公众的双向视角[J]. 图书馆学研究，2009，（06）：57-61.

人员，设定不同的数据访问权限。只有经过授权的人员才能访问和使用特定目的的数据，确保数据使用的合法性和安全性。定期对数据使用目的进行审查和报告，确保数据的使用符合设定的目标。这样可以及时发现并纠正任何超出授权范围的数据使用行为。建立独立的监管机构或委员会，由政府、专家、公众等多方组成，共同监督数据的使用目的和合规性。他们可以审查数据使用的申请和报告，确保数据使用符合规定。通过以上措施，可以确保公众参与数字治理的数据使用细节明晰。明确的数据使用目的可以防止滥用和超范围使用，保护公众的个人隐私和数据权益[1]。

（二）提供数据使用说明

向公众提供数据使用说明，包括数据的含义、可信度、使用限制等，让公众了解数据的适用范围和使用方式。将数据使用说明公开发布，以便公众随时查阅。可以在相关网站、应用程序或文件中提供详细的数据使用说明，包括数据的含义、来源、可信度等信息。为了更好地说明数据的含义和使用方式，可以提供示例和解释。通过实际案例或具体情境，让公众更好地理解数据的应用场景和限制。及时更新数据使用说明，以反映数据的最新情况和变化。特别是对于可能引起争议或有重大影响的数据，应当及时更新说明，确保公众始终能够获取准确和最新的信息。设立问答平台或客服渠道，为公众提供针对数据使用说明的解答和帮助。如果公众对数据使用说明有疑问或需要进一步解释，可以寻求相关专业人员的帮助。通过以上措施，可以提供清晰明晰的数据使用说明，帮助公众了解数据的含义、可信度和使用限制，增加公众对数字治理的理解和参与的积极性。

（三）有关机构提供投诉和申诉渠道

建立投诉和申诉渠道，让公众可以投诉和申诉数据使用的问题，确保公众的权益得到保护和回应。建立独立的机构或部门，专门负责处理公众的投诉和申诉。该机构应具备独立性、公正性和专业性，能够对投诉和申诉进行客观评估和处理。确保及时回应和处理公众的投诉和申诉。建立相

---

[1] 王伟玲.中国数字政府绩效评估：理论与实践[J].电子政务，2022，（04）：51-63.

应的流程和机制，以便高效地接收、跟踪和解决投诉和申诉，保证公众权益得到及时保护。在处理投诉和申诉过程中，保护投诉人的隐私和个人信息安全。同时，建立保密制度，防止投诉人受到报复或不当处理。对于已经处理完毕的投诉和申诉，向投诉人及时提供结果反馈。无论是解决了问题还是未能解决，都应向投诉人说明原因，并提供合理的解释和建议。通过以上措施，可以为公众提供一个投诉和申诉的渠道，确保公众的权益得到保护和回应。这样可以增加公众对数字治理的信任和参与的积极性，同时也促进数字治理的透明度和合法性。

第四节　制度层面

实现公众参与数字治理均衡性的路径研究中，除了关注数据均衡外，还要关注监督均衡。数据等资源的开发和运用都需要受到严密的监督，才能保证公众参与数字治理的均衡。监督均衡是指对数字治理过程进行监督和评估，确保其公正和合法。通过关注监督均衡，可以有效监督和评估数字治理过程的公正性，提供更加可靠的监督结果，保证数字治理的均衡性和透明度。这将增强公众对数字治理的信任，并促进公众参与的积极性和效果。

评估是否建立了有效的监督和问责机制，包括独立的监管机构或者社会组织，能够对数字治理的执行情况进行监督和评估。

一、建立公正的参与机制

均衡的参与机制包括建立包容、透明、平等的参与机制，确保各个社会群体和利益相关方都能够平等地参与数字治理的决策过程。例如，可以设立专门的数字治理咨询委员会或平台，代表不同利益群体的声音。

（一）提升参与的均衡性和透明性

透明度和公开性在均衡的参与机制中起着重要作用。数字治理的相关信息，如政策、规划、数据和决策依据，应及时向公众公开。通过官方网站、公告栏、媒体等渠道，确保公众能够方便地获取相关信息。公众应当清楚知道何时和如何参与数字治理的决策过程。相关参与活动、征求意见的时间和方式，应当在适当的渠道上进行广泛宣传，确保公众有足够的时间和机会参与。数字治理决策的结果应当向公众公开，包括决策的背景、目标、实施计划和预期效果等。这可以让公众了解决策的影响和效果，对决策结果进行评估和监督。建立公众反馈意见的渠道，并及时回应公众的反馈。这可以增加公众对信息公开和参与的信心，同时也是改进数字治理政策和措施的重要途径。委托独立的第三方机构对数字治理决策的透明度和公开性进行评估。他们可以对信息公开程度、参与机会和反馈回应等方面进行监督和评价，确保数字治理的公正和合理。通过实施均衡的参与机制，能够增强公众对数字治理的信任和参与度，使决策更具合法性和可接受性，同时也有利于形成广泛的共识和持久的规范。

（二）为公众提供平等的参与机会

平等机会是均衡的参与机制中的重要原则，旨在确保所有人都有平等的机会参与数字治理。通过实施均衡的参与机制，提供无障碍的准入条件，使任何人都能够方便地了解和参与数字治理。例如，通过提供多种语言版本的信息、使用易于理解的语言和图表等方式，消除语言和技术上的障碍。确保公众可以平等地获得相关信息，避免信息不对称导致某些群体无法了解参与数字治理的机会。这可以通过各种渠道广泛传播信息，包括官方网站、社交媒体、传统媒体等。提供必要的培训和支持，帮助公众提升参与数字治理的能力和技能。这可以通过组织相关培训活动、提供指南和教育材料等方式实现，确保人们能够充分了解和参与数字治理。通过实施均衡的参与机制，可以促进平等机会，让每个人都有平等的机会参与数字治理，不论其社会地位、经济条件和其他背景。这能够确保数字治理过程的公正性和包容性，凝聚各方共识，促进持久的发展。

(三)增强公众参与的多元代表性

多元代表性是指在决策过程中,确保参与的代表具有广泛的背景、利益和观点,能够代表不同社会群体、利益相关方和地域的一种理念或要求。这种代表的多元性对于制定公正和全面的决策非常重要,因为它可以确保各种声音和利益得到平等的关注和代表。包容和平等的参与能够确保所有人都有平等的机会参与决策过程,并确保尊重他们的权利和意见。这包括引入包容性的参与机制,旨在吸引和鼓励各种社会群体的参与,例如少数民族、妇女、青年、残障人士等。参与者应该代表各个社会群体、利益相关方和地域,包括但不限于不同的社会经济背景、性别、宗教和文化背景等。这样可以确保各群体的利益得到平等的代表和关注,避免特定群体的主导。提供培训、资源和支持,以帮助潜在代表提升参与决策的能力和技能。这样可以促进更多多元化代表的参与,确保他们能够发挥作用并有平等的机会参与决策过程。

二、完善数字治理的监督机制

(一)制定监督规范和指南

制定明确的监督规范和指南,明确数字治理的原则、目标和标准,规定监督机构的职责和权限,确保监督工作的公正和透明。明确数字治理的原则和目标,例如透明度、公正性、责任追究等。这些原则和目标应该能够引导监督工作的进行,并确保监督结果符合公众利益。制定监督的标准和指标,以评估决策的合规性和效果。这些标准和指标可以基于法律法规、政策文件、行业标准等,从而确保监督工作有明确的依据和参照。明确监督机构的职责和权限,包括监督的范围、方式和频率等。监督机构应有权调查、收集信息、评估决策的执行情况,并向公众提供相应的监督报告。确保监督结果得到有效执行,并对违规行为进行追责。监督机构应有权提出建议、要求整改,并将监督结果及时通报给相关部门和公众。通过制定监督规范和指南,能够确保监督工作的公正和透明,增强公众对数字治理的信任度，推动决策的合规性和公共利益的实现。这对于建设一个健康、可持续的社会和经济环境非常重要。

（二）鼓励社会组织参与监督

鼓励社会组织、非政府组织等独立机构参与数字治理的监督工作。政府可以与这些组织建立合作机制，共同推动数字治理的独立监督，确保监督机制的多元化和全面性。政府应与社会组织、非政府组织等独立机构建立合作机制，共同推动数字治理的独立监督。这些机构可以提供额外的专业知识和资源，支持监督机构的工作。政府应邀请社会组织、非政府组织等独立机构参与数字治理的决策过程。这样做可以确保决策过程更加民主和透明，避免利益干扰和偏见。通过鼓励社会组织、非政府组织等独立机构参与监督，可以确保监督机制的多元化和全面性。这将有助于加强数字治理的透明度和可靠性，维护公众利益和社会秩序。

（三）加强、监督结果的反馈和落实

监督机构应及时向政府和公众反馈监督结果，并追踪和督促政府部门对问题的改进和整改措施的落实情况。同时，公众也应积极参与监督结果的评估和监督，确保监督工作的效果和可持续性。监督机构应确保及时向政府和公众反馈监督结果。这可以通过发布监督报告、举办新闻发布会或利用媒体等方式来实现。监督机构需要对政府部门在问题改进和整改方面所采取的措施进行跟踪和督促。这可以通过定期的进度报告、现场检查或召开专题会议等方式来实现。公众的参与是监督工作的重要组成部分。监督机构可以通过建立投诉渠道、征求公众意见或组织公众参与的活动等方式，让公众积极参与监督结果的评估和监督过程。通过上述措施的实施，可以加强监督结果的反馈和落实。政府和监督机构的积极性与责任感、公众的参与程度以及信息的透明度都是确保监督工作效果和可持续性的关键。

三、健全数字治理的问责机制

公众参与的数字治理问责机制能够促进社会的稳定和发展。公众的参与可以减少社会矛盾和冲突的发生,增强社会的稳定性。同时,公众的参与也可以促进数字治理的创新和改进,推动数字经济的发展和社会的可持续发展。

(一)制定明确的问责机制和规范

制定明确的问责机制,明确数字治理的问责原则、目标和标准。规定政府部门和相关机构应如何接受问责,以及公众如何参与问责过程。这些规范应具体明确,可操作性强,便于实施和监督。明确数字治理的问责原则,例如透明、公正、效能等。设定问责的目标,包括提高政府部门和相关机构的责任意识、加强服务质量等。明确政府部门和相关机构的问责责任主体,制定明确的问责程序和流程,规定政府部门和相关机构应如何接受问责,包括提交报告、接受调查、整改等步骤。建立公众参与问责的机制,例如设立投诉渠道、开展听证会等,以保证公众的意见和声音能够被充分考虑。通过制定明确的问责机制和规范,可以增强数字治理的透明度和效能,提高政府部门和相关机构在数字治理中的责任感,同时促进公众的参与和监督。

(二)加强问责结果的反馈和落实

问责机制应及时向政府和公众反馈问责结果,并追踪和督促政府部门对问题的改进和整改措施的落实情况。同时,公众也应积极参与问责结果的评估和监督,确保问责工作的效果和可持续性。问责机制应设立明确的反馈机制,及时向政府相关部门和公众通报问责结果。这样可以增强透明度,让公众了解问责的进展和成果,促使政府更加重视问题解决和整改工作[1]。

问责并不仅仅停留在追责阶段,更重要的是推动问题的解决和整改。

---

[1] 邓雯,徐晓林,陈涛,杨奕.智慧城市信息共享与使用中的政务新媒体研究——基于开放政府的视角[J].电子政务,2018,(10):87-98.

问责机制应建立监督机制，跟踪政府部门对问题的改进和整改措施的落实情况。如果发现整改不力或存在问题，应及时采取措施予以纠正，确保问题得到根本解决。公众应积极参与问责结果的评估和监督，通过舆论监督、投诉举报等方式，督促政府部门按照承诺进行改进和整改。同时，政府应主动接受公众监督，及时回应公众关切和问题反馈，建立互动对话的机制。通过加强问责结果的反馈和落实，政府和公众能够更好地监督问题解决和整改工作，确保问责工作的效果和可持续性，提升政府的公信力和治理能力。

（三）加强专业能力建设

提升问责机构和公众参与者的专业能力，加强数字治理领域的知识和技能培训，提高问责工作的质量和水平。有关机构可以开展数字治理领域的专业能力提升项目，邀请专家学者和业界精英，组织培训班、研讨会等形式，传授相关的知识和技能，让参与者了解最新的发展动态和研究成果。促进问责机构之间以及与公众参与者之间的合作交流，建立经验分享和学习的机制，搭建交流平台，共同提高专业能力。支持相关学科的研究，鼓励问责机构和公众参与者积极参与学术交流和研究，推动数字治理领域的理论创新和实践探索。通过加强专业能力建设，问责机构和公众参与者将能够提升对数字治理领域的理解和应对能力，从而有效推进问责工作的质量和水平。

第五节 社会组织层面

数字治理均衡性是指在数字技术的应用和数字化社会运行中，所有公众都能够平等地享受数字技术和数字服务所带来的便利和权益。要实现数字治理均衡性，需要各方面共同努力，而在社会组织层面，可以通过以下路径来推进公众参与数字治理均衡性。

一、社会组织进行舆论引导

实现公众参与数字治理的均衡性，不仅需要公众有足够的认知水平，还需要舆论的引导和支持。因此，社会组织应该利用自身影响力和舆论引导能力，引导公众关注数字化社会发展的重要议题，如数据隐私保护、公共服务数字化创新等。这样可以促进公众对数字治理均衡性的认识和理解，凝聚公众参与数字治理的共识和力量。

（一）社会组织引导公众关注和参与数字治理议题

首先，社会组织可以利用自身在某些领域内的专业性和权威性，对数字治理议题进行分析和解读，提供专业意见和建议。此外，社会组织还可以定期发布研究报告、发表专家观点、撰写文章等，通过传递专业信息和知识，提高公众对数字治理议题的理解度和关注度。在舆论引导中，社会组织充当了一个"专家"的角色，向公众传递数字治理的相关信息，为公众提供权威的参考。其次，社会组织可以利用自身的影响力，调动公众关注和参与数字治理议题。通过定期组织线上线下的讲座、研讨会、发布会等形式，吸引公众参与，激发公众对话，形成公共讨论的氛围。社会组织在这个过程中累积了一定的信誉，形成了有认可度和影响力的话语权。最后，社会组织还可以与其他相关组织、机构、学术界和业界专家合作，形成舆论引导的联合力量，共同倡导数字治理均衡性，形成更广泛的影响力。

总之，社会组织的话语权是社会组织在数字治理中进行舆论引导的重要基础，将具有一定的专业性和权威性作为优势，善于利用自身的平台和影响力，吸引公众关注和参与，倡导数字治理均衡性。

（二）社会组织利用社交媒体和网络宣传

社会组织可以积极利用社交媒体、网络平台等新媒体渠道，采用短视频、视觉图文等形式进行传播，普及数字治理知识，提高公众的数字素养，并引导公众关注数字治理均衡性。

社交媒体和网络平台具有广泛的覆盖面和传播速度快的特点，可以迅速传达信息并吸引公众关注。社会组织可以在这些平台上开设专门的账号或频道，发布与数字治理相关的内容，如解读数字治理政策、介绍数字技术应用、分享相关案例等。对于传播形式，社会组织可以创作短视频，通过生动有趣的动画、演示等形式，将复杂的数字治理概念简化解释，提供易于理解和消化的内容。同时，视觉图文也是一个有效的传播方式，可以通过制作图表、Infographic、图文并茂的文章等形式，以更直观、清晰的方式展现数字治理的知识点。通过利用社交媒体、网络平台等新媒体渠道，社会组织可以大规模地传达数字治理知识，提高公众的数字素养水平，并引导公众参与到数字治理议题中。

（三）社会组织进行舆情监测与反馈

社会组织可以设立舆情监测机制，关注公众对于数字治理议题的关注和讨论程度，及时调整舆论引导策略。同时，通过与公众的互动交流，接受公众的反馈和建议，形成更有效的舆论引导方式。社会组织可以设立舆情监测机制，关注公众对于数字治理议题的关注和讨论程度，以及相关舆论的走向和倾向。通过及时了解公众的声音和反馈，社会组织可以更好地调整舆论引导策略，使其更加契合公众需求和关注点。基于收集到的舆情数据和信息，社会组织可以进行分析和总结，及时调整舆论引导策略。例如，在舆论倾向偏向某一方向时，可以针对性地提出更多相关内容进行解释和阐述，平衡和引导舆论趋势；当公众对某一数字治理议题产生疑虑或争议时，可以通过提供更多权威资料、组织专家讲座等方式，增加公众的了解和认同。总之，设立舆情监测机制有助于社会组织了解公众的关注和讨论程度，及时调整舆论引导策略，更好地满足公众需求，引导公众参与数字治理议题的讨论和行动。

二、社会组织进行信息传递

社会组织可以利用数字化工具，向公众传递有关数字治理均衡性的信息和意见。比如，可以利用社交媒体、在线论坛等平台，组织线上讨论和调查，收集公众意见和建议，通过数字手段实现公众参与数字治理的广泛性和便捷性。

（一）社会组织举办研讨会和培训活动

社会组织可以组织研讨会、培训班或研修活动，邀请专家学者和从业人员分享数字治理的最新趋势、经验和应用案例。通过这些活动，社会组织可以传递深入的专业知识，并与公众进行面对面的交流和互动。社会组织可以举办研讨会和培训活动来进行数字治理信息的传递和推广。这种方式可以让专家学者和从业人员分享他们对数字治理的最新趋势、经验和应用案例，同时也可以让公众了解数字治理的相关知识和技能。为了确保研讨会和培训活动的成功举办，需要提前确定会议的主题和议程，并邀请相关的专家和人士来参与演讲和讨论。主题应该在数字治理领域内，深入探究某个具体议题。为了让更多的人知道研讨会和培训活动的相关信息，社会组织需要制定宣传计划，并通过各种宣传渠道，如微信公众号、微博、电子邮件等方式，向公众广泛宣传。在活动举办时，可以收集与会者的反馈意见，以便更好地改进下一次的研讨会和培训活动。反馈意见包括与会者对活动内容的评价，以及提出的问题和建议。通过举办研讨会和培训活动，社会组织可以让公众更好地了解数字治理的相关知识和技能，并提高公众对数字治理的认知度和参与度。

（二）社会组织开展调研和发布报告

通过开展调研项目，社会组织可以收集和分析数字治理领域的数据和信息，形成研究报告并发布出来。这些报告可以提供权威的、有深度的分析内容，为公众了解和参与数字治理工作提供依据。社会组织可以开展调研并发布相关报告，以促进数字治理信息传递和推广。调研和报告可以帮助深入分析数字治理领域的现状、问题和挑战，为政府、企业和公众提供决策参考和指导。在进行调研之前，社会组织需要明确研究的目标和范围。例如，可以选择特定的数字治理领域或者关注具体的问题和挑战。在进行调研时，社会组织需要收集相关的数据和信息，可以通过问卷调查、访谈、文献研究等方法获取。数据和信息的收集应该遵循科学和严谨的方法，确保其准确性和可靠性。收集到的数据和信息需要进行分析和整理，以得出有关数字治理领域的结论和发现。可以使用统计分析、案例分析等方法来对数据进行处理和解读。在完成数据分析后，社会组织需要撰写研究报告，并进行内部审核和审校。报告应该准确、清晰地呈现调研结果并提出相应的建议和措施。之后，社会组织可以通过官方网站、新闻媒体、学术期刊等渠道发布报告。通过开展调研和发布报告，社会组织可以为数字治理领域提供专业的研究和分析，为政府、企业和公众提供有益的参考和指导，推动数字治理的发展和实践。

三、社会组织之间合作共享

要实现数字治理均衡性，需要各方面共同努力。因此，社会组织可以联合企业、学术机构、政府等各方力量，共同推进数字治理均衡性的建设。这样可以形成多方共治、协调有序的数字治理格局，让公众获得更多的数字服务和资源。

（一）社会组织之间进行信息共享

不同社会组织之间可以开展信息共享，分享各自在数字治理领域的经验和最佳实践，了解行业动态和趋势，帮助彼此更好地开展数字化转型和创新。社会组织可以成立数字治理的联合平台，通过平台上建立的信息交流渠道、论坛、专家讲座等，促进社会组织之间的交流和合作。社会组织可以组织定期或不定期的经验交流会议，邀请各个组织的代表分享在数字治理领域的经验和最佳实践。这样可以帮助组织了解行业动态和趋势，发现新的解决方案和创新思路。不同社会组织可以共同开展数字治理项目，在项目的合作实施过程中，相互分享经验和知识。可以在项目执行过程中建立信息共享机制，定期汇报项目进展、遇到的问题以及解决方法。社会组织可以建立专业网络或协会，通过组织成员间的交流和联络，分享数字治理领域的新发展、技术趋势、政策变化等信息。这样可以及时了解行业动态，与时俱进。通过以上方式，不同社会组织可以加强信息共享，相互学习借鉴，推动数字治理领域的发展和创新。同时，也能够形成一个良好的合作氛围，共同应对数字化转型和挑战。

（二）社会组织协同研究

社会组织可以联合开展研究项目，共同探讨数字治理领域的关键问题和挑战，研究新理论和技术，推动数字治理的进步和应用。不同社会组织可以建立研究合作机制，通过成立研究小组、编写研究计划、分工合作等方式，共同开展数字治理领域的研究工作。社会组织可以聘请专业领域内的专家学者来指导研究工作、提供研究方向和思路，并对研究结果进行评估和指导。社会组织可以在数字治理领域开展调查研究，了解公众和组织对数字治理的需求和期望，识别数字治理领域的主要问题和挑战，为后续的研究工作提供基础数据。联合研究完成后，社会组织可以将研究成果公开发布，与整个行业分享研究结论和心得体会。这样可以进一步推动数字治理的发展和应用。通过以上方式，不同社会组织可以加强信息共享，相互学习借鉴，推动数字治理领域的发展和创新。同时，也能够形成良好的合作氛围，共同应对数字化转型带来的挑战。

（三）社会组织联合推广

社会组织可以联合开展数字治理的推广和宣传工作，通过多种渠道和方式，向公众传递数字治理的理念和价值，提高公众对数字化转型和应用的认识和参与度。社会组织可以共同制定数字治理的推广计划，明确推广的目标、目标群体、推广策略和推广渠道等，确保推广工作的有序进行。社会组织可以联合举办数字治理的主题活动，如研讨会、论坛、座谈会等，邀请专家学者和业界代表分享经验和最佳实践。社会组织联合开展数字治理的宣传活动，利用多种渠道和方式，如社交媒体、网络平台、宣传手册、海报等，向公众传递数字化转型和应用的相关知识和信息。社会组织发布数字治理领域的成功案例和最佳实践的解读，通过具体案例的呈现，向公众展示数字治理的效果和价值，激发公众的兴趣和参与度。社会组织联合开展数字治理的培训和教育活动，针对不同群体开展培训课程或研讨会，提高公众对数字化转型和应用的认知和能力。

通过以上方式，社会组织可以联合开展数字治理的推广和宣传工作，提高公众对数字化转型和应用的认识和参与度，推动数字治理在社会中的广泛应用和发展。

总之，在社会组织层面推进公众参与数字治理均衡性需要从教育培训、舆论引导、制度规范、信息传递、合作共享等多个方面协同推进。只有积极开展相关工作，提高公众数字素养、营造良好的数字化社会氛围、推动数字治理制度设计和落地等，才能真正实现数字治理均衡性。

数字化时代给予了公众更多参与和表达自己意见的机会，通过研究公众参与数字治理均衡性的路径，可以为推动数字化时代的民主发展提供理论和实践指导。确保公众在数字治理过程中享有平等的权利和机会，有助于建立开放、透明和负责任的数字政府。数字治理的均衡性对于实现社会公正和包容发展至关重要。通过研究公众参与数字治理均衡性的路径，可以揭示数字鸿沟、信息不对称等问题，并提出解决方案，推动数字技术的普惠性和均衡性。促进公众平等参与数字治理，有助于减少社会不平等，提升社会整体福祉。

结　语

总的来说，要实现公众参与数字治理均衡性，可以从以下四个方面入手（如图7-1所示）：

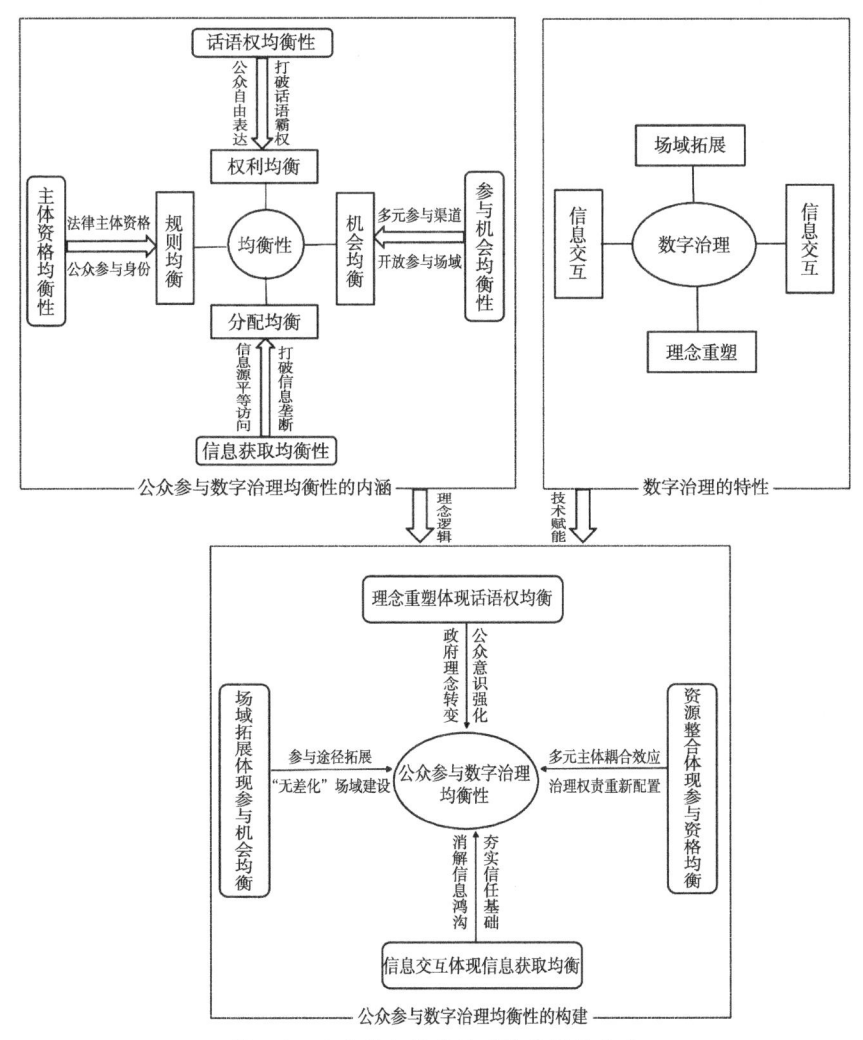

图7-1　公众参与数字治理均衡性的构建

一、场域拓展体现公众参与机会均衡

场域拓展是数字赋能公众参与的特性之一，作为公众参与数字治理的基本载体，场域拓展与公众参与机会均衡的实现具有紧密联系。从宏观层面，场域拓展实现公众参与机会均衡表现为"无差化"参与场域的建设；从微观层面，场域拓展实现公众参与机会均衡表现为公众参与渠道的拓展。

（一）主体参与途径的拓展

数字化应用平台已经不再是一般的"可选项"，而是关乎公众参与治理成效的"生存题"，是公众参与国家政治生活的重要基础，其技术水平和应用质量不仅直接影响到公众参与治理的效果与价值，也为公众参与治理搭建了新的桥梁。随着微博、微信公众号、短视频、网络论坛、相关政府网站等多元化的信息服务平台兴起，其日趋完善的功能与便捷化的服务将虚拟网络与现实生活紧密结合起来，公众可以根据自身的时间、精力、政府政策等情况选择适合自己的参与方式，经过理性思考，进行评论、留言或转发，表达自己赞同或反对的态度，或通过后台投诉、举报等功能发挥监督作用，也可通过加入数字论坛、虚拟社区等方式聚集起来，针对自己感兴趣的公共话题与事务发表看法，利用其传播速度快、范围广等特点，将相同或相近议题的个体间观点汇集起来，形成程度不一的社会舆论压力，进而对公共议程的设置产生影响，引导政府解决公共问题的导向，使广大公众成为参与国家政治生活真正的建议者、决策者、监督者以及最终的受益者。

（二）"无差化"参与场域的建设

从现实需求来看，依托数字化技术手段缩短公众参与治理的距离是数字化治理转型的核心优势之一。在实际治理场域中，治理主体与治理事项间的距离、政府与其他治理主体间的距离以及多元治理主体彼此间的距离，都在很大程度上影响着公众参与治理的机会均衡。[①]数字化治理平台的应用为公众参与提供了一个全新的时间、距离"无差化"场域，在数字化治理场域中，公众只需要进入微博、微信公众号、小程序、政府网站等在线平台，足不出户就可及时反映各类问题，表达核心诉求，行使监督权利。在此场域内，公众参与机会不受时间、空间的限制，不论距离远近，所有人都能够在同一时间、通过同一平台、通过同样的线上参与渠道参与治理，不仅有效节省了公众参与治理的人力、物力、财力，也使得公众参与治理的时间更短、速度更快、范围更广。

二、资源整合体现公众参与资格均衡

在数字化治理模式下，数字技术不只是一种治理手段，而且是成为反映经济社会发展与治理模式演变的重要治理场域，是社会发展与稳定的基础与关键。[②]而资源流动与整合正是其中的关键要素。资源的流动与整合意味着社会资源在数字化治理过程中的重新调整和分配，在调整与分配过程中所产生的多元主体耦合效应和治理权责重新配置成了数字化治理模式下强化公众参与资格的重要推手。

（一）多元主体耦合效应

数字化时代下的资源管理一定是多元主体参与的开放管理模式，而非政府单一主体下的封闭管理模式。而多元主体参与和责任风险共担是数字化资源整合的核心要素与治理基础。随着应用情景及时空的转换，数字治理使得以等级权威制度为核心的权力关系发生了改变，社会治理逐渐呈现多元主体参与的开放状态。从这个意义上来说，在数字治理模式下的治理场域是开放性的，必须依据治理的目标、需求以及任务等具体情况重新思

---

① 王文彬，王倩.基层治理数字化整体性转型：生态、逻辑与策略[J].深圳大学学报（人文社会科学版），2022，39（05）：103-111.

② 关爽.数字技术驱动社会治理共同体建构的逻辑机理与风险治理[J].浙江工商大学学报，2021（04）：153-161.

考社会治理中不同的行为者之间的关系，确定潜在的利益攸关方，继而在相同的规则秩序约束下，不同的治理主体能够形成合作与相互依赖关系，形成合力，合力破解治理过程中存在的难点与痛点。多元治理主体的参与丰富了社会治理资源的供应系统，数字技术作为数字化时代下应运而生的一种全新的治理机制，影响并改变了治理资源的配置取向，发挥了整合资源、指导行为的作用，使得社会治理成为一个凝聚多元主体协同合作的复杂系统。

数字技术的应用在多元参与主体间产生了新的逻辑关联与耦合效应，重建了社会规则与社会结构的组织形态，这是数字化治理转型的逻辑起点。数字化时代下应运而生的数字在线平台具备纳入新的主体元素的能力，在资源供给总量与主体间信息交互深度逐渐拓展的情况下，公众成为资源整合链条中必不可少的一环，作为新的信息资源供给者，公众被赋予平等自主的参与资格和相应的治理权利与权限，多元参与渠道强化了数字化治理模式下的公众参与，赋予公众知情权、话语权等基本权利与资源保障，使公众成为资源流动与整合系统中不可或缺的信息生产者与供给者，在持续和高效的互动中探索管理资源之间的联系，获得了参与治理的能力并发挥了重要价值，进而实现碎片化治理资源的优化重组，为治理目标的实现提供了有利条件，不仅满足了公众自我需求的表达，更激发了公众参与热情，奠定了稳固的多元主体共治基础，强化了普通公众参与治理的资格。

（二）治理权责重新配置

传统治理模式下的资源整合过于强调社会治理中政府的角色与责任，普通公众参与治理的资格被削弱，多元主体之间缺乏横向联系，责任权属划分模糊不清，严重影响了跨部门响应和协同能力，已经无法适应国家治理现代化发展的需要。多元主体共治格局下公众参与资格的强化关键在于明确合作与参与中的权责界定与归属问题。

数字技术为资源流动与整合中各主体之间责任的落实与分担提供了技术性基础。在数字化治理模式下，作为新的信息供给者，普通公众被赋予平等自主的参与资格和相应的治理权利与权限，同时具有责任分担与风险共担的义务。通过提取、整合大量数据，大数据技术所具有的信息识别功能有望实现各主体间的权责界限明晰化，分布式区块链数据库允许不同的主体建立平等和直接的信息连接，不仅允许分散的"点对点"交互，还避免了由于多元化治理需求交互叠加而引起的响应系统堵塞问题，促进开放治理以加强问责制，进而实现各主体资源、责任的协调与重组。而基于此行为准则所形成的治理权责重新配置又进一步加强了政府与公众之间的相互依赖关系。基于数字化资源整合，这种"强关系"联系机制所带来的群体赋能效应强化了普通公众作为治理主体的资格，改变了公众在治理场景中的身份地位，为多元治理主体之间的权责划分奠定了结构性基础，进而建立了权责明确、责任共担的合作共治与网络化的治理结构。

三、理念重塑体现公众话语权均衡

通过转变政府价值理念和强化公众参与意识，数字化治理理念重塑能够打破原有治理情境下政府与公众互动不够的状况，增强政府与普通公众的互动性以及公众自身的参与性，从而改变弱势群体"失声"现象，实现公众话语权均衡。

（一）政府价值理念的转变

数字化治理理念强调治理主体要发挥主观能动性，基于对等、开放、融合的价值理念，以不断创造更大的经济和社会价值为最终目的。在数字化治理理念的引导下，数字技术在治理领域的应用越来越广泛且频繁，发挥了巨大的影响力，使政府治理行为和流程产生了变化。脱离了时空限制的数字化空间打破了原有治理情境下政府的"话语霸权"，政府部门深刻意识到，治理不是"闭门造车"，公众参与及开放合作是治理有效的必然要件与发展趋势，公众的诉求与意见成为政府治理决策制定的关键因素。运用互联网、大数据等数字治理工具，政府部门做出合理决策不能再单纯依靠经验分析，而应以治理过程中产生的数据信息为基础，转变传统治理体系下被动应对的治理态度，对公共事务中出现的问题及公众的诉求主动进行事前研判和解决。原有的话语层级下公众话语权的限制逐渐消失，每个人都被赋予平等的话语权，公众话语权在治理过程中占据着越来越重要的地位，数字治理体系下政府价值理念的转变成为实现公众话语权均衡性的重要推手。

（二）公众参与意识的强化

伴随着数字化行动场域重要性的不断提升，数字化治理理念也在潜移默化地影响着公众的参与意识。数字化为公众参与治理提供了一个自由开放的互动交流空间，能够对发生其间的公众参与活动发挥行为赋权和意愿培育作用，有效强化公众的责任意识与权益意识。数字网络的连通性优势，便利了拥有相同或相似利益诉求的个体间相互沟通与联系。[1]尤其是对于缺乏组织能力和表达能力的社会弱势群体而言，由于传统的制度化参与机制普遍存在着表达渠道闭塞、表达成本高昂、表达程序复杂和表达内容混杂等问题，制度化参与机制不畅通，弱势群体的利益诉求被边缘化。[2]当自身合法权益无法受到保障时，弱势群体则更倾向于选择退出或逃避，产生群体失声现象，导致公众参与治理的话语权失衡。而数字化空间下的信息与讨论的广泛传播能够为弱势群体提供先前普遍缺乏的社会支持和社会资本，使面临相同问题、持有相同看法的公众聚集起来，能够通过"共同发声"来增大意见的影响力，助推更多社会公众有意识地通过数字化平台反馈自身需求或问题，为公共问题的解决建言献策，在不威胁公共利益的前提下保障个人合法权益。不仅如此，数字化治理理念能够推动公众主动适应数字化治理场景，一定程度上强化了公众参与意识，助推公众参与数字治理话语权均衡的实现。

---

[1] 黄月琴."弱者"与新媒介赋权研究——基于关系维度的述评[J].新闻记者，2015（07）：28-35.

[2] 吴厚鉴，刘江远.公民利益表达的发展理路——以公民利益表达和聚合机制为视角[J].河南大学学报（社会科学版），2017，57（04）：29-33.

四、信息交互体现公众信息获取均衡

在数字化治理整体性转型过程中，借助数字化技术加速信息交互有助于消解多重治理主体之间的信息鸿沟与信任鸿沟，进而实现公众参与治理信息获取均衡。

（一）消解信息鸿沟

应用数字化治理技术实现信息交互能够逐步消解治理主体之间的信息鸿沟。在整体性治理过程的基础上，数字化手段的应用与治理信息的扩散和治理工具的选择直接相关，这将不可避免地对治理有效性产生重大影响。如果无法实现信息和公众诉求的及时传递与畅通，容易使治理过程陷入僵化或停滞的状态。数字化技术的广泛使用在一定程度上弥补了公众参与治理的技术短板，数字化思维模式引起了治理部门的反思，并成为指导治理部门行动的基础与重要依据。在数字化治理场景下，治理信息得以在不同治理主体间顺畅流动，治理信息的数字化交互流通能够在一定程度上解构传统的政府治理模式下行政权力的专断性与信息传播的单向性，基本打破了治理的"黑箱子"，改变了政府与公众之间存在的信息不对称现象，政府不再处于绝对的信息优势地位，而公众也不再处于绝对的信息弱势地位，[1]通过多元化数字信息技术的广泛应用，公共政策的提出、制定与检验越来越呈现出一种开放透明的状态，治理工作的开展变得清晰可循，多元主体不论其社会地位与权势大小，均可以利用数字化平台充分掌握治理信息，及时发声或采取相应的参与行动，如此既可以不断集聚和更新各种治理信息和诉求，同时也为公众参与治理工作的顺利进行创造了更多便利条件，进而解决影响公众参与治理均衡性的信息不对称问题，实现公众参与治理信息获取均衡。

（二）夯实信任基础

信任关系的形成是一种在动态演进中逐渐发展与强化的过程。相似的

---

[1] 陈水生，谢仪.数字治理价值的偏离及其复归：基于"数字抗疫"的案例研究[J].电子政务，2023（02）：18-30.

生活习性与血缘地缘是构成传统社会中信任关系的重要因素，这主要是因为传统社会中人口流动、迁移频率较低。而在当代社会，由于人们日常活动范围的扩大和生活方式的快速更新迭代，仅仅基于血缘关系和熟人社会的信任关系已经难以维系。数字技术的嵌入使得日益开放与流动的社会增加了新的不确定性，信任关系逐渐呈现出数字信任的特征。[1] 透明性是信任的前提，信任关系无一不建立在了解与知悉的基础之上。因此，信息交互的实现是在数字化治理模式下信任关系的基础与关键，而信任关系的建立则是实现信息获取均衡的必要条件。

应用数字化治理技术实现信息交互能够逐步消解治理主体之间的信任鸿沟。数字平台上的信息准确性与真实性难以预料，一旦做出信任决策就意味着可能面临未来难以预测的风险。因此，人们倾向于对数字平台上的信息采取谨慎或不信任的保守态度，并在处理个人与政府的关系中受到这种思维方式潜移默化的影响。[2] 而对于政府而言，如果能够主动适应数字化带来的变化，并利用数字化手段推动信息共享、增强公众互动，那么这种不信任感就能得以有效缓解。多元治理主体间的信息交互与合作以思想认识统一为基础，这要求多元主体必须在对具体问题达成治理共识的基础上，形成协同合作的治理模式。数字治理手段可以有效整合多元主体的治理力量，为政府与公众参与治理提供新的合作平台。在信息日渐开放透明的发展趋势下，政府能够通过大数据较为清晰地了解公众的治理需求，强化政府与公众之间的相互认同和理解，建立相互依存和信任关系，从而在两者之间建立起信任纽带，并通过相互协商实现治理信息共享，建立起开放合作关系，树立共同的治理目标。在共同的治理目标引导下，各主体之间的信任和认同也会逐步增强，使政府在面对信息公开时不再保持抵触和沉默态度，进而保障公众信息获取的顺利实现，更为高效地实现治理目

---

[1] 徐旭初,朱梅婕,吴彬.互动、信任与整合：乡村基层数字治理的实践机制——杭州市涝湖村案例研究[J].中国农村观察,2023（02）：16-33.

[2] 倪克金,刘修岩,梁文泉.数字接入与地方政府信任：兼论接触沟通是提升信任的有效方法吗?[J].经济学报,2022,9（04）：216-242.

标，最终促成高质量的公众参与数字治理实践。

互联网、人工智能、云计算、大数据等信息技术的蓬勃发展推动我国进入数字化时代，日益多元化的公众需求与复杂化的公共问题为政府治理带来了前所未有的挑战，传统的政府管理模式已经无法适应时代的要求和政府治理的需要，新技术驱动下的政府治理数字化转型迫在眉睫。协商民主是我国社会主义民主政治的特有形式和独特优势，实现公众参与数字治理均衡性是推进中国特色社会主义民主政治的重要内容，对于实现国家治理体系和治理能力现代化具有重要意义。参与资格、参与机会、参与权利、信息共享是公众参与数字治理的四个关键要素，其与均衡性所蕴含的权利均衡、机会均衡、规则均衡、分配均衡四个维度具有一定的契合性。因此，公众参与数字治理均衡性的内涵应当包含主体资格均衡性、参与机会均衡性、话语权均衡性、信息获取均衡性四方面内容。结合数字赋能公众参与的特性，公众参与数字治理的均衡性可从场域拓展、理念重塑、信息交互和资源整合四方面加以构建。从场域拓展层面，作为公众参与数字治理的基本载体，场域拓展实现公众参与机会均衡从宏观上表现为"无差化"参与场域的建设，从微观上表现为公众参与渠道的拓展。从资源整合层面，数字治理模式下社会资源的重新调整和分配所带来的多元主体耦合效应和治理权责重新配置成了强化公众参与资格的重要推手。从理念重塑层面，政府价值理念的转变和公众参与意识的强化能够改善原有治理情境下政府与公众的沟通不畅状况，实现公众话语权均衡。从信息交互层面，数字技术加速信息交互能够消解信息鸿沟和信任鸿沟，实现公众信息获取均衡。

参考文献

一、中文文献

[1]中共中央马克思恩格斯列宁斯大林著作编译局.马克思恩格斯选集（第3卷）[M].北京：人民出版社，2012.

[2]习近平谈治国理政（第二卷）[M].北京：外文出版社，2017.

[3]习近平关于社会主义社会建设论述摘编[M].北京：中央文献出版社，2017.

[4]中共中央文献研究室.毛泽东文集（第7卷）[M].北京：人民出版社，1996.

[5]中共中央文献研究室.毛泽东文集（第6卷）[M].北京：人民出版社，1999.

[6]中共中央文献研究室.邓小平年谱（1975—1997）（上）[M].北京：中央文献出版社，2004.

[7]中共中央文献编辑委员会.邓小平年谱（1975—1982）[M].北京：人民出版社，1983.

[8]中共中央文献编辑委员会.邓小平文选（第3卷）[M].北京：人民出版社，1993.

[9]江泽民.江泽民文选（第1卷）[M].北京：人民出版社，2006.

[10]马克思恩格斯选集（第3卷）[M].北京：人民出版社，2012.

[11]《中共中央关于坚持和完善中国特色社会主义制度 推进国家治理体系和治理能力现代化若干重大问题的决定》辅导读本[M].北京：人民出版社，2019.

[12]张志安，卢家银主编.互联网与国家治理发展报告[M].北京：社会科学文献出版社，2019.

[13]孙柏英.当代地方治理：面向21世纪的挑战[M].北京：中国人民大学出版社，2003.

[14]魏星河.当代中国公民有序政治参与研究[M].北京：人民出版社，2007.

[15]陈士玉.当代中国公民政治参与的模式及其发展趋势研究[M].吉林：吉林大学出版社，2010.

[16]于海青.当代西方参与民主研究[M].北京：中国社会科学出版社，2009.

[17]林尚立.协商民主：中国的创造与实践[M].重庆：重庆出版社，2014.

[18]蔡定剑.公众参与：欧洲的制度和经验[M].北京：法律出版社，2009.

[19]俞可平.治理与善治[M].北京：社会科学文献出版社，2000.

[20]俞可平.论国家治理现代化[M].北京：社会科学文献出版社，2014.

[21]俞可平.民主与陀螺[M].北京：北京大学出版社，2008.

[22]蓝蔚青，徐珣，赵光勇.治理现代化的探索——杭州模式的政治学解读[M].杭州：浙江大学出版社，2016.

[23]孔繁斌.公共性的再生产——多中心治理的合作机制建构[M].南京：江苏人民出版社，2012.

[24]周红云.社会资本与社会治理[M].北京：中国社会出版社，2010.

[25][美]马克思.资本论（第1卷）[M].北京：人民出版社，1975.

[26][英]密尔.代议制政府[M].王瑄，译.北京：商务印书馆，1982.

[27][美]约翰·克莱顿·托马斯.公共决策中的公民参与：公共管理者的新技能和新策略[M].孙柏瑛等,译.北京：中国人民大学出版社,2005.

[28][美]盖伊·彼得斯.美国的公共政策——承诺与执行[M].顾丽梅,姚建华等,译.上海：复旦大学出版社,2008.

[29][美]理查德·C.博克斯.公民治理：引领21世纪的美国社区[M].孙柏瑛等,译.北京：中国人民大学出版社,2005.

[30][加]弗兰克·坎宁安.民主理论导论[M].谈火生、年玥、王民靖,译.长春：吉林出版集团有限责任公司,2010.

[31][美]托马斯·戴伊、哈蒙·齐格勒.民主的嘲讽[M].孙占平,译.北京：世界知识出版社,1991.

[32][美]塞缪尔·亨廷顿.变革社会中的政治秩序[M].孙占平,译.北京：生活·读书·新知三联书店,1999.

[33][美]乔·萨托利.民主新论[M].冯克利、阎克文,译.上海：东方出版社,1993.

[34][美]卡尔·科恩.论民主[M].聂崇信等,译.北京：商务印书馆,1988.

[35][美]科尔曼.社会理论的基础[M].邓方,译.北京：社会科学文献出版社,1990.

[36][美]罗伯特·D.帕特南.使民主运转起来[M].王列、赖海榕,译.北京：中国人民大学出版社,2015.

[37][美]詹姆斯·罗西瑙.没有政府的治理[M].张胜军,刘小林等,译.南昌：江西人民出版社,2001.

[38][美]皮埃尔·戈丹.何谓治理[M].钟震宇,译.北京：社会科学文献出版社,2010.

[39][美]布迪厄P,华康德L.实践与反思——反思社会学导[M].李猛,李康,译.北京：中央编译出版社,1998.

[40][南非]毛里西奥·帕瑟琳·登特里维斯主编.作为公共协商的民主：新视角[M].王英津等,译.北京：中央编译出版社,2006.

[41]习近平. 高举中国特色社会主义伟大旗帜 为全面建设社会主义现代化国家而团结奋斗：在中国共产党第二十次全国代表大会上的报告（2022年10月16日）[N]. 人民日报，2022-10-26（01）.

[42]中共中央关于党的百年奋斗重大成就和历史经验的决议[N]. 人民日报，2021-11-17（001）.

[43]中共中央关于制定国民经济和社会发展第十四个五年规划和二〇三五年远景目标的建议[N]. 人民日报，2020-11-04（001）.

[44]中共中央关于坚持和完善中国特色社会主义制度 推进国家治理体系和治理能力现代化若干重大问题的决定[N]. 人民日报，2019-11-06（001）.

[45]郁建兴.辨析国家治理、地方治理、基层治理与社会治理[N].光明日报，2019-08-30.

[46]郭亚军，张鑫迪，寇旭颖，庞义伟.元宇宙赋能公共图书馆无障碍服务：壁垒突破、体系构建与路径探究[J].图书馆论坛.2024，44（02）.

[47]王恬.共生视域下公众参与提升社区治理能力的作用机制与路径[J].四川师范大学学报（社会科学版），2023，50（03）.

[48]成超.数字文明建设：数字治理的伦理困境、优化路径与发展前景[J].中阿科技论坛（中英文），2023（06）.

[49]孔迎春.数字化与模糊化：数字技术赋能基层治理的张力困境与破解路径[J].领导科学，2023（06）.

[50]王振泽.数字政府建设背景下公民参与的信息困境——以Z省"互联网+政务服务"平台为例[J].领导科学论坛，2023（08）.

[51]马东亮，吕昕.大数据时代数字鸿沟的新形态与民族地区的应对策略[J].西北民族研究，2023（04）.

[52]庞永红，舒招平.老年"数字鸿沟"的伦理考量[J].伦理学研究，2023（04）.

[53]张新平，周艺晨，杨帆.数字法治政府建设：新加坡政府经验及其启示[J].行政管理改革，2023（03）.

[54]张伶俐."智慧国家"背景下新加坡老年人数字融入的举措与启示[J].成人教育,2023,43(04).

[55]牛东芳,张宇宁,黄梅波.新加坡数字经济竞争力与全球治理贡献[J].亚太经济,2023(03).

[56]陈水生,谢仪.数字治理价值的偏离及其复归:基于"数字抗疫"的案例研究[J].电子政务,2023(02).

[57]徐旭初,朱梅婕,吴彬.互动、信任与整合:乡村基层数字治理的实践机制——杭州市涝湖村案例研究[J].中国农村观察,2023(02).

[58]常多粉,郑伟海.网络问政时代政府回应如何驱动公众参与——基于领导留言板面板数据的实证分析[J].社会发展研究,2023,10(02).

[59]朱欣婷,李祥.基于22个乡村治理典型案例的数字化平台赋能乡村公共空间治理作用机理与优化路径[J].河北农业科学,2023,27(02).

[60]赵敬丹,王鑫.乡村数字治理的内在逻辑、困境及破解——基于"理念——制度——技术"框架的分析[J].沈阳师范大学学报(社会科学版),2022,46(06).

[61]马长山.数字法治政府的机制再造[J].政治与法律,2022(11).

[62]陈俊,王海涛.基层治理中的过度执行:成因、危害与对策——以街头官僚为例[J].求实,2022(03).

[63]刘红波,赖舒婷.数字社会背景下的政府众包:概念框架、价值蕴含与运行模式[J].电子政务,2022(07).

[64]保海旭,陶荣根,张晓卉.从数字管理到数字治理:理论、实践与反思[J].兰州大学学报(社会科学版),2022,50(05).

[65]杨良伟.协同惰性、问责压力与地方政府回应——基于A市网络问政平台的混合研究[J].电子政务,2022(12).

[66]李剑,王轩,林秀芹.数据访问和共享的规制路径研究——以欧盟数据法案(草案)为视角[J].情报理论与实践,2022,45(07).

[67]卜淼.国外数字包容政策与实践进展研究——以英国、新加坡、新西兰为例[J].数字图书馆论坛,2022(07).

[68]关爽.数字不平等的治理逻辑与路径选择[J].学习与实践,2022,(08).

[69]李若洋,钟亚平.数据驱动体育治理现代化:理论框架、现实挑战与实施路径[J].体育科学,2022,42(05).

[70]王伟玲.中国数字政府绩效评估:理论与实践[J].电子政务,2022,(04).

[71]王文彬,王倩.基层治理数字化整体性转型:生态、逻辑与策略[J].深圳大学学报(人文社会科学版),2022,39(05).

[72]倪克金,刘修岩,梁文泉.数字接入与地方政府信任:兼论接触沟通是提升信任的有效方法吗?[J].经济学报,2022,9(04).

[73]陈东冬.风险社会治理的理论依据、实践困境和创新路径研究[J].宁夏党校学报,2022,24(04).

[74]孙计领,刘尚君,索浩宇等.社会治理视角下科技发展支撑养老服务的理论思考[J].人口与发展,2022,28(01).

[75]韩亚楠,茅明睿,贺俊尧等.新技术驱动下城市微更新的设计赋权——基于北京双井街道参与式微更新实践[J].新建筑,2021(04).

[76]曹昌伟.政府环境管理公众参与的法规范构造[J].安徽大学学报(哲学社会科学版),2021,45(01).

[77]魏成龙,郭诚诚.赋能与重塑:数字经济时代的政府治理变革[J].理论学刊,2021(05).

[78]任剑涛.论国家治理现代化的"两个大局"[J].西华师范大学学报(哲学社会科学版),2021(02).

[79]翟桂萍.马克思恩格斯的治理思想研究[J].西华师范大学学报(哲学社会科学版),2021(07).

[80]郑磊.数字治理的效度、温度和尺度[J].治理研究,2021,37(02).

[81]姚璐,何佳丽.全球数字治理在国家安全中的多重作用[J].现代国际关系,2021(09).

[82]孟天广.政府数字化转型的要素、机制与路径——兼论"技术赋能"与"技术赋权"的双向驱动[J].治理研究,2021,37(01).

[83]杜鹏,韩文婷.互联网与老年生活:挑战与机遇[J].人口研究,2021,45(03).

[84]李琴,岳经纶.信息技术应用如何影响社会福利权的实现?——基于贫困治理的实证研究[J].公共行政评论,2021,14(03).

[85]陈丹引,闵学勤.线上社区参与的邻里效应——基于社区微信群的实证分析[J].社会发展研究,2021,8(03).

[86]孟庆国,崔萌,吴晶妹等.政府公信力的伦理解释与建构——数字治理价值实现的基础理论[J].中国行政管理,2021(02).

[87]徐国冲,吴筱薇."数字丹麦"建设:战略、特点与启示[J].学习论坛,2021(02).

[88]关爽.数字技术驱动社会治理共同体建构的逻辑机理与风险治理[J].浙江工商大学学报,2021(04).

[89]杨巧云,梁诗露,杨丹.国外政府数字化转型政策比较研究[J].情报杂志,2021,40(10).

[90]黄彦智.云计算赋能与政府信息资源共享研究[J].新闻研究导刊,2021,12(19).

[91]金栋昌,刘吉发.优化社区公共文化服务供给结构的理念转向与实践模式[J].中州学刊,2020(07).

[92]吕姗姗.地方治理中公民参与的问题与对策[J].现代商贸工业,2020,41(25).

[93]徐顽强.社会治理共同体的系统审视与构建路径[J].求索,2020(1).

[94]张凌寒.算法自动化决策与行政正当程序制度的冲突与调和[J].东方法学,2020(06).

[95]夏银平,刘伟.城市数字治理与治理能力现代化的行为互嵌——以新加坡为例[J].扬州大学学报(人文社会科学版),2020,24(06).

[96]耿益群.新加坡网络舆情治理特色：重视提升民众的网络素养[J].中国广播电视学刊，2020（09）.

[97]张晓君，王郅强.从感知到行为：公民参与群体性事件的机制研究——基于社会行为理论视角的解释与实证检验[J].华南师范大学学报（社会科学版），2019（02）.

[98]郑建君.政治知识、社会公平感与选举参与的关系——基于媒体使用的高阶调节效应分析[J].政治学研究，2019（02）.

[99]黄建伟，刘军.欧美数字治理的发展及其对中国的启示[J].中国行政管理，2019（06）.

[100]习近平.在庆祝改革开放40周年大会上的讲话[J].前进.2019（1）.

[101]胡税根，杨竞楠.新加坡数字政府建设的实践与经验借鉴[J].治理研究，2019，35（06）.

[102]翁士洪.数字时代治理理论——西方政府治理的新回应及其启示[J].经济社会体制比较，2019（04）.

[103]王利明.数据共享与个人信息保护[J].现代法学，2019，41（01）.

[104]朱玲.我国数字政府治理的现实困境与突破路径[J].人民论坛，2019（32）.

[105]崔靖梓.算法歧视挑战下平等权保护的危机与应对[J].法律科学（西北政法大学学报），2019，37（03）.

[106]李延舜.公共视频监控中的公民隐私权保护研究[J].法律科学（西北政法大学学报），2019，37（03）.

[107]王洛忠，闫倩倩，陈宇.数字治理研究十五年：从概念体系到治理实践——基于CiteSpace的可视化分析[J].电子政务，2018（04）.

[108]汪锦军，李悟.走向"回应-赋权"型政府：改革开放以来浙江地方政府的角色演进[J].浙江社会科学，2018（11）.

[109]张聪丛，郜颖颖，赵畅等.开放政府数据共享与使用中的隐私

保护问题研究——基于开放政府数据生命周期理论[J].电子政务，2018（9）.

[110]刘淑春.数字政府战略意蕴、技术构架与路径设计——基于浙江改革的实践与探索[J].中国行政管理，2018（09）.

[111]仲利娟.社会治理效能感对政治认同的影响——基于对河南省居民的调查分析[J].领导科学，2018（14）.

[112]沈霄，王国华.基于整体性政府视角的新加坡"智慧国"建设研究[J].情报杂志，2018，37（11）.

[113]邓雯，徐晓林，陈涛，杨奕.智慧城市信息共享与使用中的政务新媒体研究——基于开放政府的视角[J].电子政务，2018，（10）.

[114]王蕾.不公正感对网络集群行为的影响：群体愤怒、怨恨情绪的中介作用[D].山东师范大学，2018.

[115]戴长征，鲍静.数字政府治理——基于社会形态演变进程的考察[J].中国行政管理，2017（09）.

[116]陈广胜.以"互联网+"撬动政府治理现代化——以浙江政务服务网为例[J].中国行政管理，2017（11）.

[117]黄雨婷，黄如花.丹麦政府数据开放的政策法规保障及对我国的启示[J].图书与情报，2017（01）.

[118]马亮.新加坡推进"互联网＋政务服务"的经验与启示[J].电子政务，2017（11）.

[119]吴厚鉴，刘江远.公民利益表达的发展理路——以公民利益表达和聚合机制为视角[J].河南大学学报（社会科学版），2017，57（04）.

[120]杨瑞仙，毛春蕾，左泽.我国政府数据开放平台建设现状与发展对策研究[J].情报理论与实践，2016，39（06）.

[121]杨莹，刘伟章，梁洁珍.信息生态视角下中国电子政务与社会化媒体的整合研究[J].电子政务，2016（03）.

[122]文宏，黄之玞.网络反腐事件中的政府回应及其影响因素——基于170个网络反腐案例的实证分析[J].公共管理学报，2016，13（01）.

[123]王学俭,李婷.协商民主视域下公民有序参与的难题及对策分析[J].中国政协理论研究,2016(02).

[124]李华胤.社会公平感、愤怒情绪与群体性事件的关系探讨[J].广西师范大学学报(哲学社会科学版),2016,52(04).

[125]孟天广,季程远.重访数字民主:互联网介入与网络政治参与——基于列举实验的发现[J].清华大学学报(哲学社会科学版),2016,31(04).

[126]王桂萍.重大行政决策之公众参与制度[D].苏州大学,2016.

[127]陈然."双微联动"模式下政务新媒体公众采纳的实证研究[J].电子政务,2015(09).

[128]马亮.大数据技术何以创新公共治理?——新加坡智慧国案例研究[J].电子政务,2015(05).

[129]黄月琴."弱者"与新媒介赋权研究——基于关系维度的述评[J].新闻记者,2015(07).

[130]周进萍.社会治理中公众参与的意愿、能力与路径探析[J].中共南京市委党校学报,2014(05).

[131]徐琳,谷世飞.公民参与视角下的中国国家治理能力现代化[J].新疆师范大学学报(哲学社会科学版),2014,35(04).

[132]陈怀平.协商民主的实践理念探析[J].中国特色社会主义研究,2014(04).

[133]郑跃平,Hindy L.Schachter.电子政务到数字治理的转型:政治、行政与全球化——评Digital Governance: New Technologies for Improving Public Service and Participation[J].公共行政评论,2014,7(01).

[134]俞良早.经典作家增强国家经济管理能力的理论及其当代发展[J].中南民族大学学报(人文社会科学版),2013(01).

[135]郭小聪,代凯.近十年国内公民参与研究述评[J].学术研究,2013(06).

[136]吕富媛.城市公共服务战略协作机制应强调公众参与[J].中国行

政管理，2012（12）.

[137]徐晓林，朱国伟.智慧政务：信息社会电子治理的生活化路径[J].自然辩证法通讯，2012，34（05）.

[138]乔立娜.电子政务发展与公众信任——国际行政科学学会（IIAS）第30届大会"电子政务平台，加强公众信任"分议题观点综述[J].电子政务，2012（12）.

[139]孟天广，马全军.社会资本与公民参与意识的关系研究——基于全国代表性样本的实证分析[J].中国行政管理，2011（03）.

[140]杜英歌，娄成武.协商民主对公民参与的多维审视与局限[J].南京社会科学，2011（01）.

[141]张丙宣.网络问政、制度创新与地方治理——以宁波网·对话为例[J].浙江社会科学，2011（01）.

[142]漆国生.公共服务中的公众参与能力探析[J].中国行政管理，2010（03）.

[143]魏娜，张小进.集体行动的可能与实现：公民有序参与的视角——基于北京、青岛城市公共政策制定的实证分析[J].教学与研究，2010（03）.

[144]陈士俊，柏高原.瑞典、丹麦和挪威电子政务立法及启示[J].电子政务，2010（05）.

[145]顾训宝.十年来我国公民参与现状研究综述[J].北京行政学院学报，2009（04）.

[146]姚国章，胥家鸣.新加坡电子政务发展规划与典型项目解析[J].电子政务，2009（12）.

[147]王协舟，盛志喜.政府信息资源公共获取的基本认知及价值取向——基于政府与公众的双向视角[J].图书馆学研究，2009（06）.

[148]张艾荣，黄宝荣.电子政务环境下的公民参与机制变迁研究[J].中国行政管理，2008（08）.

[149]俞可平.中国公民社会研究的若干问题[J].中共中央党校学报，

2007（06）.

[150]钟家元.和谐社会视角下我国公民参与公共决策的路径抉择[C].湖北省行政管理学会.湖北省行政管理学会2006年年会论文集.华中师范大学管理学院，2007.

[151]孙璐.利益、认同、制度安排——论城市居民社区参与的影响因素[J].云南社会科学，2006（05）.

[152]杨志.我国公民参与公共政策的现状及其路径选择[J].理论学刊，2006（07）.

[153]韦路，张明新.第三道数字鸿沟：互联网上的知识沟[J].新闻与传播研究，2006（04）.

[154]孙永怡.我国公民参与公共政策过程的十大困境[J].中国行政管理，2006（01）.

[155]李德升.丹麦电子政务建设的思路和措施[J].信息化建设，2005（11）：40-43.

[156]孙柏瑛.公民参与形式的类型及其适用性分析[J].中国人民大学学报，2005（05）.

[157]洋龙.平等与公平、正义、公正之比较[J].文史哲，2004（04）.

[158]姜杰，周萍婉.论城市治理中的公众参与[J].政治学研究，2004（03）.

[159]徐晓林，周立新.数字治理在城市政府善治中的体系构建[J].管理世界，2004（11）.

[160]段京肃.社会的阶层分化与媒介的控制权和使用权[J].厦门大学学报（哲学社会科学版），2004（01）.

[161]党秀云.论公共管理中的公民参与[J].中国行政管理，2003（10）.

[162]吴昕春.公共选择与公民参与集体行动的动力[J].安徽大学学报，2002（05）.

[163]金太军，洪海军.论政治行为的动因及其制约因素[J].江苏社会

科学，2000（02）.

[164][美]格里．斯托克.作为理论的治理：五个论点[J].国际社会科学杂志（中文版），1999（2）.

[165]浙江省政府办公厅.2022年浙江省政府门户网站年度工作报表[EB/OL].(2023-01-18)[2023-01-18].https://www.zj.gov.cn/art/2023/1/18/art_1229708637_60028334.html

[166]西藏自治区人民政府办公厅.推进"互联网+政务服务"实施方案[EB/OL]. (2017-05-15) [2017-05-15].https://www.cods.org.cn/c/2017-05-15/3307.html

[167]西藏自治区人民政府办公厅.推进"互联网+政务服务"实施方案[EB/OL].(2018-09-15).[2018-09-30].http://tjj.xizang.gov.cn/xxgk/qtgsga/202303/t20230309_345277.html

[168]习近平.在经济社会领域专家座谈会上的讲话.http://www.gov.cn/xinwen/2020-08/25/content_5537101.htm

[169]《数字中国发展报告（2022年）》发布[EB/OL].(2023-05-23)[2024-10-15].https://www.cac.gov.cn/2023-05/22/c_1686402318492248.htm

[170]西藏自治区统计局.关于2021年度法治政府建设情况的报告[EB/OL]. (2021-11-19) [2023-03-09].http://www.xizang.gov.cn/zwgk/xxfb/zbwj/201902/t20190223_64537.html

[171]西藏自治区人民政府办公厅.西藏自治区人民政府门户网站工作年度报表（2022年度）[EB/OL](2023-02-16)[2023-02-16] http://www.xizang.gov.cn/xwzx_406/ztzl_416/cxzt/ndbb/qjdw/202302/t20230216_341941.html

[172]中央党校(国家行政学院).2022联合国电子政务调查报告（中文版）[EB/OL].[2022-12-6].http://www.egovernment.gov.cn/art/2022/12/26/art_194_6606.htm

一、英文文献

[1]Dawes S. The Evolution and Continuing Challenges of E-Governance[J]. *Public Administration Review*, 2010, 68(06).

[2]Torres L, Pina V, Acerete B.E-Governance Developments in European Union Cities: Reshaping Government's Relationship with Citizens[J]. *Governance*, 2006, 19(20).

[3]Macintosh A. The Emergence of Digital Governance[J]. *Significance*, 2010, 5(04).

[4]Mossberger K, Wu Y, Crawford. Connecting Citizens and Local Governments? Social Media and Interactivity in Major U.S. Cities[J]. *Government Information Quarterly*, 2013, 30(04).

[5]Siskos E, Askounis D, Psarras J. Multicriteria Decision Support for Global E-Government Evaluation[J]. *Omega*, 2014, 46(07).

[6]Putnam R D, Leonardi D R. Making Democracy Work: Civic Traditions in Modern Italy[J]. *Contemporary Sociology*, 1994, 26(3).

[7]Kent Jennings M, Zeitner V. Internet Use and Civic Engagement: A Longitudinal Analysis[J]. *Public Opinion Quarterly*, 2003, 67(3).

[8]Hargittai E, Hinnant A. Digital Inequality: Differences in Young Adults' Use of the Internet[J]. *Communication Research*, 2008, 35(5).

[9]Welch E W, Hinnant C C, Moon M J. Linking Citizen Satisfaction with E-Government and Trust in Government[J]. *Journal of Public Administration Research and Theory*, 2005, 15(3).

[10]Arnstein S R. A Ladder of Citizen Participation[J]. *Journal of the American Institute of Planners*, 1969, 35(4).

[11]Dijk, J.A.G.M.V. Digital Divide Research, Achievements and Shortcomings[J]. *Poetics*, 2006, 34(4–5).

[12]Jimenez-Pernett J, Lehoux P, Olry-de-Labry A, Bermudez-Tamayo C.

Accounting for Power Imbalances in Online Public Deliberations. A Systematic Review of Asymmetry Measures[J]. *Health Policy and Technology*, 2023, 12(1).

[13]DEWAN S, RIGGINS F J. The Digital Divide: Current and Future Research Directions[J]. *Journal of the Association for Information Systems*, 2005, 6(12).

[14]Elena-Bucea A, Cruz-Jesus F, Oliveira T, Coelho PS. Assessing the Role of Age, Education, Gender and Income on the Digital Divide: Evidence for the European Union[J]. *Information Systems Frontiers*, 2021, 23.

[15]Glenna L , Hesse A , Hinrichs C , et al. Qualitative Research Ethics in the Big-Data Era[J]. *American Behavioral Scientist*, 2019, 63(5).

[16]Getaneh Berie Tarekegn, Yirga Yayeh Munaye. Big Data: Security Issues, Challenges and Future Scope[J]. *International Journal of Computer Engineering & Technology*, 2016(3):1-11.

[17]How Denmark Became A Global Digital Frontrunner[EB/OL].[2022-09-03].https://digitaldenmark.dk/.

[18]World Wide Web Foundation. Open Data Barometer Global Report Fourth Edition[EB/OL].[2017-05-23].

[19]Danish Agency for Digital Government. Good Basic Data for Everyone —— A Driver for Growth and Efficiency Here[EB/OL].[2012-10-08].

[20]Department of Statistics Singapore. Population and Population Structure[EB/OL].[2023-09-29].

[21]How Denmark Became A Global Leader in Digital Government[EB/OL].[2023-02-16].https://queue-it.com/blog/government-digital-transformation-denmark/.

后 记

2017年10月，党的十九大报告明确提出要推进数字中国建设，2023年2月，中共中央、国务院印发《数字中国建设整体布局规划》，对数字中国建设的整体框架、建设内容与保障机制做出系统谋划。对于政府而言，利用互联网数字信息技术，开展数据的收集、整合、存储及关联分析有助于提升政府治理效能；吸纳公众参与社会治理能够促进社会多元主体彼此共享治理资源，有助于缓解社会转型中凸显的各种矛盾与冲突，有助于创新社会治理模式，共同搭建合作治理平台，提升社会治理能力，构建基层可持续社会治理新格局和新机制，进而最大限度地维护社会稳定与公众利益。对于公众而言，数字化技术延伸了公众利益表达的空间，畅通了公众参与社会治理的渠道，提高了公众参与社会治理的意识，有益于公共价值的实现。正是在两方价值的指导下，课题组成员开展了对公众参与社会治理均衡性的研究。

本书在周晓丽教授拟定研究框架之后，课题组成员通过多次研讨和协商，确定了具体研究内容和撰写分工：

绪　论：周晓丽、姬晓暄

第一章：周晓丽、邹双全、章文馨

第二章：章文馨、邹双全、周晓丽

第三章：韩明阳、张颖（第五节）

第四章：王云萱

第五章：丁思含

第六章：王敬安

结　语：周晓丽、章文馨

在书稿完成之后，周晓丽教授又对全书内容、文字进行一遍遍的校对和修订，保障了知识和内容的准确性。感谢团队成员的奉献和付出！

2024 年 10 月